Privatisierungsmöglichkeiten im geschlossenen Strafvollzug

Europäische Hochschulschriften
Publications Universitaires Européennes
European University Studies

Reihe II
Rechtswissenschaft

Série II Series II
Droit
Law

Bd./Vol. 4378

PETER LANG
Frankfurt am Main · Berlin · Bern · Bruxelles · New York · Oxford · Wien

Claudius Roth

Privatisierungsmöglichkeiten im geschlossenen Strafvollzug

Eine verfassungsrechtliche Untersuchung ausgesuchter Vollzugstätigkeiten

PETER LANG
Europäischer Verlag der Wissenschaften

Bibliografische Information Der Deutschen Bibliothek
Die Deutsche Bibliothek verzeichnet diese Publikation in der Deutschen Nationalbibliografie; detaillierte bibliografische Daten sind im Internet über <http://dnb.ddb.de> abrufbar.

Zugl.: Frankfurt (Main), Univ., Diss., 2005

D 30
ISSN 0531-7312
ISBN 3-631-55181-9

www.peterlang.de

Für meine Eltern

Vorwort

Die vorliegende Arbeit wurde im Wintersemester 2005 vom Fachbereich Rechtswissenschaft der Johann Wolfgang Goethe-Universität Frankfurt am Main als Dissertation angenommen. Tag der mündlichen Prüfung war der 13. Dezember 2005. Für die Veröffentlichung ist der Text teilweise überarbeitet worden.

Mein besonderer Dank gilt Herrn Professor Dr. Michael Stolleis für die umfassende Betreuung und für das zügige Lesen der Arbeit. Ebenfalls gilt mein Dank Herrn Professor Dr. Klaus Lüderssen, der das Zweitgutachten für diese Dissertation erstellte.

Weiter möchte ich mich bei Regierungsrat Dr. Michael Charalambis, Dr. Peter Hoeres und Rechtsanwältin Simone Springer für anregende Diskussionen und Korrekturen danken. Ganz besonderer Dank gilt meiner Schwester, Dipl.-Übers. Marianne Roth, für mehrfaches Korrekturlesen.

Schließlich bedanke ich mich ganz herzlich bei meiner Mutter und meinem leider schon verstorbenen Vater.

Frankfurt am Main, den 4. Februar 2006 Claudius Roth

Inhaltsverzeichnis

Abkürzungsverzeichnis

a.A.	anderer Ansicht
Abs.	Absatz
AG	Aktiengesellschaft
allg.	allgemein
Anm.	Anmerkung
Art.	Artikel
AT	allgemeiner Teil
Aufl.	Auflage
BayVerf	Bayerische Landesverfassung
Bd.	Band
Begr.	Begründer
BeVerf	Verfassung von Berlin
BGB	Bürgerliches Gesetzbuch
BGBl.	Bundesgesetzblatt
BGH	Bundesgerichtshof
BGHSt	Entscheidungen des Bundesgerichtshofes in Strafsachen
BGHZ	Entscheidungen des Bundesgerichtshofes in Zivilsachen
BHO	Bundeshaushaltsordnung
BMWA	Bundesministerium für Wirtschaft und Arbeit
BrmVerf	Landesverfassung der freien Hansestadt Bremen
BrVerf	Verfassung des Landes Brandenburg
Bt.-Drucks.	Bundestagsdrucksache
BtMG	Gesetz über den Verkehr mit Betäubungsmitteln
BVerfG	Bundesverfassungsgericht
BVerfGE	Entscheidungen des Bundesverfassungsgerichts
BVerwGE	Entscheidungen des Bundesverwaltungsgerichts
BWV	Verfassung des Landes Baden-Württemberg
dt.	deutsch, deutscher
bzgl.	bezüglich
bzw.	beziehungsweise
Einl.	Einleitung
EMRK	Europäische Konvention zum Schutz der Menschenrechte und Grundfreiheiten
etc.	et cetera
EV	Einigungsvertrag
e.V.	eingetragener Verein
f.	folgend
FAZ	Frankfurter Allgemeine Zeitung
ff.	fortfolgende

FN	Fußnote
GG	Grundgesetz
GmbH	Gesellschaft mit beschränkter Haftung
GWB	Gesetz gegen Wettbewerbsbeschränkungen
hess.HO	hessische Haushaltsordnung
HHVerf	Verfassung der freien Hansestadt Hamburg
h.L.	herrschende Lehre
h.M.	herrschende Meinung
Hrsg.	Herausgeber
HV	Verfassung des Landes Hessen
i.V.m.	in Verbindung mit
i.w.S.	im weiteren Sinn
JGG	Jugendgerichtsgesetz
JVA	Justizvollzugsanstalt
KG	Kommanditgesellschaft
m.a.W.	mit anderen Worten
MVV	Verfassung des Landes Mecklenburg-Vorpommern
m.w.N.	mit weiteren Nachweisen
NdVerf	Niedersächsische Verfassung
n.F.	neue Folge
Nr.	Nummer
NStZ	Neue Zeitschrift für Strafrecht
NWVerf	Verfassung für das Land Nordrhein-Westfalen
OHG	Offene Handelsgesellschaft
OLG	Oberlandesgericht
PPP	Public Private Partnership
RdNr.	Randnummer
RPVerf	Verfassung für Rheinland-Pfalz
S.	Satz, Seite
SaarVerf	Verfassung des Saarlandes
SächsVerf	Verfassung des Freistaates Sachsen
SchLHVerf	Verfassung des Landes Schleswig-Holstein
SH	Sonderheft
s.o.	siehe oben
sog.	sogenannte
StGB	Strafgesetzbuch
StPO	Strafprozeßordnung
StVollzG	Strafvollzugsgesetz
ThüVerf	Verfassung des Landes Thüringen
u.	und
u.a.	und andere, unter anderem
USA	United States of America

v.	vom, von
VerfLSA	Verfassung des Landes Sachsen-Anhalt
VGH	Verwaltungsgerichtshof
vgl.	vergleiche
VGO	Vollzugsgeschäftsordnung
VOB	Verdingungsordnung für Bauleistungen
VOF	Verdingungsordnung für freiberufliche Leistung
VOL	Verdingungssordnung für Leistungen
VollzD	Der Vollzugsdienst
WStrG	Wehrstrafgesetz
z.B.	zum Beispiel

Einleitung

Privatisierung ist heute in aller Munde. Ein Blick in die aktuellen Printmedien, das Verfolgen der Nachrichtensendungen und nicht zuletzt die ausgiebigen Diskussionen in den Parlamenten bezeugen dies. Privatisierung ist aber nicht erst heute ein Versuch des Staates, die öffentlichen Haushalte zu entlasten, sondern beginnt in der Bundesrepublik bereits in den 1950er Jahren mit dem Verkauf von im Staatsbesitz befindlichen Aktien. In den letzten Jahren hat diese Entwicklung auch Bereiche erfaßt, die in der Nachkriegszeit noch als nicht privatisierbar galten. Bundespost oder Bundesbahn sind solche ehemals verfassungsrechtlich zu gewährleistenden Dienstleistungen. Mittlerweile sind sogar hoheitsrechtliche Aufgaben, wie etwa die Flugüberwachung, aus der staatlichen Verwaltung entlassen worden. Freilich waren diese Schritte der Entstaatlichung mit langen und kontroversen Diskussionen in allen Bereichen der Gesellschaft verbunden, führten aber häufig zu Verbesserungen für die Kunden.[1] So sind die Nutzungskosten in dem Bereich der Telekommunikation gefallen. Kundenvorteile ergeben sich auch in staatlichen Aufgabenbereichen, wenn Private in die Erfüllung oder Durchführung mit einbezogen werden. Auf diese Weise können zum Beispiel öffentliche Gebäude schneller geplant und gebaut und/oder die Erstellungskosten reduziert werden. Besonders das Beispiel des effektiven Bauens zeigt, daß Privatisierung eben nicht nur aus dem Blickwinkel der Finanznot zu sehen ist. Bei vielen Verwaltungstätigkeiten ist zu fragen, ob nicht ein Privater diese Aufgabe wirksamer und zuverlässiger erfüllen kann. Denn es ist ein Vorurteil etatistischen Denkens, „daß die öffentliche Verwaltung stets uneigennütziger, gerechter, billiger und besser handele als Private".[2] Allerdings dürfen auf der anderen Seite Ängste vor privater Machtkonzentration und Mißbrauch nicht übersehen werden. Privatisierungen müssen sozial verträglich bleiben und den Schwachen in der Gesellschaft ausreichend Schutz gewährleisten. Trotzdem lautet der Appell, daß zumindest der private Weg in die Überlegungen für Verbesserungen bisher staatlich ausgeübter Aufgaben einzubeziehen ist. Diesem Aufruf folgend, sind auch Bereiche wie der Strafvollzug auf seine Privatisierungsmöglichkeiten zu untersuchen.

Private Anbieter auf dem Gebiet der kriminalrechtlichen Reaktionen sind dabei keine Neuigkeit, sondern in größerem Umfang bereits vorhanden. Sie bieten gemeinnützigen Einrichtungen stationäre wie ambulante Maßnahmen an. Zu nennen sind stationäre Einrichtungen der Drogentherapie (gemäß § 35 BtMG), im Rahmen des Jugendgerichtsgesetzes die privat betriebenen Heime anstelle

---

[1] Vgl. FAZ 21.12.2004, S. 11 „Die Bundesregierung will die Deutsche Flugsicherung privatisieren" u. „Sicher privat".

[2] Wolff/Bachof/Stober I, § 3 RdNr. 22.

der Untersuchungshaft (gemäß § 72 I JGG) oder ambulante Maßnahmen wie soziale Trainingskurse oder heilpädagogische Behandlungen (gemäß § 10 II JGG). Auch das Strafgesetzbuch ermöglicht Maßnahmen wie den Täter-Opfer-Ausgleich durch private Einrichtungen (gemäß § 46a StGB). Ferner bestehen Kooperationsformen unmittelbar bei strafvollzuglichen Aufgaben. Hierzu gehören die Zusammenarbeit zwischen dem Richter und einem ehrenamtlichen Bewährungshelfer (gemäß § 56 d V StGB) ebenso wie auch die gesetzliche Aufforderung an die Vollzugsbehörden, mit den Verbänden der freien Wohlfahrtspflege und anderen Vereinen, deren Einfluß die Eingliederung der Gefangenen fördern kann, eng zusammenzuarbeiten (gemäß § 154 StVollzG). Der Appell, den Strafvollzug auf weitere Privatisierungspotentiale zu begutachten, sollte also nicht unbedacht abgelehnt, sondern offen diskutiert werden.

A. Rechtfertigung, Eingrenzung und Methodik des Erkenntnisinteresses

Die Zustände in den Strafvollzugsanstalten grenzen häufig noch heute an menschenunwürdige oder gesetzeswidrige Verhältnisse.[3] Sie sind jedenfalls so schlecht, daß das „Committee for the Prevention of Torture, inhuman or degrading Treatment“ (CPT) darauf hingewiesen hat.[4] Trotz aller glaubhaften Verbesserungsversuche der Gesetzgebung und der Verwaltung besteht das wesentliche Problem in der Überbelegung und der knappen Personaldecke in den Justizvollzugsanstalten.

Im Bundesland Hessen lag zum Beispiel die Gesamtzahl an Haftplätzen am 31.03.2004 bei 5.707. Diese Plätze waren, einschließlich der an diesem Stichtag vorübergehend abwesenden Häftlinge, mit 5.981 Personen belegt.[5] Auch in den Kalenderjahren 2002 und 2003 herrschte Überbelegung vor. Am 31.03.2003 gab es 5.706 Vollzugsplätze für 6.239 Insassen und bis zum 31.12.2002 standen 5.676 Haftplätze für durchschnittlich 5.958 Gefangene zur Verfügung.[6] Auch wenn der hessische Justizminister in seiner Regierungserklärung vom

---

[3] Vgl. Fabricius, Gesetzeswidrige Verhältnisse im Strafvollzug, StV 1998, 447 (447).

[4] Kaiser/Schöch, § 4 RdNr. 19. Das CPT hat die Befugnis, in den Mitgliedstaaten die Haftanstalten zu begutachten. Nach den Besuchen 1991, 1996 und 1999 hat das Komitee die Überbelegung, Arbeitsmöglichkeiten und Freizeitaktivitäten bemängelt.

[5] http:/www.hessen.de/justiz/service, „Justizvollzug in Zahlen 2004“.

[6] http:/www.hessen.de/justiz/service, „Justizvollzug in Zahlen 2003“. Eine Vollzugsstatistik am Stichtag 31.01 ist nicht genau, da wegen der Feiertage viele schon entlassen sind, sogenannte „Weihnachtsamnestie“, Kaiser/Schöch, § 4 RdNr. 4.

15.06.2004 von einer Verbesserung berichtet, räumt er dennoch eine bestehende Überbelegungsquote von 12 Prozent zum Stichtag am 01.12.2003 ein.[7]

Überbelegung bedeutet unter anderem die Doppelbelegungen von Einzelzellen. Das Ausmaß der Beengtheit zeigen Gerichtsurteile zur Mindestgröße der Zellen. Danach gelten für jeden Gefangenen etwa sieben Quadratmeter und ein Rauminhalt von 15 bis 20 Kubikmeter als gerade noch akzeptabel.[8] Das Zusammenleben auf derart kleinem Raum hat auch nachhaltig negative Auswirkungen auf die gesamte Lebenssituation im Gefängnis. So sind steigende Aggressionen, einhergehend mit Alkoholismus und Drogenkonsum, eine Gefahr für die Aufgaben der Wiedereingliederung und der internen Anstaltssicherheit.

Ferner ergeben sich Schwierigkeiten im Justizvollzug durch die hohe Arbeitsbelastung des knapp bemessenen Vollzugspersonals.[9] Die Arbeit belastet die Beamten um so mehr, je schwächer die Personaldecke ist.[10] Die Annahme liegt daher nicht fern, daß der Streß zu teilweise auch schweren Verfehlungen im Umgang mit den Gefangenen führen kann.[11] Trotz der immensen Bedeutung des Personals für die Behandlung und Sicherheit im Vollzug ist nachhaltige Verbesserung im Personalbereich nicht zu erwarten.[12] Der Grund hierfür liegt, wie bei vielen anderen Belangen, in den angespannten öffentlichen Haushalten.[13]

Die genannten Probleme, die durch teilweise veraltete Gefängnisbauten noch verstärkt werden, führen nicht nur zu praktischen, sondern auch zu rechtlichen Konflikten. Zu nennen sind hier insbesondere Konflikte mit den Grundrechten, der Europäischen Menschenrechtskonvention (EMRK) und dem Strafvollzugsgesetz.

Überfüllte, zu kleine oder heruntergekommene Zellen können einen Verstoß gegen das nicht einschränkbare Grundrecht der Menschenwürde aus Art. 1 I GG darstellen. Überbelegte Gefängniszellen bedeuten eine Verletzung des Rechts auf Persönlichkeits- und Intimsphäre aus Art. 2 I i.V.m. Art.1 I GG. Ebenso

---

7 Regierungserklärung des hessischen Justizministers, Dr. Christean Wagner, vom 15.06.2004. Vgl. Plenarprotokolle 16. Wahlperiode / 38. Sitzung, 15.06.2004, S. 2501 (2504).

8 Vgl. OLG Celle VollzD 1990, 2 (21); OLG Frankfurt NStZ 1985, 572: 3 Gefangene bei 11,54 qm sind rechtswidrig, Kaiser/Schöch, § 7 RdNr. 86.

9 Kaiser/Schöch, § 11 RdNr. 3; Lange, DÖV 2001, 898 (898); Braum/Varwig/Bader, ZfStrVo 1999, 67 (70).

10 Walter, Strafvollzug, RdNr. 104.

11 Braum/Varwig/Bader, ZfStrVo 1999, 67 (70).

12 Vgl. Regierungserklärung des hessischen Justizministers, Dr. Christean Wagner, vom 15.06.2004. Plenarprotokolle 16. Wahlperiode / 38. Sitzung, 15.06.2004, S. 2501(2504).

13 Wagner, Privatisierung im Justizvollzug, ZRP 2000, 169 (170).

kann das Verbot der unmenschlichen oder erniedrigenden Behandlung gemäß Art. 3 EMRK betroffen sein.[14] Bei Überbelegung entstehen auch Probleme mit § 146 I oder § 18 I StVollzG.[15] Trotz der erlaubten gesetzlichen Ausnahmeregelungen darf die Überbelegung nicht zu einer dauerhaften Lösung werden.

Personalmangel kann sich insbesondere negativ auf das Recht der Resozialisierung auswirken, wenn deswegen nur noch eine Art Verwahrungsvollzug durchführbar ist. Die verfassungsrechtliche Grundlage für die Resozialisierung ist aus der Sicht des Täters Art. 2 I GG i.V.m. Art. 1 I GG.[16] Darüber hinaus hat aber auch die Gemeinschaft um des eigenen Schutzes willen ein Interesse an der resozialisierenden Behandlung des Gefangenen.[17]

Die bestehenden Mängel im Justizvollzug werden sich wegen der geringen staatlichen finanziellen Mittel in absehbarer Zeit nicht ändern. Hinzu tritt das Problem der schwer zu kalkulierenden Haftplatznachfrage. Infolge nicht vorhersehbarer gesellschaftlicher Meinungsänderungen können zum Beispiel neue Straftatbestände geschaffen werden, andere außer Kraft treten oder die gerichtliche Spruchpraxis kann Ziele ändern. Aus haushaltspolitischer Sicht unterliegt der Gesetzgeber zudem den Grundsätzen der Wirtschaftlichkeit und Sparsamkeit,[18] eine Vorgabe, nach der er gehalten ist, keine überschüssigen Mengen an Haftplätzen zu bauen und zu verwalten.[19]

Die geschilderten Probleme und Interessenkonflikte sprechen dafür, über Privatisierung im Strafvollzug nachzudenken. Einige der Privatisierungsvorteile sind daher kurz wiederzugeben: Ein erstes Argument ist sicherlich die Kostenentlastung für die öffentlichen Haushalte.[20] Der Arbeitnehmer eines privaten Unternehmers gilt als kostengünstiger, weil er in der Regel geringer entlohnt wird als staatliche Bedienstete. Ferner fallen keine Pensionslasten und andere Zusatzversorgungen der öffentlichen Hand an.[21] Der private Unternehmer kann auch flexibler auf spezielle Situationen im Vollzug reagieren. Er kann kurzfristig neue Personen einstellen und auch entlassen. Vor allem ist der Private in der Lage, bei benötigten Fremdsprachen für den Vollzugsalltag Ausländer einfacher ein-

---

[14] Art. 3 EMRK: „Niemand darf der Folter oder unmenschlicher oder erniedrigender Strafe oder Behandlung unterworfen werden."

[15] § 146 StVollzG umfaßt das Verbot der Überbelegung und § 18 StVollzG die Unterbringung während der Ruhezeit.

[16] BVerfGE 45, 187 (239).

[17] BVerfGE 35, 202 (235f.).

[18] Wagner, Privatisierung im Justizvollzug, ZRP 2000, 169 (170). Vgl. zur Sparsamkeit § 7 hess. HO oder § 7 BHO.

[19] Walter, Strafvollzug, RdNr. 104.

[20] Walter, ZfStrVo 1998, 3 (9).

[21] Wohlgemuth in: Privatisierung im Strafvollzug?, S. 99.

zustellen, was nicht nur der Vollzugsbehörde die Arbeit mit den Ausländern vereinfacht, sondern auch für den Ausländer eine Integrations- und Resozialisierungshilfe bedeutet.[22] Die Einbeziehung privater Unternehmen in den Vollzugsablauf bringt auch Öffentlichkeit und damit Transparenz in den Vollzug. Dadurch würden die gesellschaftliche Kontrolle der Rechtsstaatlichkeit und somit das Vertrauen in die Funktionsfähigkeit des Strafvollzugs gestärkt.[23] Selbst der Gesetzgeber hat mit dem geltenden Strafvollzugsgesetz die Hoffnung verbunden, daß neben dem Staat die gesamte Gesellschaft an der Wiedereingliederung des Gefangenen mitwirkt.[24] Ein letztes Argument für eine Privatisierung ist der Wettbewerb zwischen verschiedenen Anbietern, ein Wettbewerb, der sich nicht nur auf das Finanzielle auswirkt, sondern aus Sicht der Resozialisierung auch auf das beste Vollzugskonzept.[25] Zusammengefaßt sind Kostensenkung und die Qualität des Strafvollzugs, insbesondere die Verbesserung der Lebensbedingungen der Gefangenen, die Motive für eine Privatisierung.[26]

Freilich bestehen auch Bedenken gegen Privatisierungen bei Strafvollzugsaufgaben. In diesem Zusammenhang wird gerne auf das Risiko der Bestechlichkeit bei Privaten verwiesen.[27] Jedoch ist keine Gesellschaft frei von diesem Problem, also auch nicht der Kreis der Strafvollzugsbeamten.[28] Gelegentlich werden die Probleme der Streikmöglichkeit und Insolvenz bei Privaten erwähnt. Dies ist natürlich nicht von der Hand zu weisen, bleibt jedoch bei genügend staatlichem Personal ohne besondere Auswirkung.[29] Auch drohe ein „Sog der leeren Zellen“, wenn profitorientierte private Vollzugsanstalten auf dem Markt der sozialen Kontrolle ihr Angebot offerieren würden.[30] Dem ließe sich dadurch begegnen, daß private Anbieter nicht nach der Gefangenenzahl, sondern nach der Zellenanzahl vergütet würden. Ohnehin besteht der „Sog der leeren Zellen“ auch bei einem Überangebot des rein staatlichen Vollzugs.[31] Bedenken werden auch wegen der Gefährdung der Rechtspositionen der Gefangenen geäußert.[32] Freilich muß jede Form von Privatisierung die Rechte der Insassen gewähren und garantieren. Privatisierung darf kein Rückschritt in überwundene Zeiten sein. Dem

---

22 Lange, DÖV 2001, 898 (900).
23 Kaiser/Schöch, § 4 RdNr. 33.
24 Bt-Drucks. 7/918, S. 44.
25 Lange, DÖV 2001, 898 (900).
26 Augustin in: Der Staat als Zukunft, S. 109 (110).
27 Nibbeling, S. 23.
28 Vgl. FAZ v. 13.12.2004, S. 9 „Razzia gegen Häftlinge und Justizbedienstete“.
29 Kulas, S. 70ff.; Lange, DÖV 2001, 898 (902).
30 Nibbeling, S. 146ff.; Laubenthal, RdNr. 49. Kulas, S. 118 spricht zusätzlich von der Sorge um zu lange Haftzeiten.
31 Walter, Strafvollzug, RdNr. 115.
32 Laubenthal, RdNr. 41; Walter, ZfStrVo 1998, 3 (6).

könnte entgegengewirkt werden, indem dem Staat bei Rechtsverstößen eine Kündigungsmöglichkeit zur Verfügung steht und er diesen Vertragspartner künftig meidet.[33] Wenig überzeugend ist der Einwand, daß der Verwaltungsrechtsweg nur bei Beamten zulässig sei,[34] weil eine verwaltungsgerichtliche Kontrolle ebenso bei einer möglichen Rechtsverletzung durch einen Beliehenen stattfindet.[35] Letztlich ist die staatliche Souveränität auch nicht berührt, solange der Staat die Aufsicht über den Strafvollzug behält.[36]

Die Absicht dieser Arbeit ist es jedoch nicht, die Vor- und Nachteile von Privatisierungen zu beschreiben, sondern die rechtlichen Voraussetzungen für eine Privatisierung zu begutachten. Dabei ist es nicht das Ziel, die Aufgabe Strafvollzug Privaten zur eigenverantwortlichen Erfüllung zu überlassen. Erörtert wird im Rahmen der bestehen bleibenden Staatszuständigkeit die Frage nach Personalprivatisierungen im geschlossenen Erwachsenenvollzug. Die rechtlichen Voraussetzungen für Personalprivatisierungen stellt im Rahmen dieser Arbeit das Grundgesetz. Es ist also nicht beabsichtigt, die Privatisierungsfähigkeit im Kontext des geltenden Strafvollzugsgesetzes zu untersuchen. Ein weiteres Ziel ist es, die bestehenden Privatisierungsmodelle und -institute im Rahmen der verfassungsrechtlichen Diskussion auf ihre Anwendbarkeit bei den Tätigkeiten im Strafvollzug zu untersuchen. Daher wird zum Beispiel bei der Beleihung auch nicht der Frage nachgegangen, ob das Strafvollzugsgesetz eine entsprechende Beleihungsgrundlage enthält. Die Arbeit schließt bei ihrer Analyse den Gefängnisbau durch Private aus und erörtert auch nicht näher die Privatisierungsprobleme bei der Abschiebehaft, dem Jugendstrafvollzug und der Untersuchungshaft. Lediglich für den offenen Vollzug wird am Ende der Arbeit eine Aussicht auf dessen Privatisierungsmöglichkeiten diskutiert werden.

Die Methodik der Arbeit wird es sein, die einzelnen Tätigkeiten getrennt zu untersuchen, ein Ansatz, der auch sonst in der Literatur vertreten wird, da der Vollzug nicht als eine Einheit zu sehen ist.[37] Die für drei Funktionseinheiten (Versorgung, Bewachung und Behandlung) beispielhaft gesuchten einzelnen Tätigkeiten werden im Lichte der Verfassung auf ihre Eingriffsintensität untersucht, um schließlich die wesentlichen Privatisierungserscheinungen im Kontext der gefundenen Ergebnisse zu diskutieren.

---

[33] Augustin, in: Der Staat als Zukunft, S. 109 (118); Walter, ZfStrVo 1998, 3 (9).
[34] Kruis, ZRP 2000, 1 (2f.).
[35] Walter, ZfStrVo 1998, 3 (9).
[36] Krölls, GewArch 1997, 445 (449).
[37] Krölls, GewArch 1997, 445 (453); Bonk, JZ 2000, 435 (437ff.); Giefers-Wieland, S. 162.

B. Stand der Diskussion

Die Privatisierung ist Gegenstand breiter Diskussion. Zahlreiche Zeitungsartikel, Aufsätze und Monographien befassen sich mit ihr. Juristische Schriften in der Schnittmenge von Privatisierung und Strafvollzug werden in Deutschland seit Mitte der 1990er Jahr vermehrt publiziert. Ein großer Teil von ihnen lehnt Privatisierungen im Bereich des Strafvollzugs ab, manche apodiktisch und unbegründet, andere differenzierend und begründet.[38] Allerdings befürworten auch einige eine Entstaatlichung des Strafvollzugs, zumindest von Teilgebieten des Justizvollzugs.[39]

Drei Dissertationen sind zu erwähnen: Axel Kulas hat sich als erster in seiner Arbeit mit dem Titel „Privatisierung hoheitlicher Verwaltung; zur Zulässigkeit privater Strafvollzugsanstalten" mit dem Thema auseinandergesetzt. Sein Ausgangspunkt ist die öffentlich-rechtliche Frage nach der Privatisierungsmöglichkeit des Strafvollzugs, unter Ausklammerung der Untersuchungshaft. Kulas' Untersuchung hat die Privatisierung der gesamten Einheit einer Strafvollzugsanstalt zum Ziel. Der Autor geht also nicht auf einzelne Tätigkeiten im Vollzug ein. Dabei sieht er durch eine quantitative Auslegung der Ausnahmeregelung des Art. 33 IV GG die Möglichkeit, bis zu 20 Prozent der insgesamt zur Verfügung stehenden Haftplätze durch Beleihung zu privatisieren.[40]

Die beiden rechtsvergleichenden Dissertationen von Joachim Nibbeling und Natalie Giefers-Wieland vergleichen die rechtlichen Voraussetzungen der Privatisierung von Strafvollzugsanstalten in den Vereinigten Staaten von Amerika mit denen der Bundesrepublik.[41] Im Ergebnis halten beide eine Übertragung des amerikanischen Konzepts auf Deutschland für nicht zulässig.

C. Gang der Untersuchung

Im ersten Teil der Arbeit werden zunächst Begriffe, Ziel und Umsetzung des Strafvollzugs herausgearbeitet. Der Abschnitt erfüllt den Zweck, die Materie des

---

[38] Kruis, ZRP 2000, 1ff.; Krölls, GewArch 1997, 445ff.; Di Fabio, Privatisierung und Staatsvorbehalt, JZ 1999, 585ff.; Ostendorf, ZfStrVo 1991, 83 (87) oder z.B. Gusy in: Privatisierung im Strafvollzug?, S. 31ff.

[39] Kulas, S. 138ff.; Augustin, in Der Staat als Zukunft, S. 109ff.; Lange, DÖV 2001, 898ff.; Bonk, JZ 2000, 435ff.; Wagner, Privatisierung im Justizvollzug, ZRP 2000, 169ff.

[40] Kulas, S. 67 u. 73.

[41] Nibbeling, Joachim: Die Privatisierung des Haftvollzugs – die neue Gefängnisfrage am Beispiel der USA, 2001; Giefers-Wieland, Natalie: Private Strafvollzugsanstalten in den USA – eine Perspektive für Deutschland, 2002.

Strafvollzugs zu veranschaulichen und so den Prüfungsgegenstand zu konkretisieren. Das Aufzeigen des Vollzugsziels leistet dabei die Aufgabe, eine Sensibilität für die Errungenschaften der heutigen Strafvollzugspraxis zu schaffen.

Der zweite Teil fährt fort mit Begriffsbestimmungen bei den Privatisierungserscheinungen und deren Umsetzungsformen. Dies ist erforderlich, da der Terminus Privatisierung ungenau ist und Privatisierungserscheinungen und deren Umsetzungsformen immer wieder unterschiedlich definiert werden.

Im dritten Teil der Arbeit werden die verfassungsrechtlichen Vorgaben und die sich daraus ergebenden Einwände gegen eine Privatisierung erörtert. Hierbei wird sich zeigen, daß vor allem Art. 33 IV GG eine kritische Hürde bildet, wenn eine konkrete Tätigkeit erhebliche Grundrechtsrelevanz entfaltet.

Der Schwerpunkt der Arbeit liegt im vierten Teil. In diesem werden die verfassungsrechtlichen Folgerungen für Privatisierungen im Vollzug gezogen werden. Allerdings wird dies nicht pauschal für den gesamten Vollzug geschehen, sondern in drei sich von einander abgrenzenden Tätigkeitsfeldern der Versorgung, Bewachung und Kontrolle sowie der Behandlung. Da auch diese Unterteilung noch zu grob ist, wird innerhalb dieser Bereiche nach weiteren Aufgaben zu differenzieren sein.

Im ersten Kapitel des vierten Teils wird die Essensverpflegung exemplarisch für die Tätigkeiten im Bereich der Versorgung auf ihre Grundrechtsrelevanz im Sinne des Art. 33 IV GG untersucht. Da hierbei aber Grundrechte nicht berührt sein werden, geht es im Folgenden um die Anwendbarkeit der verschiedenen Privatisierungserscheinungen. Sofern sich innerhalb dieser Erörterung weitere Verfassungsprobleme ergeben, werden sie ebenfalls in die Diskussion einbezogen. Die Tätigkeiten der Bewachung und Kontrolle werden im zweiten Kapitel auf der Grundlage des Art. 33 IV GG konkret auf ihre Grundrechtsrelevanz analysiert. Die Begutachtung verläuft grundsätzlich in der Folge, daß zuerst die Tätigkeit näher beschrieben und daran anschließend auf die Betroffenheit möglicher Grundrechte untersucht wird. Die Privatisierungserscheinungen und deren Umsetzungsformen werden sodann im Kontext mit dem gefundenen Ergebnis erörtert. Am Ende einer jeden Tätigkeit wird ein Ergebnis bezüglich der Privatisierbarkeit vorgeschlagen. Das dritte Kapitel, die Behandlung der Gefangenen, folgt im wesentlichen dem Ablauf des zweiten Kapitels.

Der abschließende fünfte Teil ist dazu bestimmt, die Ergebnisse zusammenzufassen, eine Folgerung zu ziehen und schließlich einen Ausblick auf den offenen Vollzug zu bieten.

1. Teil Begriffe, Ziele und Umsetzung des Strafvollzugs

Die Frage nach Privatisierungsmöglichkeiten im Strafvollzug macht eine Klärung von Begrifflichkeiten, Zielen und Wegen sowie gesetzlicher Umsetzung des Strafvollzugs notwendig. Sie gibt das sachliche Fundament für die spätere rechtliche Begutachtung einzelner Tätigkeiten im Vollzug.

A. Bestimmung der Begriffe Strafvollzug, Strafvollstreckung und Strafvollzugsrecht

Im System der unterschiedlichen kriminalrechtlichen Sanktionsmöglichkeiten muß der Begriff Strafvollzug bestimmt werden. Ein solches Vorgehen erlaubt gleichzeitig eine Abgrenzung zum Terminus der Strafvollstreckung.

Der Begriff Strafvollzug wird nicht, wie sich aus dem allgemeinen Sprachgebrauch herleiten ließe, für jede Vollziehung richterlich festgesetzter Kriminalsanktionen verwendet, was auch Geldstrafen begrifflich einbeziehen würde, sondern lediglich für stationäre, also freiheitsentziehende Strafen.[42] Daher ist unter Strafvollzug die Art und Weise der Durchführung von freiheitsentziehenden Kriminalsanktionen zu verstehen, die mit der Aufnahme des Verurteilten beginnen und mit dessen Entlassung enden.[43] Freiheitsentziehende Maßregeln zur Besserung und Sicherung fallen ebenfalls unter diese Bestimmung, auch wenn die Maßregeln strafrechtsdogmatisch nicht als Strafe angesehen werden.[44] Diese Ungenauigkeit läßt sich aber aus „erfahrungswissenschaftlich-kriminologischen Erwägungen“ vertreten, da die verschiedenen stationären Vollzugsarten trotz der rechtlichen Differenzierungen in der Rechtswirklichkeit zahlreiche Gemeinsamkeiten aufweisen.[45]

Der Strafvollzug wird somit streng von der Strafvollstreckung abgegrenzt. Die Vollstreckung umfaßt die Maßnahmen, die auf die Durchsetzung eines rechtskräftigen Straferkenntnisses gerichtet sind. Sie geht zudem über die Dauer des Strafvollzugs hinaus. Folglich bestimmt die Strafvollstreckung das Ob und liegt grundsätzlich im Aufgabenbereich der Staatsanwaltschaft, während der Strafvollzug das Wie regelt und von eigenen Vollzugsbehörden verwaltet wird.[46]

---

42 Walter, Strafvollzug, RdNr. 3; Kaiser/Schöch, § 1 RdNr. 2.
43 Kaiser/Schöch, § 1 RdNr. 6.
44 Kaiser/Schöch, § 1 RdNr. 6.
45 Walter, Strafvollzug, RdNr. 3.
46 Laubenthal, RdNr. 12; Walter, Strafvollzug, RdNr. 28; vgl. auch Bt-Drucks. 7/918, S. 43.

Strafvollzug umfaßt somit die verschiedenen Anstaltstypen des Erwachsenenvollzugs[47], der Maßregeln zur Besserung und Sicherung oder der Jugendstrafe. Begrifflich nicht einbezogen sind die Untersuchungshaft, der Jugendarrest und die Abschiebehaft.[48] Sofern im Rahmen dieser Arbeit Begriffe wie Gefängnis, Anstalt, Haftanstalt oder Justizvollzugsanstalt (JVA) gebraucht werden, sind diese als Institutionen zur Durchführung von stationären Strafsanktionen zu verstehen, sind also mit dem Begriff Strafvollzug gleichgestellt.

Ist Strafvollzug als die Vollziehung freiheitsentziehender Kriminalsanktionen zu verstehen, so hat das Strafvollzugsrecht alle auf den stationären Sanktionsvollzug bezogenen Rechtsnormen zum Inhalt.[49] Das Strafvollzugsrecht wird dabei überwiegend durch das am 1.1.1977 in Kraft getretene Strafvollzugsgesetz (StVollzG) normiert.[50] Die bundeseinheitliche Rechtsgrundlage bestimmt Rechte und Pflichten des erwachsenen Gefangenen, Eingriffsbefugnisse und Leistungspflichten der Vollzugsbehörde sowie organisatorische und personelle Voraussetzungen für den Strafvollzug.[51]

Unbestritten ist das Strafvollzugsrecht mittlerweile ein eigener, fester Bestandteil der strafrechtlichen Sozialkontrolle und zählt somit zum Bereich des öffentlichen Rechts.[52] Die Gründe für die eigenständige Bedeutung liegen unter anderem in der Eigenart und Intensität des Eingriffs in die Rechte der Betroffenen, in der Existenz einer besonderen Behördenorganisation und im StVollzG als spezieller Rechtsgrundlage. Ein Strafzweck ist im StVollzG nicht normiert.[53] Um eine rechtliche Einordnung des Strafvollzugs innerhalb des strafrechtlichen Systems bemüht sich die sogenannte „Drei-Säulen-Theorie", die den Strafvorgang in verschiedene Phasen und Träger zerlegt:[54] Das Gesetz droht die Strafe an, der Richter spricht sie aus und die Verwaltung vollzieht sie.[55] Diese Dreiteilung hat den Vorteil, jeder Säule einen anderen Strafzweck zuzuordnen. Während die

---

47 Anstaltstypen des Erwachsenenvollzugs sind unter anderem Einweisungsanstalten, Anstalten des geschlossenen wie offenen Vollzugs, halboffene Anstalten, sozialtherapeutische Anstalten, Frauenhaftanstalten, Einrichtungen für die Entlassung, Einrichtungen des Altenstrafvollzugs oder Einrichtungen für die Verbüßung von Ersatzfreiheitsstrafen, Laubenthal, RdNr. 56ff.

48 Kaiser/Schöch, § 1 RdNr. 7.

49 Calliess, Strafvollzugsrecht, S. 10; Kaiser/Schöch, § 5 RdNr. 22 und 24; Laubenthal, RdNr. 9.

50 Andere Regelungen sind das JGG, WStrG oder StPO, aber auch Verwaltungsvorschriften der Länder etc.

51 Kaiser/Schöch, § 5 RdNr. 26.

52 Walter, Strafvollzug, RdNr. 1; Calliess, Strafvollzugsrecht, S. 11.

53 Bt-Drucks. 7/918, S. 44.

54 Müller-Dietz in: Kleines kriminologisches Wörterbuch, Stichwort: Strafvollzug, S. 509.

55 Kaiser/Schöch, § 5 RdNr. 39.

Strafandrohung einen generalpräventiven und der Richterspruch einen schuldausgleichenden Zweck erfüllen, kommt dem Vollzug schließlich ein individualpräventives Ziel zu. Diese Einteilung der Zwecke ist nicht abschließend, da auch Gesetzgebung und Rechtsprechung spezialpräventive Zwecke verfolgen und der Strafvollzug Sicherungsbelange berücksichtigt.[56] Deutlich wird aber, daß die Verwirklichung der Strafe ein selbständiger Akt der Strafrechtspflege ist. Das Strafvollzugsrecht ist danach eine eigenständige, von der richterlichen Anwendung des Strafrechts weithin verschiedene Regelungsmaterie.

B. Ziel des Strafvollzugs(gesetzes) und dessen Konzeption

Nach einem nahezu 100-jährigen Diskussionsprozeß ist am 01.01.1977 ein rechtsstaatlich wie auch sozialstaatlich ausgerichtetes Strafvollzugsgesetz in Kraft getreten.[57] Das Ziel des Erwachsenenvollzugs formuliert § 2, S. 1 StVollzG: Danach soll der Gefangene durch den Vollzug zu einem straffreien Leben in sozialer Verantwortung befähigt werden.[58] Bevorzugt wird diese Zielsetzung auf den Begriff der Resozialisierung verkürzt, auch wenn das Strafvollzugsgesetz diesen Terminus nur äußerst zurückhaltend verwendet (z.B. § 9 II, 1 StVollzG).

Das Ziel der Resozialisierung ergibt sich einerseits aus dem Anspruch des Gefangenen aus den Grundrechten des Art. 2 I GG i.V.m. Art. 1 I GG, andererseits aus dem Sozialstaatsprinzip. Von der Gemeinschaft aus betrachtet verlangt dieses Prinzip eine „staatliche Vor- und Fürsorge für Gruppen der Gesellschaft, die auf Grund persönlicher Schwäche oder Schuld, Unfähigkeit oder gesellschaftlicher Benachteiligung in ihrer persönlichen und sozialen Entfaltung behindert sind; dazu zählen auch die Gefangenen und Entlassenen."[59] Ferner besteht ein eigennütziges Interesse der Gemeinschaft daran, sich vor neuen Straftaten eines Entlassenen zu bewahren.[60]

Der Weg zum Ziel der Resozialisierung führt über die Behandlung des Gefangenen. Dieses Konzept beruht auf der Erkenntnis, daß ein strafender Freiheitsentzug allein die spätere straffreie Lebensführung nicht sicherstellen kann, sondern nur ein Hilfe leistender.[61] Allerdings ist das Strafvollzugsgesetz zurückhal-

---

56 Kaiser/Schöch, § 5 RdNr. 39.

57 Calliess/Müller-Dietz, Einl. RdNr. 2.

58 Vgl. § 2 StVollzG: „Im Vollzug der Freiheitsstrafe soll der Gefangene fähig werden, künftig in sozialer Verantwortung ein Leben ohne Straftaten zu führen."

59 BVerfGE 35, 202 (236) „Lebach".

60 BVerfGE 35, 202 (236) „Lebach".

61 Bt-Drucks. 7/918, S. 45.

tend bei der näheren Umschreibung der Umsetzung der Behandlung. Auf diese Weise bleibt genügend Raum für die Fortentwicklung der Behandlungsmethoden. Lediglich gewisse Konturen sind erkennbar, etwa, daß die Behandlung individualisierend gestaltet sein muß, das Verantwortungsgefühl bei den Gefangenen zu fördern ist oder das Vollzugsleben dem Leben in Freiheit weitestgehend angeglichen werden soll. Als Belege sind die Möglichkeiten der Persönlichkeitsuntersuchung (§ 6 StVollzG), der Vollzugsplanerstellung (§ 7 StVollzG) oder der Gefangenenmitverantwortung (§ 160 StVollzG) zu nennen. Keinesfalls darf der Gefangene zum bloßen Objekt behördlicher Bemühungen gemacht werden, sondern er muß ein gewisses Maß an Selbstwertgefühl, Selbstbewußtsein und Selbstsicherheit bei gleichzeitiger Achtung sozialer Grundsätze erlangen.[62] Ansonsten ergibt sich aus dem Gesetz kein faßbares Behandlungskonzept für eine rationale und theoriegeleitete Vollzugsgestaltung.[63] Die Ausfüllung dieses Vakuums hat der Gesetzgeber bewußt der Wissenschaft und der Vollzugspraxis überlassen.[64]

Neben dem vorrangigen Ziel der gesellschaftlichen Wiedereingliederung des Gefangenen hat der Strafvollzug jedoch noch weitere Aufgaben. So schützt das Gefängnis Personen wie Rechtsgüter innerhalb und außerhalb der Anstalt vor weiteren Straftaten des Gefangenen und gewährleistet den Freiheitsentzug (§ 2 S. 2 StVollzG). Da diese Aufgaben sich auf die Zeit der Inhaftierung beschränken, sind sie insbesondere bei Entscheidungen über Vollzugslockerungen in das Ermessen einzubeziehen.[65] Diese Korrelation von Vollzugsziel und -aufgaben bedeutet einen Zielkonflikt, der den Erfolg des Vollzugs bei einem Gefangenen beeinträchtigen kann.[66]

Jedenfalls ergibt sich aus den Begriffen Resozialisierung und Behandlungsvollzug eine strikte Abgrenzung zu dem Vollzugskonzept der Verwahrung, das eine sichere und menschenwürdige Strafhaft anstrebt, wie auch dem des Vergeltungsvollzugs. Der bloße Verwahrungs- und auch der Vergeltungsvollzug sind aber wegen Verstoßes gegen die verfassungsrechtliche Werteordnung nicht zulässig.[67]

---

62 Bt-Drucks. 7/918, S. 45; Schwind/Böhm, § 2 RdNr. 10; Walter, Strafvollzug, RdNr. 273; Kaiser/Schöch, § 5 RdNr. 12f.

63 Walter, Strafvollzug, RdNr. 280.

64 Bt-Drucks. 7/918, S. 41.

65 Laubenthal, RdNr. 173ff.

66 Walter, Strafvollzug, RdNr. 54.

67 Walter, Strafvollzug, RdNr. 274; Calliess/Müller-Dietz, Einl. RdNr. 28.

C. Gesetzliche Regelung des Strafvollzugs

Das Strafvollzugsgesetz enthält als Rechtsgrundlage des Erwachsenenvollzugs die wesentlichen Normen des Strafvollzugsrechts. Für eine solche bundeseinheitliche Regelung hat der Bund von seiner Gesetzgebungskompetenz gemäß Art. 74 Nr. 1 GG Gebrauch gemacht und das Gesetz am 1.1.1977 in Kraft treten lassen.

Von 1871 bis zum Erlaß des StVollzG existierten keine eigenständigen Gesetze für den Strafvollzug. Es bestanden nur vereinzelte gesetzliche Regelungen über Strafsanktionen.[68] Der Vollzug wurde weitgehend durch die Verwaltungen und deren Verordnungen geregelt.[69] Während der Weimarer Zeit konstruierte die Rechtswissenschaft daher das Institut des besonderen Gewaltverhältnisses. Hierdurch konnten ohne ein förmliches Gesetz die Rechte des Gefangenen eingeschränkt werden, wenn dies durch den Zweck des Strafvollzugs geboten war.[70]

Das Strafvollzugsgesetz beseitigte die bestehenden Rechtsunsicherheiten über die Rechtsstellung der Gefangenen und konnte somit die Rechtsfigur des besonderen Gewaltverhältnisses überwinden. Bis zu diesem Zeitpunkt war die Notwendigkeit einer gesetzlichen Regelung erst rechtspolitisch, später dann auch verfassungsrechtlich gesehen worden, jedoch immer wieder an den unterschiedlichsten Vorkommnissen oder Einwänden gescheitert.[71] Schließlich hat das BVerfG mit seinem Beschluß vom 14.3.1972 das sogenannte besondere Gewaltverhältnis als eigenständige Grundlage für die Rechtsbeschränkungen der Gefangenen verworfen und den Gesetzgeber unmißverständlich zu einer Verabschiedung einer gesetzlichen Grundlage aufgefordert.[72] Das Gericht begründet die Notwendigkeit eines eigenen Strafvollzugsgesetzes damit, daß zwar Art. 104 I, II GG und Art. 2 II, 2, 3 GG die Möglichkeit einer Freiheitsentziehung als selbstverständlich voraussetzten, aber keine grundsätzliche Aussage über die Art und Weise des Vollzugs enthielten. Die einzige Ausnahme stelle das Mißhandlungsverbot gemäß Art. 104 I, 2 GG dar. Daraus folge, daß die Grundrechte auch für den Gefangenen gelten und somit Grundrechte mit Gesetzesvorbehalt nur durch oder auf Grund eines Gesetzes eingeschränkt werden dürften. Der Gefangene müsse aus dem Gesetz klar erkennen können, welche

---

68 Krause, S. 80; Laubenthal, RdNr. 111ff.; Kaiser/Schöch, § 2 RdNr. 26.

69 Schmidt, Strafrechtspflege, § 303, S. 352 und § 344, S. 421; Krause, S. 82f.; Laubenthal, RdNr. 118.

70 Laubenthal, RdNr. 120; Kaiser/Schöch, § 2 RdNr. 58.

71 Kaiser/Schöch, § 5 RdNr. 44; Laubenthal, RdNr. 124; Calliess/Müller-Dietz, Einl. RdNr. 21.

72 BVerfGE 33, 1 (1, 9ff., 13).

Einschränkungen möglich sind.[73] Das Strafvollzugsgesetz erfülle folglich die Anforderungen des Rechtsstaatsprinzips.

Das nunmehr geltende Strafvollzugsgesetz ist in fünf Abschnitte gegliedert. Es regelt den Anwendungsbereich, den Vollzug der Freiheitsstrafe, den Vollzug der freiheitsentziehenden Maßregeln der Besserung und Sicherung, die Vollzugsbehörden und im fünften Abschnitt unter anderem den Datenschutz.

Den Schwerpunkt bildet der zweite Abschnitt des Strafvollzugsgesetzes, der sich mit den Vorschriften über die Rechte und Pflichten des Gefangenen und mit den Eingriffsbefugnissen und Pflichten der Vollzugsbehörden befaßt. Dementsprechend sind wegen der Bedeutung der Rechts- und Sozialstaatlichkeit des Gesetzes die Zielsetzung und Gestaltung des Vollzugs wie auch die Rechtsstellung des Gefangenen als Vollzugsgrundsätze an den Anfang des zweiten Abschnitts gestellt worden. Anschließend regelt das Gesetz das allgemeine Aufnahmeverfahren, in dessen Verlauf der Gefangene ärztlich untersucht und über seine Rechte und Pflichten unterrichtet wird. Eine darauf folgende Untersuchung seiner Persönlichkeit – sofern es die Vollzugsdauer rechtfertigt – dient der Erstellung eines Vollzugsplanes, der insbesondere die Vollzugsart bestimmt. Grundsätzlich soll der Gefangene im offenen Vollzug untergebracht werden, es sei denn, er genügt den besonderen Anforderungen für diesen Vollzugstyp nicht. Der offene Vollzug hat weitreichende Vorteile, beispielsweise sind keine oder nur verminderte Fluchtvorkehrungen erforderlich und den Vollzugsbeamten ist der Schußwaffengebrauch verboten.

Die sich daran anschließenden Regelungen normieren alle wichtigen Tages- und Lebenssituationen im Vollzug. Dies umfaßt Vollzugslockerung, Anstaltsverlegung, aber auch Kleidung, Arbeitsmöglichkeiten, Aus- und Fortbildung oder Belegung der Haftzellen während der Ruhezeiten. Ferner hat ein Gefangener grundsätzlich die Möglichkeit, Besuch zu empfangen, mit außerhalb der Anstalt lebenden Personen zu kommunizieren und sich über die heutigen Medien zu informieren. Ebenso steht ihm ein Recht auf Seelsorge, soziale Hilfe und ärztliche Untersuchungen zu. Sofern dem Gefangenen Rechte zustehen, ist die Vollzugsbehörde oder Anstaltsleitung berechtigt, diese aus Gründen der Sicherheit und Ordnung zu beschränken.

Die wesentlichen Einschränkungen der Gefangenenrechte ergeben sich aus den §§ 81 ff. StVollzG, die im besonderen die Sicherheit und Ordnung in Gefängnissen gewährleisten sollen, damit ein geordnetes Zusammenleben möglich ist. Dementsprechend muß der Häftling Durchsuchungen dulden, den Anweisungen

---

[73] BverGE 33, 1 (9f.); Calliess/Müller-Dietz, Einl. RdNr. 22f.

von Vollzugsbediensteten folgen, selbst wenn er sich dadurch beeinträchtigt fühlt. Auch erkennungsdienstliche Maßnahmen, das Festnahmerecht oder besondere Sicherungsmaßnahmen, wie zum Beispiel die Fesselung, sind zulässig. Schließlich ist noch der unmittelbare Zwang geregelt, der den Schußwaffengebrauch als ultima ratio zuläßt. Gegen jeden angeordneten oder vollzogenen Eingriff stehen dem Gefangenen Rechtsbehelfe zu, um die Rechtmäßigkeit der Maßnahme überprüfen zu lassen.

Der dritte Abschnitt über den Maßregelvollzug verweist auf die Regelungen des Strafvollzugs und begnügt sich damit, die wesentlichen Abweichungen wie die Zielsetzung der Sicherheitsverwahrung oder Kleider- und Wäscheregelungen zu normieren.

Der vierte Abschnitt regelt die organisatorischen und personellen Notwendigkeiten. Hierzu zählen die Differenzierung von Anstalten für Freiheitsstrafe und Sicherungsverwahrung wie die sachliche Ausstattung, ferner der Behördenaufbau sowie die Aufgaben und Befugnisse von Anstaltsbeiräten. Im Bereich der personellen Vorschriften sind mit Rücksicht auf die Verwaltungszuständigkeit der Länder nur soweit Vorgaben erlassen worden, wie es die Einrichtung der Anstalten unbedingt erfordert und die Rahmengesetzgebungskompetenz des Bundes für die Rechtsverhältnisse des öffentlichen Dienstes es zuläßt.

Der fünfte Abschnitt enthält Vorschriften für weitere freiheitsentziehende Maßnahmen in Justizvollzugsanstalten, das Arbeitsentgelt, die Sozial- und Arbeitslosenversicherung bei Gefangenen, ferner die nachträglich ergänzten speziellen Regelungen über den Datenschutz. Das StVollzG endet schließlich mit der Vorschrift über die Grundrechtseinschränkung, die dem Zitiergebot des Art. 19 I, 2 GG Rechnung trägt sowie den Schluß- und Übergangsvorschriften.

2. Teil Begriffsbestimmung der Privatisierungserscheinungen und die Umsetzungsformen

Vor der Frage, ob privatisiert werden kann, ist es erforderlich, die Instrumentarien und ihre Begrifflichkeiten zu kennen. So läßt sich bei der Untersuchung der Tätigkeitsbereiche im Strafvollzug unkompliziert auf einen Realisierungsmodus zugreifen.

Den Begriff Privatisierung wie den gleichbedeutenden Terminus Entstaatlichung[74] gilt es zu konkretisieren. Weder die Literatur noch die Rechtsprechung haben eine allgemein anerkannte Definition erarbeitet. Gleichfalls sieht die Gesetzgebung von einer Legaldefinition ab, obwohl die Begriffe wie selbstverständlich in § 7 I, 2 BHO[75] genannt werden.[76]

Was ist unter dem schillernden Begriff der Privatisierung zu verstehen? In der Praxis werden viele Vorgänge damit bezeichnet. Einer der bekanntesten ist die Privatisierung der ehemaligen Deutschen Bundespost. Zusätzlich gibt es viele Beispiele auf kommunaler Ebene, vor allem aus dem Bereich der Versorgungsunternehmen.

Die Deutsche Bundespost wurde in drei verschiedene Sparten aufgespalten: die Post im Sinne des Briefverkehrs, die Telekom und die Postbank. Anschließend wurden die Post (Briefverkehr und Bank) und die Telekom in Aktiengesellschaften umgewandelt, bei denen der Staat alleiniger Anteilseigner blieb. Erst sukzessive verkaufte er die Anteile auf dem freien Markt.[77]

Weiterhin sind kommunale Versorgungswerke zu nennen, die in gesellschaftsrechtliche Unternehmen umgewandelt wurden. Nach deren Privatisierung blieben die Kommunen in einem gewissen Umfang Anteilseigner. Zuvor gab es schon die kommunalen Wohnungsbau- oder Sportstättengesellschaften, die häufig in Form der GmbH mit der Gebietskörperschaft als alleinigem Anteilseigner geführt werden.

Danach ist noch die „Deutsche Flugsicherungs GmbH" zu erwähnen, die mit hoheitsrechtlichen Befugnissen beliehen ist, um den Flugverkehr regeln zu können. Der Staat hat als Hauptanteilseigner weiterhin die Aufsicht und Kontrolle der Gesellschaft; in naher Zukunft werden diese Anteile verkauft.

Bereits diese beide Beispiele zeigen, wie vielfältig die Erscheinungsformen der Privatisierung sind, und daß eine Vereinheitlichung des Begriffs nicht möglich ist. Allein der dynamische Prozeß der Umgestaltung der Rechtsverhältnisse zwischen Staat und Gesellschaft liegt allen Erscheinungsformen zu Grunde. Es ist

[74] Entstaatlichung hat allgemein dieselbe Bedeutung wie Privatisierung. So auch Di Fabio, Privatisierung und Staatsvorbehalt, JZ 1999, 585 (585).

[75] § 7 I, 2 BHO Diese Grundsätze verpflichten zur Prüfung, inwieweit staatlichen Aufgaben oder öffentlichen Zwecken dienende wirtschaftlichen Tätigkeiten durch Ausgliederung und Entstaatlichung oder Privatisierung erfüllt werden können.

[76] Ausnahmen stellen die Normen bzgl. der Wiedervereinigung dar, u.a. Art. 22 IV 5 oder Art. 25 I 1 EV dar.

[77] Vgl. FAZ v. 18.07.2005, S. 13 „Die Post wird vollständig privatisiert".

ein „weg vom Staat und ein mehr oder weniger hin zum Privaten".[78] Das Ziel des Umgestaltungsprozesses ist bei allen Erscheinungsformen identisch, wenn man privat als all das definiert, was nicht zum staatlichen Personal und dessen Organisation gehört.[79] Daher ist der Begriff privat oder Privater in dieser Arbeit entsprechend weit zu verstehen.

Es gibt also nicht „die" Privatisierung, sondern eine Vielzahl von Erscheinungen und Umsetzungsformen. Diese Arbeit unternimmt deshalb auch nicht den Versuch einer Definition, sie zeigt vielmehr pragmatisch die verschiedenen Wege der Privatisierung und ihre Umsetzungsformen auf.[80]

A. Formelle Privatisierung

Eine Form der Privatisierung ist die formelle oder auch Organisationsprivatisierung[81]. Bei ihr ändern sich die Modalitäten der Organisation, indem die Aufgabe beim Staat verbleibt, dieser sich aber für deren Erfüllung der Institute des Privatrechts bedient.[82] Es handelt nicht mehr die Verwaltung im herkömmlichen Sinn, sondern die formell als Private auftretende Verwaltung.

Bei dieser Art der Privatisierung werden die Form, die Zuständigkeit und das Verfahren geändert, die Verantwortung bleibt aber grundsätzlich beim Staat. Letztlich trägt dieser (noch) die Verantwortung für die eigenhändige Erfüllung und sichert sich dies durch das Maß seiner Einflußnahme. Der Staat muß die Gremien der Privatrechtssubjekte nach seinen Leistungskriterien ausstatten und klare Genehmigungsvorbehalte für problematische Aufgaben festlegen.[83] Auch haftet er im Falle einer Insolvenz.[84] Der Entschluß für eine formelle Privatisierung ist somit an die Zweckmäßigkeit der Zielsetzung wie auch an das Rechtsstaatsprinzip des Grundgesetzes gebunden.

---

[78] Siehe auch Gramm, Privatisierung und notwendige Staatsaufgaben, S. 341.

[79] Jung, Paradigmawechsel, S. 377 (380).

[80] Für die Herleitung einer Definition siehe Kämmerer, Privatisierung, S. 37.

[81] Als weitere Begriffe werden auch privatrechtlich organisierte Verwaltung oder Verwaltung in Privatrechtsform gebraucht, siehe dazu Wolff/Bachof/Stober I, § 34 RdNr. 4. Lee unterteilt die formelle Privatisierung in Handlungs- und Organisationsprivatisierung, wobei erstere keine nennenswerte Bedeutung hat; Lee, S. 149f.

[82] Schoch, DVBl. 1994, S. 962; Weiß, S. 30; Weiner, S. 67f; Gusy, Privatisierung als Herausforderung , S. 339f.; Burgi in Erichsen/Ehlers § 54 RdNr. 11; Stelkens/Bonk/Sachs, § 1 RdNr. 104.

[83] Heuer, DÖV 1995, 85 (91).

[84] Weiss, S. 30f.

Die konkrete Umsetzung der formellen Privatisierung findet häufig in der Form der Eigengesellschaft statt, die sich in der Regel als AG, GmbH, KG, OHG, e.V. oder Stiftung organisiert.[85]

Gründe für die formelle Privatisierung gibt es viele. So kann es für die öffentliche Hand von Interesse sein, sich nicht den strengen beamten- oder haushaltsrechtlichen Normen zu unterwerfen und durch die Privatisierung den eigenen Handlungsspielraum zu vergrößern[86]. Ebenso wird die sich wandelnde Psychologie bei Arbeitnehmern angeführt, da diese in privatrechtlichen Arbeitsformen mehr Bewußtsein für die größere Unabhängigkeit und mehr Eigenverantwortung entwickeln.[87]

Gelegentlich wird die formelle Privatisierung als Entstaatlichung angezweifelt, denn sie sei nur ein Etikettenschwindel.[88] Der Staat streife sich nur das Kostüm eines Privatrechtssubjekts über, die meisten Sachentscheidungen unterlägen aber weiterhin den Normen des öffentlichen Rechts.[89] Freilich bleibt der Einfluß des Staates groß, aber er muß sich bei diesen privatrechtlichen Organisationen auch der Handlungsformen des Privatrechts bedienen. Bei privatrechtlichem Handeln ist heute anerkannt, daß die verfassungsrechtlichen Wertentscheidungen unmittelbar gelten. Dem ganzen Prozeß liegt daher eine eindeutige privatrechtliche Komponente zu Grunde.[90] Auch in der Außenwirkung auf die Bürger tritt nicht mehr der Staat in Erscheinung, sondern vielmehr das Privatrechtssubjekt,[91] beispielsweise die kommunalen Wohnungsgesellschaften.

Im Strafvollzug könnten die Aufgaben der Instandhaltung, Materialverwaltung oder der Versorgung formell privatisiert werden.[92] Die Verwaltung würde etwa eine Gefängnisküchen-GmbH gründen, die für die Verpflegung aufkommt.

---

[85] Di Fabio, Privatisierung und Staatsvorbehalt, JZ 1999, 585 (588); wie auch Peine in Hoffmann-Riem/Schneider, S. 97; Weiß, S. 29; Lee, S. 152.

[86] Weiß, S. 30; so auch Osterloh, VVDStRL 54 (1995), 204 (215); Heuer, DÖV 1995, 85 (86).

[87] So Lee, S. 151; Osterloh, VVDStRL 54 (1995), 204 (215).

[88] Isensee hat sie als Etikettenschwindel bezeichnet, da sich an der Staatlichkeit der fraglichen Aufgabe nichts ändere, siehe die Aussprache in: VVDStRL 54 (1995), 303.

[89] Ossenbühl, VVDStRL 29 (1971), 137 (145).

[90] Kämmerer, Privatisierung, S. 19ff.

[91] Lee, S. 149f.

[92] Vgl. 4. Teil A.

B. Materielle Privatisierung

Die materielle Privatisierung ist eine weitere anerkannte Erscheinungsform der Entstaatlichung. Einige Verfasser betiteln sie auch als Aufgaben-[93] oder als echte Privatisierung.[94]

Die materielle Privatisierung von Verwaltungsaufgaben besteht darin, daß die öffentliche Hand bestimmte Verwaltungstätigkeiten ganz aufgibt und dadurch Privaten Rechte einräumt oder überläßt. Es ist der hoheitliche Verzicht auf eine öffentliche oder auch eine staatliche Aufgabe und die grundsätzliche Überlassung des Sachgegenstandes der privatrechtlich eigenverantwortlichen Gesellschaft.[95]

In der Regel steht es dem Staat frei, auf welche Aufgaben er verzichtet. Ausgenommen hiervon sind diejenigen, die nur vom Staat selbst wahrgenommen werden dürfen. Solche lassen sich durch die Auslegung der Verfassung ermitteln.[96]

Bei dieser Form der Privatisierung gibt der Staat die Steuerungs- und Kontrollmöglichkeiten bei der konkreten Erledigung in andere Hände.[97] Wegen der Achtung des Gemeinwohls trägt er nur noch die Gewährleistungsverantwortung.[98] Dieser genügt der Staat, wenn er die dann eintretende Selbstregulierung kodifiziert und den entstehenden Wettbewerb kontrolliert.

Eine materielle Privatisierung war zum Beispiel die Aufhebung der Gesetze über die Wohnraumbewirtschaftung. Hierbei sollte über ein nunmehr eintretendes soziales Miet- und Wohnrecht die Aufhebung der Wohnraumbewirtschaftung durch die staatlichen oder gemeindlichen Wohnungsämter mit dem Ziel eingeleitet werden, einen von gesetzlichen Beschränkungen freien Wohnungsmarkt zu schaffen.[99] Sollten aber ähnliche Notlagen wie nach den Weltkriegen eintreten, wäre es Aufgabe des Staates, dieses Problem erneut zu regulieren.

Eine materielle Privatisierung findet ebenfalls statt, wenn der Staat eine Verwaltungstätigkeit erst formell privatisiert und anschließend seine Gesellschaftsanteile auf dem freien Markt verkauft, wie es bei der Deutschen Bundespost ge-

---

93 Kämmerer, Privatisierung, S. 299ff. kritisiert diese Terminologie und schlägt vor, von aufgabenbezogener Privatisierung zu sprechen.
94 Zur weiteren Unterscheidung siehe Weiner, S. 65ff.
95 Di Fabio, Privatisierung und Staatsvorbehalt, JZ 1999, 585 (586); Weiß, S. 30.
96 So auch m.a.W. Burgi in Erichsen/Ehlers, § 53 RdNr. 38; Lee, S. 163f.
97 Weiß, S. 32f.
98 Burgi in Erichsen/Ehlers, § 54 RdNr. 38.
99 Grupp in Deutsches Rechts-Lexikon Bd. 3: „Wohnraumbewirtschaftung".

schehen ist.[100] So besteht die Möglichkeit, eine politisch umstrittene Privatisierung schrittweise umzusetzen.

Eine materielle Privatisierung der gesamten Institution einer Vollzugsanstalt ist wegen der zwangsweisen Unterbringung sowie der vielen notwendigen repressiven und präventiven Beeinträchtigungen eines Gefangenen wohl nicht möglich.[101] Einzelne Tätigkeiten wie beispielsweise die Gefangenenverpflegung ließen sich zumindest theoretisch materiell privatisieren.[102]

Festzuhalten bleibt: die materielle Privatisierung ist unbestritten die am meisten ausgeprägte Form der Entstaatlichung und sie führt zu einer eindeutigen Entlastung der Verwaltung.[103]

C. Funktionelle Privatisierung

Eine weitere Form ist die funktionelle oder funktionale Privatisierung. In der Literatur wird diese auch als Verfahrens- oder Vollzugsprivatisierung bezeichnet.[104]

I. Bedeutung der funktionellen Privatisierung

Die funktionelle Privatisierung hat besonders seit Mitte der 1990er Jahre immer mehr an Bedeutung gewonnen. Sowohl die materielle als auch die formelle Privatisierung können nicht alle Möglichkeiten der zu entstaatlichenden Aufgaben abdecken. Daher ist es das Ziel der funktionellen Privatisierung, die der Verwaltung obliegenden Aufgaben durch andere, nicht notwendigerweise staatseigene Kräfte ausführen zu lassen.[105]

Ob die funktionelle Privatisierung eine Spielart oder eine eigenständige Form zwischen der materiellen und formellen Privatisierung ist, kann dahinstehen. Allein von Interesse sind die in der Praxis angewandten Modelle der funktionellen Privatisierung. Sie bieten dem Staat größere Einbindungsmöglichkeiten von Privaten.

---

[100] Siehe auch Lee, S. 156.
[101] A.A. Kulas, S. 138ff.
[102] Vgl. die Ausführungen in 4. Teil, A. I.
[103] So auch Bauer, VVDStRL (54) 1995, 243 (252); Weiß, S. 30.
[104] Bonk, Heinz Joachim, JZ 2000, 435 (437); z.B. Di Fabio nennt sie Verfahrensprivatisierung in: Privatisierung und Staatsvorbehalt, JZ 1999, 585 (589); Lee, S. 165.
[105] Ludwig, S. 136; Lee, S. 148.

Bei der funktionellen Privatisierung bedient sich der Staat der Hilfe Privater und läßt Teilbereiche von diesen selbständig oder auch unselbständig unter staatlicher Überwachung erfüllen.[106]

Die Zuständigkeit für staatliche Aufgaben und die Aufgabenverantwortung bleibt bei der öffentlichen Hand. Der Vollzug der Aufgaben, insbesondere die Leistungserstellung oder Aufgabendurchführung, wird auf ein materielles oder formelles Privatrechtssubjekt übertragen.[107] Die Letztentscheidungsverantwortung der Verwaltung darf hierbei nicht berührt oder faktisch ausgehöhlt werden.[108] Deswegen muß der Staat mehr oder weniger Einfluß auf die private Erledigung nehmen. Diese Einwirkung sichert er sich durch Mitwirkungsrechte und gesetzlich normierte Leistungsvorgaben.[109] Auf Grund dieser Vorgaben organisiert das Privatrechtssubjekt seine Aufgaben. Die Einbeziehung der Privaten erfolgt grundsätzlich auf privatrechtlicher Basis zwischen der Verwaltung und dem Privatrechtssubjekt.[110] Es entsteht eine gestufte oder geteilte Verantwortung.[111]

Welche Aufgaben für eine funktionelle Privatisierung geeignet sind, ist vor allem eine Frage der Auslegung der Verfassung und der Rechtsnormen.

Die funktionelle Privatisierung gibt dem Staat den Vorteil, sich gezielt Private für bestimmte Aufgaben auszusuchen. Er ist somit in der Lage, Spezialkenntnisse für sich zu sichern wie auch den Aufgabenvollzug extern zu vergeben und dadurch staatliche Ausgaben zu reduzieren.

II. Umsetzungsformen der funktionellen Privatisierung

Im Zentrum der funktionellen Privatisierung steht die Aufgaben- und Verantwortungsverteilung zwischen dem Privatrechtssubjekt und dem Staat. Diese kann auf verschiedenen Wegen umgesetzt werden.[112] Benutzt werden vor allem

---

106 Bonk, Heinz Joachim, JZ 2000, 435 (437); Di Fabio, Privatisierung und Staatsvorbehalt, JZ 1999, 585 (589); Hoffmann-Riem in Hoffmann-Riem/Schneider, S. 9ff.

107 Schoch, DVBl 1994, 962 (963); Weiner, S. 69; Schuppert, Rückzug des Staates?, DÖV 1995, 761 (766); so auch Bauer, VVDStRL 54 (1995), 243 (252); Lee, S. 165; BverwGE 95, 188 (197).

108 Stelkens/Bonk/Sachs, §1 RdNr. 114ff.

109 Gusy, Privatisierung als Herausforderung, S. 342.

110 Bonk, JZ 2000, 435 (437).

111 So schon Schuppert, Rückzug des Staates?, DÖV 1995, 761 (766).

112 Lee, S. 175; Bonk, JZ 2000, 435 (437).

die Rechtsinstitute der Beleihung, der Verwaltungshilfe, der Inpflichtnahme oder des Konzessionsmodells.[113]

1.) Beleihung

Bei der Beleihung werden Privatrechtssubjekte mit hoheitlichen Wahrnehmungen von Verwaltungsaufgaben im eigenen Namen betraut.[114] Aus dieser Betrauung resultiert für die Beliehenen die Befugnis, Staatsaufgaben in den Handlungsformen des öffentlichen Rechts selbständig wahrzunehmen. Bei ihrem Tätigwerden haben sie also die Berechtigung, die sonst ausschließlich dem Staat zustehenden Instrumentarien zu nutzen, da sie Staatsgewalt im Sinne des Art. 20 II GG ausüben. Durch diese Befugnis gelten sie als Verwaltungsträger, als Teil der mittelbaren Staatsverwaltung, auch wenn sie nicht ein- sondern nur angegliedert sind.[115] Diese Ermächtigung wird den Beliehenen durch oder aufgrund eines Gesetzes erteilt.[116] Wegen der Übertragung von hoheitlichen (wie auch schlicht-hoheitlichen) Befugnissen ist es von Bedeutung, daß sich Art und Umfang der Ermächtigung aus dem Gesetz ergeben.[117]

Aus der Beleihung entsteht ein Auftrags- und Treueverhältnis mit beiderseitigen Rechten und Pflichten zwischen den Beteiligten. Eine solche Pflicht ist zum Beispiel die Betriebspflicht, die Pflicht des Privaten, die Beleihung auch auszuüben. Allerdings bleibt die Letztverantwortung bei der Verwaltung. Diese muß bei der Zulassung und der Ausübung der Beleihung in subjektiver und objektiver Hinsicht durch Regelungen und Aufsicht Einfluß nehmen können, so daß die Aufgabenerfüllung ordnungsgemäß vonstatten geht.[118]

Beliehene können sowohl einzelne, selbständig agierende natürliche Personen als auch einzelne juristische Personen des Privatrechts sein. Darüber hinaus ergibt sich die Möglichkeit, eine einzelne natürliche Person, die wirtschaftlich und

---

[113] Die rechtliche Bearbeitung wird nur auf die aussichtsreichsten Modelle eingehen. Zur Vertiefung siehe Lee, S. 165ff. So auch Stelkens/Schmitz in Stelkens/Bonk/Sachs, § 1 RdNr. 115.

[114] Dies beruht auf der Rechtstellungstheorie bzw. Befugnistheorie; Weiner, S. 72; Burgi in Erichsen/Ehlers, § 54 RdNr. 24; Woff/Bachof/Stober, Verwaltungsrecht II, § 104 RdNr. 2 u. 6.

[115] Burgi in Erichsen/Ehlers, § 54 RdNr. 24; wie auch Stelkens/Schmitz in Stelkens/Bonk/Sachs, § 1 RdNr. 231; u.a. Weiner, S. 73.

[116] Für viele Scholz, Verkehrsüberwachung, NJW 1997, 14 (16).

[117] Burgi in Erichsen/Ehlers, § 54 RdNr. 27.

[118] Woff/Bachof/Stober, Verwaltungrecht II, § 104 RdNr. 7.

rechtlich betrachtet nicht selbständig ist, sondern auf einer vertraglichen Basis mit einer juristischen Person des Privatrechts handelt, zu beleihen.[119]

Umstritten ist, ob die Beleihung der funktionellen Privatisierung zuzurechnen ist, da die Selbständigkeit des Beliehenen in der Regel zu groß ist.[120] Die Beleihung sollte vielmehr der materiellen Privatisierung zugeordnet werden. Dagegen läßt sich einwenden, daß die Aufgabenzuständigkeit und Verantwortung im Rahmen der funktionellen Privatisierung immer noch bei der Verwaltung liegen und der Beliehene unter staatlicher Aufsicht steht. Die Übertragung hoheitlicher Aufgaben indiziert ebenfalls, daß die beliehene Tätigkeit eine staatliche ist und auch bleiben soll. Die Verwaltung hat demnach die Möglichkeit, bei Erlöschen wie zum Beispiel durch Tod oder Widerruf des Verwaltungsakts die Betrauung zu beenden.[121]

Kritik wird auch dahingehend geübt, die Beleihung sei gar keine Privatisierung.[122] Als ein wesentliches Argument wird dabei gerne auf die Letztverantwortlichkeit und die Aufsicht des Staates abgestellt. Diese Ansicht ist allerdings zu restriktiv, da der Staat immer letztverantwortlich ist.[123] Das Selbstverständnis des Staates fordert eine stete Kontrolle aller gesellschaftlichen Verhältnisse und notfalls ein staatliches Handeln. Auch wird bei der Beleihung eine Aufgabe aus der unmittelbaren staatlichen Organisation ausgegliedert. Der Beliehene mag unter der Aufsicht der Verwaltung stehen, doch diese Aufsicht gilt nur der übertragenen hoheitlichen Befugnis. Der Beliehene agiert ansonsten als Privater und organisiert seinen Betriebsablauf eigenständig, wenn er beispielsweise die Gebühren für seine Dienstleistung kalkuliert und einfordert. Das Konzept der Nutzung privater Ressourcen ist eine Entlastung der Verwaltung und entspricht der These des „weg vom Staat“ als eine Form der Privatisierung.

Durch das Auftreten im eigenen Namen im Außenverhältnis und die Selbständigkeit ist die Beleihung ein Realisierungsmodus der funktionellen Privatisierung.[124] Schließlich darf nicht übersehen werden, daß dieses Institut dem staatlichen Gewaltmonopol gerecht wird. Der Beliehene wird durch die Betrauung in die Verwaltungsorganisation des Staates einbezogen und handelt innerhalb des Gewaltmonopols.[125]

---

119 Burgi in Erichsen/Ehlers, § 54 RdNr. 25.
120 Vgl. Schmidt, Rainer, Die Privatisierung öffentlicher Aufgaben, S. 211.
121 Wolff/Bachof/Stober II, § 104 RdNr. 9; Lee, S. 177.
122 Vgl. Kämmerer, Privatisierung, S. 47 m.w.N.
123 M.a.W. auch Kulas, S 29.
124 Bonk, JZ 2000, 435 (437); im Ergebnis auch Lee, S. 167; Ludwig, S. 137.
125 Lange, DÖV 2001, 898 (903).

Bei Privatisierungen im Strafvollzug könnte dieses Modell für Aufgaben interessant werden, die die Anwendung hoheitlicher Mittel notwendig machen, allerdings nur solange, wie diese Mittel nicht die körperliche Integrität oder ähnlich grundrechtsrelevante Rechte des Gefangenen verletzen. Dies gilt zum Beispiel für die Anwendung von Schußwaffen.[126]

2.) Die Verwaltungshilfe

Die Verwaltungshilfe zählt ebenso zu den tradierten Formen der Ausführung von Verwaltungstätigkeiten durch Private. Jedoch ist sie von der Beleihung abzugrenzen. Der Unterschied liegt vor allem in ihrer rechtlichen Wirkung gegenüber der Verwaltung und dem Bürger.[127]

Unter dem Begriff Verwaltungshilfe im ursprünglichen Sinn ist die Erfüllung oder Unterstützung untergeordneter staatlicher Aufgaben zu verstehen, welche Private auf Anweisung und im Auftrag der Behörde vollziehen. Der Verwaltung wird das Handeln zugeordnet und zugerechnet, da hier der Private nur eine Hilfstätigkeit im Kontext einer hoheitlichen Aufgabe erfüllt.[128] Letztlich werden die Willensentscheidungen oder Regulierungen von der Verwaltung vorgenommen.

Durch die Rechtsprechung ist das Festhalten an diesem ursprünglich engen Verständnis des Verwaltungshelfers aufgelockert worden.[129] Entscheidend ist nicht mehr, ob der Verwaltungshelfer engen Weisungen der Behörde unterworfen ist. Vielmehr ist auf den rechtlichen Charakter der wahrgenommen Aufgabe, die Sachnähe der übertragenen Tätigkeit zu dieser Aufgabe, den Grad der Einbindung des Privaten in den behördlichen Pflichtenkreis und auf das Außenverhältnis abzustellen.[130]

---

[126] Vgl. 4. Teil B., XIII.

[127] Krölls, GewArch 1997, 445 (447).

[128] Wolff/Bachof/Stober II, § 67 RdNr. 22; Maurer, allg. Verwaltungsrecht, § 23 RdNr. 60; Bonk, JZ 2000, 435 (437).

[129] Zur Aufweichung der sog. Werkzeugtheorie: BGH JZ 1993, 1001ff, bzw. BGHZ 121, 161ff; BGH NJW 1996, 2431ff.; Burgi in Erichsen/Ehlers, § 54 RdNr. 32. – Kritiker differenzieren auf Grund dieser Rechtsprechung zwischen der unselbständigen und selbständigen Verwaltungshilfe, auch Verwaltungshilfe i.w.S. oder Beauftragung genannt. Siehe Näheres bei Di Fabio, Privatisierung und Staatsvorbehalt, JZ 1999, 585 (589); Burgi in Erichsen/Ehlers, § 54 RdNr. 32.

[130] BGHZ 121, 161 (165); BGH, NJW 1996, 2431ff.

Die Befugnisse des Verwaltungshelfers wurden folglich durch die Rechtsprechung ausgeweitet, dem Privaten wird ein Teilbeitrag der staatlichen Erfüllungsverantwortung anvertraut. Auf diese Weise wird er in die Verwirklichung des Gemeinwohls durch den Staat einbezogen. Der Private erbringt eine Tätigkeit mit einem funktionellen unmittelbaren Bezug zu der jeweiligen finalen Staatsaufgabe. Hierbei handelt es sich vor allem um Teilbeiträge durchführenden und auch vorbereitenden Charakters.[131] Ein solcher Verwaltungshelfer kann innerhalb seiner ihm anvertrauten Aufgabe eigene Entscheidungen fällen. Eine Kontrolle des Geschehensablaufs findet durch den Veranlassungsakt der Privatisierung,[132] wie zum Beispiel der vertraglichen Vereinbarung, statt.[133]

Zwischen dem Bürger und dem Verwaltungshelfer bestehen keine direkten Rechtsbeziehungen; er erbringt seine Tätigkeit im Namen der Behörde, so daß sich der Bürger bei Haftungsangelegenheiten an diese halten kann.[134] Das Rechtsverhältnis zwischen der Behörde und dem Verwaltungshelfer beruht zumeist auf einem zivilrechtlichen Vertrag.[135] Durch diesen hat der Staat die Verpflichtung, für die Sicherung der öffentlichen Interessen zu sorgen. Schließlich können die Verwaltungshelfer gemäß § 11 Abs. 1 Nr. 2 und/oder Nr. 4 StGB Amtsträger sein, wenn sie nach dem Verpflichtungsgesetz[136] auf eine gewissenhafte Aufgabenerfüllung verpflichtet worden sind.[137]

Die Verwaltungshilfe ist der funktionellen Privatisierung zuzuordnen,[138] da die Verantwortlichkeiten zwischen dem Helfer und der Behörde unterschiedlich verteilt sind. Der Private vollzieht oder plant eine selbständige Tätigkeit, während die Letztverantwortlichkeit des Staates bestehen bleibt. Der Verwaltungshelfer trifft in einem hoheitlichen Aufgabenfeld gewisse selbständige Entscheidungen, die der Staat ihm zugestanden hat.

Die Vorteile für den Staat sind offensichtlich. Er kann sich bei technischen Fragen spezieller externer Kenntnisse bedienen oder auf Spezialgerätschaften zugreifen. Als Beispiel sind hier die Aufgaben im Umweltschutz[139] oder auch im

---

[131] Burgi in Erichsen/Ehlers, § 54 RdNr. 31; Burgi, S. 433.
[132] Burgi, S. 348.
[133] Vgl. auch Nitz, Neuere Rechtsprechung zur Privatisierung, NZV 1998, 11 (13).
[134] Weiner, S. 76; Lee, S. 185f.
[135] Lee, S. 185; Maurer, allg. Verwaltungsrecht, § 23 RdNr. 60ff.
[136] BGBl. I 1974 (09.03.74), 469 (547) Verpflichtungsgesetz (Gesetz über die förmliche Verpflichtung nichtbeamteter Personen).
[137] BGH NJW 1980, 846; BHGSt 42, 230; Bonk, JZ 2000, 435 (437f.).
[138] Burgi in Erichsen/Ehlers, § 53 RdNr. 31; im Ergebnis der gleichen Ansicht: Schoch, DVBl 1994, 962 (963); Ludwig, S. 136; Erbguth, UPR 1995, 369; Lee, S. 184; so wohl auch Di Fabio, Privatisierung und Staatsvorbehalt, JZ 1999, 585 (589); Bonk, JZ 2000, 435 (437).
[139] Siehe hierzu Ludwig, Frank; Privatisierung staatlicher Aufgaben im Umweltschutz, 1998.

Bereich der Datenerfassung und des Datenschutzes bei der Zusammenarbeit mit IT-Unternehmen zu nennen.[140] Trotzdem bleibt der Staat Herr des Geschehens. Er sichert sich durch Gesetzgebung, Vertragsgestaltung oder Gesellschaftermehrheit die nötige Verantwortung und Weisungsbefugnis.

Ein Vorzug gegenüber der Beleihung ist, daß die Verwaltungshilfe ohne einen Gesetzesvorbehalt möglich ist, solange keine grundrechtsrelevanten Tätigkeiten eigenständig ausgeführt werden sollen. Daher ist die Einbeziehung von Verwaltungshelfern schneller möglich.

Die funktionelle Privatisierung in Form der Verwaltungshilfe könnte im Strafvollzug bei Aufgaben wie der Überwachung von Kontrollmonitoren zulässig sein, da der Ausführende nur den Alarm auslösen, nicht aber unmittelbar in die Rechte der Gefangenen eingreifen muß.[141]

3.) Finanzwirtschaftliche Privatisierung

Bei der finanzwirtschaftlichen Privatisierung oder auch Finanzierungsprivatisierung wird der Private an der Finanzierung von Verwaltungsaufgaben im weitesten Sinne beteiligt. Ein Beispiel ist die Errichtung öffentlicher Einrichtungen oder Gebäude durch private Investoren und anschließendes Mieten oder Leasen durch staatliche Stellen.[142] Bei den aktuell diskutierten Modellen handelt es sich vor allem um BOT-Modelle (build, operate and transfer), Leasing-, Betreiber- und Kooperationsmodelle.

Die finanzwirtschaftliche Privatisierung ist eine Unterform der funktionellen Privatisierung. Der Investor oder Betreiber trägt die Verantwortung der Finanzierung, während der öffentlichen Hand die Verantwortung der Leistungserstellung zukommt, denn sie muß die Institution zur Verfügung stellen.

Der finanzwirtschaftlichen Privatisierung wird vorgeworfen, sie verschleiere die finanziellen Lasten heutiger Politik und verteile sie auf spätere Generationen.[143] Doch darf nicht vergessen werden, daß bei dieser Privatisierung die Effizienz- und Zeitgewinne zu einer rascheren Belebung der Wirtschaftsentwicklung und

---

[140] So geschehen in der Freien Hansestadt Bremen und der debis Systemhaus GmbH. BMWA, PPP, S. 42ff.

[141] Hoffmann-Riem, Justizdienstleistungen, JZ 1999, 421 (426).

[142] Kulas, S. 20 m.w.N. So auch Kämmerer, Privatisierung, S. 25; Gusy, Privatisierung als Herausforderung, S. 338. Sehr ausführlich und m.w.N. Lee, S. 170ff.

[143] Heuer, DÖV 1995, 85 (90, 93).

einer Erhöhung des Beschäftigungsstandes beitragen können.[144] So ist im Bereich des Strafvollzug der schnelle und billige Bau von Gefängnissen möglich.[145]

4.) Konzessionsmodell

Das Konzessionsmodell zählt ebenfalls zur funktionellen Privatisierung.[146] Bei Konzessionen bedient sich die öffentliche Hand eines Dritten für eine öffentliche Aufgabe. Der Dritte erbringt eine solche Dienstleistung und erhält das Recht, geldwerten Nutzen zu ziehen. Der Private bietet die Tätigkeit dem Nutzer an, der für die Inanspruchnahme der Leistung an den Konzessionär ein Entgelt zahlt. Eine Anwendung des Konzessionsmodells im Strafvollzug kommt nicht in Betracht, da einerseits der Strafvollzug keine Dienstleistung am Gefangenen, sondern durch die freiheitsentziehende Strafe eine Beeinträchtigung des Gefangenen darstellt. Andererseits ist der Staat wegen der Fürsorgepflicht für seine Gefangenen grundsätzlich nicht befugt, den Gefangenen für seinen Gefängnisaufenthalt bei einem Konzessionär bezahlen zu lassen. Ein Nutzungsentgelt würde neben dem Freiheitsentzug eine zusätzliche Strafverschärfung bedeuten.

5.) Gesetzliche Inpflichtnahme Privater

Bei der gesetzlichen Inpflichtnahme nimmt der Staat die persönlichen oder sachlichen Kräfte Privater aufgrund gesetzlicher Regelung in Anspruch. Hierdurch lassen sich öffentliche Aufgaben erledigen, die keine hoheitlichen sind.[147] Ein mögliches Verhältnis zwischen dem Inpflichtgenommenen und einem Dritten ist dann grundsätzlich privatrechtlich und grenzt sich wegen der fehlenden hoheitlichen Kompetenzen von der Beleihung ab.[148] Viele Aufgaben im Strafvollzug erfordern jedoch hoheitliche Befugnisse. Daher scheidet die gesetzliche Inpflichtnahme bei grundrechtsrelevanten Tätigkeiten wie der körperlichen Durchsuchung oder beim Schußwaffengebrauch aus. Bei Dienstleistungen im Strafvollzug treten hingegen grundrechtliche Schwierigkeiten bei den Indienstgenommenen auf, da dieses Institut zwangsweise auf Private zurückgreift und

---

[144] Bauer, VVDStRL 54 (1995), 243 (265); bzgl. des Zeitgewinns auch Heuer, DÖV 1995, 85 (92).

[145] Beispielsweise der Neubau der JVA Hünfeld in Hessen; ausführlich in Immobilien Zeitung v. 29.07.2004 Nr. 16, S. 13.

[146] So Lee, S. 188. A.A. Kulas, S. 25.

[147] Gramm, Privatisierung und notwendige Staatsaufgaben, S. 361; Weiner, S. 79f.; Kulas, S. 24 m.w.N.

[148] Lee, S. 181.

somit für diese belastend ist.[149] Eine weitere Frage wäre, wer für die Erfüllung von Vollzugsdienstleistungen herangezogen werden soll.

Die gesetzliche Inpflichtnahme scheidet daher als Instrument für Privatisierungen im Strafvollzug aus.

D. Vermögensprivatisierung

Die Vermögensprivatisierung ist eine eigenständige Privatisierungserscheinung.[150] Bei ihr findet die eigentumsmäßige Übertragung staatlichen oder kommunalen Eigentums auf Privatrechtssubjekte statt. Bedeutend sind vor allem Liegenschaften und Wirtschaftsbeteiligungen.[151] Zur Vermögensprivatisierung zählt auch die Änderung bei den Verfügungs- und Nutzungsrechten, ohne daß ein Eigentümerwechsel stattfindet. Private dürfen so öffentliches Eigentum nutzen, mieten oder pachten.[152]

Für diese Arbeit scheidet die Vermögensprivatisierung aus, da das Interesse sich auf die Tätigkeiten im Strafvollzug richtet und dessen Veräußerung nicht möglich ist.

E. Fazit

Insgesamt gibt es vier wesentliche Erscheinungsformen und diverse Realisierungsmodi der Privatisierung. Die formelle, materielle, funktionelle und die Vermögensprivatisierung. Bei allen diesen Formen kann der Staat seine Interessen durch entsprechende rechtliche Instrumentarien sichern und sich zu alledem von Tätigkeiten und/oder finanziellen Ausgaben entlasten. Weitere Vorteile der Privatisierungserscheinungen sind insbesondere Umgehung der beamtenrechtlichen Regelungen, Konjunkturförderung durch Investitionen oder Motivation zu eigenständigem Handeln. Bei den meisten Privatisierungen hängt die Entscheidung vom einfachen Willen des Gesetzgebers ab, bei anderen bedürfte es einer

---

[149] Vgl. Lee, S. 179; Gramm, Privatisierung und notwendige Staatsaufgaben, S. 361.

[150] Dies stellt die Ansicht des Verfassers dar, ist aber keineswegs die h.M.

[151] Schoch, DVBl 1994, 962; Weiner, S. 67; Lee, S. 158; Kämmerer, JZ 1996, 1042 (1043), Kämmerer, Privatisierung, S. 39; Di Fabio, Privatisierung und Staatsvorbehalt, JZ 1999, 585 (587); Gusy, Privatisierung als Herausforderung , S. 340; Bonk, JZ 2000, 435 (436); Stelkens/Bonk/Sachs, § 1 RdNr. 113.

[152] Lee, S. 159; grundsätzlich so auch Kämmerer, Privatisierung, S. 39, trotz seines verschiedenen Ansatzes.

Verfassungsänderung, wie es für die Privatisierung der Post und Bahn geschehen ist.

Welche Privatisierung nun die geeignete Umsetzungsform für die Tätigkeiten im Strafvollzug ist, wird im vierten Teil der Arbeit im Rahmen der verfassungsrechtlichen Folgerungen für Privatisierungen von Tätigkeiten im Vollzug diskutiert werden.

3. Teil Verfassungsrechtliche Vorgaben für Privatisierungen im geschlossenen Strafvollzug

Strafvollzug ist eine staatliche Aufgabe. Dennoch ist zu erwägen, ob die Möglichkeit der Privatisierung bestimmter Tätigkeiten im Strafvollzug besteht. Dieser Ansatz wird zum einen durch § 155 I StVollzG[153], zum anderen durch Art. 33 IV GG gestützt. Nach § 155 I StVollzG können Aufgaben der JVA nicht nur Beamten, sondern auch vertraglich verpflichteten Personen übertragen werden. Das Wort Aufgaben setzt voraus, daß es verschiedene Tätigkeiten im Vollzug gibt und nicht nur die Tätigkeit Strafvollzug. Ebenfalls läßt die Auslegung des Art. 33 IV GG eine Unterteilung einzelner Tätigkeiten zu.[154] Es stellt sich daher die Frage, ob es verfassungsrechtlich unbedenklich ist, wenn der Strafvollzug oder einzelne Tätigkeiten des Strafvollzugs Privaten übertragen werden. Insbesondere sind hierbei Art. 33 IV GG und die Grundrechte die wesentlichen grundgesetzlichen Hürden bei Privatisierungsfragen.

A. Art. 33 IV GG als Privatisierungsschranke?

Wie weit eine Aufgabe, die der Staat bisher ausgeführt hat, privatisierbar ist, ergibt sich aus dem Verhältnis zwischen der Eigenart der jeweiligen Aufgabe und den Vorgaben der Verfassung.[155] Der Begriff der „hoheitsrechtlichen Befugnisse“ des Art. 33 IV GG stellt nach überwiegender Ansicht eine solche Vor-

---

[153] § 155 I StVollzG: „Die Aufgaben der Justizvollzugsanstalten werden von Vollzugsbeamten wahrgenommen. Aus besonderen Gründen können sie auch anderen Bediensteten der Justizvollzugsanstalt sowie nebenamtlichen oder vertraglich verpflichteten Personen übertragen werden.“

[154] Siehe 3. Teil A.II.

[155] BVerfGE 17, 371 (377).

gabe dar.[156] Aus diesem Grund ist zu klären, ob, gegebenenfalls, wie sich Aufgaben des Strafvollzugs im Kontext dieses Artikels privatisieren lassen.

I. Der Begriff „hoheitsrechtliche Befugnisse" im Sinne des Art. 33 IV GG

Nach Art. 33 IV GG ist die Ausübung hoheitsrechtlicher Befugnisse als ständige Aufgabe in der Regel Angehörigen des öffentlichen Dienstes zu übertragen, die in einem öffentlich-rechtlichen Dienst- und Treueverhältnis stehen. Daher ist zur Klärung der Privatisierungsmöglichkeit zunächst der Begriff „hoheitsrechtliche Befugnisse" des Art. 33 IV GG zu bestimmen. Auf eine Legaldefinition kann nicht zurückgegriffen werden und eine einheitliche Festlegung des Begriffs „hoheitsrechtliche Befugnisse" gibt es nicht.[157]

„Hoheitsrechtliche Befugnisse" lassen sich nicht durch Unterteilung in Eingriffs- und Leistungsverwaltung bestimmen. Nicht nur kann die Abgrenzung im Einzelfall schwierig sein, vor allem schließen die Erkenntnisse über das Wesen des Grundrechtseingriffs eine solche Unterteilung aus. Die Vorenthaltung einer Leistung kann an grundrechtsbeeinträchtigendem Gewicht manchen klassischen Eingriff übertreffen.[158] Mit dem gleichen Argument kann ausgeschlossen werden, nur einen Teil der Eingriffsverwaltung dem Begriff dahingehend zu subsumieren, daß man „hoheitsrechtliche Befugnisse" allein auf die traditionell-obrigkeitsstaatliche Verwaltung bezieht.[159]

Auch die Unterteilung in einen Kern- und einen Mantelbereich ist nahezu nicht definierbar.[160]

Ebensowenig überzeugt eine Unterteilung in öffentlich-rechtliche oder privatrechtliche Handlungsformen und Instrumente.[161] So würde die Bestimmung der

---

[156] Arloth, Neue Entwicklungen im Strafvollzug, ZfStrVo 2002, 3 (4); Kunig in v.Münch II, Art. 33 RdNr. 42; Lübbe-Wolff in Dreier-GG II, Art. 33 RdNr. 55; Bonk, JZ 2000, 435 (438) Gusy in: Privatisierung im Strafvollzug?, S. 16. A.A. Kruis, ZRP 2000, 1 (4) bezieht sich dabei aber auf die materielle Privatisierung.

[157] Gramm, Privatisierung und notwendige Staatsaufgaben, S. 366; zum Streitstand siehe m.w.N. Kunig in v.Münch/Kunig, Bd. II, Art. 33 RdNr. 47; Stern, Staatsrecht I, § 11, S. 269; Krölls, GewArch 1997, 445 (451).

[158] Stern, Staatrecht I, § 11, S. 269; Lübbe-Wolff in Dreier-GG II, Art. 33 RdNr. 59; Kunig in v.Münch II, Art. 33 RdNr. 48; Lee, S. 88.

[159] So Peine, Der Funktionsvorbehalt, DV 17 (1984), 415 (424).

[160] Gramm, Privatisierung und notwendige Staatsaufgaben, S. 366.

Reichweite des Normbereichs von Art. 33 IV GG weitgehend in das Organisationsermessen und in den Willen des einfachen Gesetzgebers gestellt.[162] Ferner würde diese Differenzierung sich in der Realität häufig mischen oder vielfach wahlweise zur Verfügung stehen.[163]

Im Kontext des Art. 33 IV GG und des Wandels vom Obrigkeitsstaat hin zum Verwaltungsstaat sozialstaatlicher Prägung erscheint es sachgerechter, auf die einzelne Beschäftigungsposition abzustellen.[164] Hierbei ist zu fragen, ob bei ihrer Aufgabenwahrnehmung gerade die Besonderheiten des Beamtenverhältnisses maßgeblich sein müssen.[165]

Die Besonderheiten des Beamtenverhältnisses liegen unter anderem darin, daß das Beamtentum eine an Gesetz und Verfassung gebundene, unparteiische und am Gemeinwohl orientierte Verwaltung gewährleisten soll. Diese Gewährleistungen rechtfertigen die besondere Pflicht- und Rechtsstellung[166] der Beamten. Aus dieser Verknüpfung läßt sich anschließend die Reichweite des dem Beamtenstatus vorbehaltenen Aufgabenkreises bestimmen.[167]

So sind beispielsweise Beamte für den demokratischen Staat bei den Entscheidungsträgern und ihren zuarbeitenden Mitarbeitern in den Staatsministerien notwendig ebenso auch bei Aufgaben mit einer notwendigen Staatlichkeit (z.B. Selbstorganisation, Selbstschutz oder Außenvertretung des Staates), deren Erfüllung unerläßlich für die Funktionsfähigkeit des Staates ist.[168]

Über die Reichweite dieses Funktionsvorbehaltes hinaus wird die rechtsstaatliche Ausrichtung des Beamtentums als institutionelle Absicherung des Grundsatzes der Gesetzmäßigkeit der Verwaltung relevant, wo das staatliche Handeln den Rechtskreis des Bürgers in erheblicher Weise berührt.[169] Maßstab dafür ist

---

[161] Jarass in Jarass/Pieroth, Art. 33 RdNr. 30; Rudolf, Der Öffentliche Dienst im Staat der Gegenwart, VVDStRl 37 (1979), 175 (200ff.).

[162] Gramm, Privatisierung und notwendige Staatsaufgaben, S. 369f.

[163] Kunig in v.Münch II, Art. 33 RdNr. 48; Lecheler, Verantwortung, S. 7.

[164] Jachmann, in v.Mangoldt/Klein/Starck, GG II, Art. 33 RdNr. 31; Kunig in v.Münch II, Art. 33 RdNr. 49; vgl. auch Nitz, Neuere Rechtsprechung zur Privatisierung, NZV 1998, 11 (15); zur weiteren Begründung siehe vor allem Lecheler, Verantwortung, S. 6.

[165] Jachmann in v.Mangoldt/Klein/Starck, GG II, Art. 33 RdNr. 32; Kunig in v.Münch II, Art. 33 RdNr. 49.

[166] So z.B. Verfassungstreue, Neutralität, das Treueverhältnis zu seinem Dienstherren, die Weisungsgebundenheit, das fachliche Können, Unabhängigkeit durch seine Alimentation, das Laufbahnprinzip, Beschäftigung auf Lebenszeit, das Streikverbot.

[167] Jachmann in v.Mangoldt/Klein/Starck, GG II, Art. 33 RdNr. 32f.

[168] Näheres dazu bei Jachmann in v.Mangoldt/Klein/Starck, GG II, Art. 33 RdNr. 34.

[169] Jachmann in v.Mangoldt/Klein/Starck GG II, Art. 33 RdNr. 34; Rieckhoff, Die Entwicklung, S. 35; S. 76; Strauß, S. 119.

eine Grundrechtsrelevanz des Verwaltungshandelns.[170] Die Grundrechte sollen nämlich die Verfassungswirklichkeit bestimmen. Dies zeigt sich auch in der Entscheidung des Verfassungsgebers, die Grundrechte an die Spitze der Verfassung zu stellen.[171]

1.) Grundrechtsrelevanz bei staatlichem Handeln

Die Grundrechtsrelevanz des Verwaltungshandelns darf aber nicht nur von untergeordneter Bedeutung sein.[172] Sie ist nicht schon gegeben, wenn das staatliche Handeln den Schutzbereich eines Grundrechts lediglich berührt, sondern erst, wenn die Handlung durch ihre Erheblichkeit eine besondere Schutzbedürftigkeit des Bürgers auslöst.[173] Zweifellos stellen Handlungen, welche Körperintegrität, Freiheit und Eigentum beeinträchtigen und im Wege des unmittelbaren Zwanges[174] durchgesetzt werden, aus der Sicht des betroffenen Bürgers einen erheblichen Eingriff dar.

Aber auch andere Maßnahmen oder Tätigkeiten können für den Betroffenen von erheblicher Grundrechtsrelevanz sein.

Aus Sicht des Bürgers ist die Erheblichkeit insbesondere dann gegeben, wenn ein unmittelbarer Eingriff den Charakter des Endgültigen hat und nicht mehr berichtigt werden kann. Dies ist bei Eingriffen denkbar, bei denen eine gerichtliche Kontrolle erst mit großer Verzögerung stattfindet und deren Folgen nicht durch Maßnahmen in Form von anderweitiger Besserstellung wieder gutzuma-

---

[170] Huber, Das Berufsbeamtentum, DV 29 (1996), 437 (444f.); Jachmann in v.Mangoldt/Klein/Starck, GG II, Art. 33 RdNr. 34; Augustin in: Der Staat der Zukunft, S. 109 (113); Schmidt-Aßmann in HdbStR I, § 24 RdNr. 65.

[171] Vgl. JöR N.F. 1 (1951), S. 47.

[172] Jachmann in v.Mangoldt/Klein/Starck, GG II, Art. 33 RdNr. 34; so auch Strauß, S. 106; Denninger/Frankenberg, Grundsätze, S. 16; Ruland, Verfassungsrecht und Beamtenrecht, ZRP 1983, 278 (282) bzgl. der Leistungsverwaltung. Siehe auch Schulze-Fielitz, Theorie und Praxis, S. 162ff., der die Grundrechtsrelevanz und ihre Intensität für die Wesentlichkeitsdoktrin heranzieht.

[173] Rieckhoff, Die Entwicklung, S. 35 spricht vom „(...) Grad der von einer Aufgabe ausgehenden Eingriffsverwaltung in die Rechtssphäre des einzelnen Adressaten (...)". Auch Ruland, Verfassungsrecht und Beamtenrecht, ZRP 1983, 278 (282) stellt auf diese Kriterium ab.

[174] Unmittelbarer Zwang kann durch einfache körperliche Gewalt (z.B. festhalten), Hilfsmittel für körperliche Gewalt (z.B. Handschelle) oder Waffen erfolgen.

chen sind.[175] Die Auswirkungen einer Fehlmaßnahme sind daher bereits vor dem Zeitpunkt des Handelns zu beachten. Diese Annahme erfordert somit eine vorausschauende Beurteilung der Grundrechtsrelevanz bei staatlich bedingten Maßnahmen. Je erheblicher die Folgen sein können, um so mehr erfordert die Ausführung der Maßnahme einen hoheitlichen Bediensteten.[176] Im Strafvollzug sind solche Situationen beispielsweise bei spontanen körperlichen Durchsuchungen in Betracht zu ziehen.[177]

Ein weiterer Anknüpfungspunkt der Erheblichkeit einer staatlichen Maßnahme ist der zeitliche Aspekt: Je länger eine Maßnahme andauert, um so intensiver greift ihre Anordnung in die Grundrechte ein. Das gilt vor allem von solchen Handlungen, die eine individuelle Langzeitwirkung mit einem möglicherweise irreversiblen Charakter haben.[178]

Eine erhebliche Grundrechtsrelevanz kann sich auch durch den eingeräumten Ermessensspielraum ergeben. Je größer das Ermessen des Handelnden im Schutzbereich des Betroffenen ist, um so mehr kann das Grundrecht dadurch beeinträchtigt werden. Dies gilt auch, wenn die Tatbestandsmerkmale oder Rechtsfolgen normativ vorgegeben sind. Nur wo der Gesetzgeber durch Normierung die richtige Sachbehandlung präzise vorgibt, kann in manchen Situationen auf den unabhängigen, neutralen, nur dem Rechtmäßigkeitsprinzip verpflichteten Beamten verzichtet werden, denn dann sind die Rechtsfolgen für den Betroffenen berechenbar.[179] Diese Vorgaben verlangt auch das Rechtsstaatsprinzip, wonach Voraussetzungen und Grenzen staatlichen Handelns gesetzlich festgelegt sein müssen, und zwar so präzise, daß das staatliche Vorgehen meßbar und im voraus berechenbar ist.[180] Bei Ermessensentscheidungen und bei der Anwendung unbestimmter Rechtsbegriffe fehlt es an der im Rechtsstaat geforderten Präzision oder Vorhersehbarkeit der Entscheidung. Sie müssen im Strafvollzug daher von einem unmittelbaren Repräsentanten des Staats getroffen werden.

---

[175] Vgl. Kirchhof, S. 79f. Beispielsweise handelt es sich hierbei um Eingriffe, die zeitlich schon vollzogen sind, bevor sie richterlich überprüft werden konnten.

[176] Kirchhof, S. 81.

[177] Näheres siehe 4. Teil B, VI.

[178] Vgl. Schulze-Fielitz, Theorie und Praxis, S. 165 wie auch Strauß, S. 108. Diesbezüglich führt er folgendes Beispiel an: Ein Studienplatzbewerber muß sich beruflich umorientieren, wenn der beantragte Studienplatz verweigert wird. Als Gegenbeispiel ist zu fragen, ob jede für den Augenblick geltende Anordnung eines Verkehrspolizisten eine solch erhebliche Beeinträchtigung darstellt, daß sie dem Funktionsvorbehalt unterfallen muß? Siehe auch Strauß, S. 109 zur Rechtfertigung, die Intensität zum Maß einer Grundrechtsbeeinträchtigung zu machen und S. 110 bezüglich der Unbestimmtheit des Begriffs Grundrechtsrelevanz.

[179] So auch Strauß, S. 104.

[180] Herzog in Maunz/Dürig GG, Art. 20 RdNr. 26.

Der Katalog der erheblichen Grundrechtsrelevanz kann allerdings nicht abschließend sein, vielmehr bedarf es einer Einzelfalluntersuchung der einzelnen Beschäftigungspositionen auf mögliche Grundrechtsverletzungen. Von der jeweiligen Sachaufgabe beziehungsweise dem konkreten Rechtsgut ausgehend muß die Frage beantwortet werden, ob eine Privatisierung möglich ist, der Staat sich aber auf eine Gewährleisterrolle zurückziehen kann, oder ob er weitergehenden Einstandspflichten unterliegt.[181]

2.) Der Entscheidungsmoment bei grundrechtsrelevanten Maßnahmen

Für die Zulässigkeit der Privatisierung kann auch entscheidend sein, wann und wo eine bestimmte Entscheidung getroffen wird und von wem. Die Beschränkung des Begriffs „hoheitsrechtliche Befugnisse“ allein auf die Tätigkeit des Ausführenden wird der Praxis nicht immer gerecht. Grundrechtsrelevante Maßnahmen können bereits während des Willensbildungsprozesses in der Behörde prägend vorbereitet worden sein, so daß die in der Vorbereitungsphase tätige Person ebenfalls dem Beamtenvorbehalt unterfallen muß.[182] Beispielsweise, wenn die Gefängnisleitung wegen eines konkreten Verdachts eine körperliche Durchsuchung anordnet und die Art und Weise der Ausführung dem allgemeinen Vollzugsbeamten obliegt.

Gleichfalls ist eine Situation denkbar, in der der Ausübende bei einer nach außen hin erkennbaren Tätigkeit ohne relevante eigene Entscheidungsbefugnis für die Gestaltung des Staat-Bürger-Verhältnisses ausgestattet ist. Diese Person handelt also auf Weisung hin oder, anders gesagt, ist die „Produktion von Willensakten nicht Gegenstand ihrer Dienstpflicht“.[183] Zu diesen Aufgaben sind bloße Hilfstätigkeiten und rein mechanische Arbeiten zu zählen, deren Ausführung nicht der Verbeamtung bedarf.[184] Konkret sind damit Verwaltungshelfer angesprochen, die im Gefängnis die Tätigkeiten der Kontrolle der technischen und mechanischen Schließmechanismen ausüben können.

---

[181] Gramm, Privatisierung und notwendige Staatsaufgaben, S. 371.

[182] Vgl. Strauß, S. 111; Jachmann in v.Mangoldt/Klein/Starck, GG II Art. 33 RdNr. 36; Huber, Das Berufsbeamtentum, DV 29 (1996), 437 (445); Maunz in Maunz/Dürig GG, Art. 33 IV RdNr. 35.

[183] Kirchhof, S. 125.

[184] Vgl. Kunig in v.Münch II, Art. 33 RdNr. 49; Strauß, S. 110f; Kirchhof, S. 125. Beispielsweise der Schülerlotse.

3.) Gemischt hoheitliche-nichthoheitliche Tätigkeiten

Im geschlossenen Vollzug sind Tätigkeiten denkbar, die sowohl hoheitliche als auch nicht hoheitliche Aufgaben umfassen. Dies wirft die Frage nach dem hoheitsrechtlichen Charakter solcher gemischter Tätigkeiten auf. In diesem Fall ist auf das Gesamtbild der Tätigkeit abzustellen. Spielt die Ausführung hoheitlicher Befugnisse nur eine untergeordnete Rolle, besteht nicht notwendigerweise eine Pflicht, sie entsprechend der Regel des Art. 33 IV GG Angehörigen des öffentlichen Dienstes zu übertragen.[185] Die Zuordnung wird aber im Rahmen des Regel-Ausnahme-Prinzips des Art. 33 IV GG erörtert.[186]

II. Zwischenfazit

„Hoheitsrechtliche Befugnisse" des Art. 33 IV G liegen dann vor, wenn eine Maßnahme eine erhebliche Grundrechtsrelevanz besitzt. Die Erheblichkeit ist im Einzelfall zu bestimmen. Anzunehmen ist diese immer, wenn die Ausübung von unmittelbarem Zwang vorliegt oder die Auswirkungen einer Fehlbeurteilung einer staatlichen Maßnahme irreversibel sind. Ebenso kann die Dauerhaftigkeit einer Anordnung zur Beurteilung einer möglichen Grundrechtsbeeinträchtigung beitragen.

III. Einschränkungen des Funktionsvorbehaltes des Art. 33 IV GG

Art. 33 IV GG läßt eine doppelte Einschränkung von der Ausübung der hoheitlichen Befugnisse durch Angehörige des öffentlichen Dienstes zu: Zum einem, daß die Übertragung nur „als ständige Aufgabe" und zum anderem „in der Regel"[187] zu erfolgen habe. Dadurch wollte der Parlamentarische Rat eine gewisse Flexibilität bei der Ausübung gewährleisten. Ihm war bewußt, daß die strikten Anforderungen an den Beamtenvorbehalt nicht praktikabel sein würden.[188]

---

185 „Die Ausübung hoheitlicher Befugnisse ist (...) in der Regel Angehörigen des öffentlichen Dienstes zu übertragen, (...)."

186 Lübbe-Wolff in Dreier-GG II, Art. 33 RdNr. 59. A.A. Jachmann in v.Mangoldt/Klein/Starck, GG II Art. 33 RdNr. 36; Arloth, Neue Entwicklungen im Strafvollzug, ZfStrVo 2002, 3 (5).

187 Vgl.: 3. Teil A, II, 1.), c) Gemischt hoheitlich-nichthoheitliche Tätigkeit.

188 Maunz in Maunz/Dürig GG, Art. 33 IV RdNr. 42; JöR N.F. 1 (1951), S. 316.

Im folgenden könnten diese Einschränkungen für die Privatisierungsmöglichkeiten im Strafvollzug dann an Gewicht gewinnen, wenn sich im Rahmen der Untersuchung der Grundrechtsrelevanz ein Beschäftigungsposten als „hoheitsrechtliche Befugnis" erwiesen hat.[189]

1.) Der Begriff „nichtständige Aufgabe"

„Nichtständige Aufgaben" liegen vor, wenn deren Dauer von vornherein zeitlich begrenzt sind und für sie ein eigener Beamtenstab aus staatsorganisatorischen Gründen nicht aufgebaut werden kann oder soll. Die Länge der Zeit ist nicht allein ausschlaggebend, vielmehr soll die Grenze nur unter Abwägung aller Umstände im Einzelfall gezogen werden.[190] Diese Einschränkung von Art. 33 IV GG ist im konkreten Fall des Strafvollzugs weniger bedeutungsvoll. Zum einem ist die langfristige Abschaffung des Vollzugs wohl nicht in Erwägung zu ziehen, wenn man die Vollzugs- und Menschheitsgeschichte betrachtet.[191] Zum anderen erscheint ein kurzfristiger Einsatz Privater, zur Behebung eines vorübergehenden Personalengpasses, wegen der stetig steigenden Gefangenenzahlen derzeit praktisch nicht möglich.[192]

2.) Die Bedeutung von „in der Regel (...) zu übertragen"

Nach der zweiten Einschränkung des Art. 33 IV GG ist die Ausübung hoheitsrechtlicher Befugnisse „in der Regel" Angehörigen des öffentlichen Dienstes zu übertragen. Selbst wenn es sich um „ständige Aufgaben" handelt, sind Ausnahmen zum Beamtenvorbehalt möglich. Danach können gewisse Teile aus dem Bereich hoheitlicher Aufgaben an Private[193] übertragen werden, wenn diese Ausnahme sachlich begründet wird und einer Verhältnismäßigkeitsprüfung standhält.[194]

---

[189] Vgl. Gramm, Privatisierung und notwendige Staatsaufgaben, S. 372.
[190] Maunz in Maunz/Dürig GG, Art. 33 IV RdNr. 42; BVerfGE 9, 268 (284).
[191] Vgl. zu der Problematik des Strafens, Lüderssen, Abschaffen des Strafens?, S. 381ff, S. 410ff., der zwar Alternativen zum Freiheitsentzug als Strafe sucht, aber auch von zukünftigen Interessenkonflikten ausgeht; Wagner, Privatisierung im Justizvollzug, ZRP 2000, 169 (169).
[192] Gusy in: Privatisierung im Strafvollzug? , S. 22.
[193] In der Regel ist der Beliehene gemeint: Lübbe-Wolff in Dreier-GG II, Art. 33 RdNr. 62.
[194] Vgl. Maunz in Maunz/Dürig GG, Art. 33 RdNr. 42; Jachmann in v.Mangoldt/Klein/Starck, GG II, Art. 33 RdNr. 37; BVerfGE 9, 268 (284); Krölls, GewArch 1997, 445 (452).

Für die Zulässigkeit der Privatisierung kommt es darauf an, ob bei der Prüfung der Verhältnismäßigkeit auf die Quantität des Beamtentums zu achten ist oder ob das Schwergewicht hoheitlicher Aufgabenerfüllung im betroffenen Verwaltungsbereich bei den Beamten bleiben muß.[195] Die quantitative Betrachtung findet allerdings keinen Rückhalt bei der Interpretation des Art. 33 IV GG, zusätzlich ist sie auch nicht angemessen. Die Ausnahmeregel darf nicht im Sinne einer statistischen Wahrscheinlichkeit auf eine Art Lotteriefaktor verkürzt werden.[196] Vielmehr ist auf den Schwerpunkt der hoheitlichen Aufgabenerfüllung abzustellen und wiederum nach der Grundrechtsrelevanz staatlichen Handelns zu fragen.[197] Je intensiver sie ist, um so mehr bedarf es des Beamtenvorbehaltes. Dabei darf nicht übersehen werden, daß auch dann noch eine Ausnahme möglich sein soll, wenn der Einsatz von Nichtbeamten einerseits die Kontinuität staatlichen Handelns nicht wesentlich gefährdet und, andererseits, im Einzelfall Grundsätze von Verfassungsrang für einen Einsatz Privater sprechen. Freilich müssen die Argumente schwerer wiegen als die für den Beamtenvorbehalt.[198]

B. Fazit zu Art. 33 IV GG

Es ist festzuhalten, daß Maßnahmen einzelner Dienstposten, deren Rechtsfolgen für den Betroffenen eine erhebliche Grundrechtsrelevanz haben, als „hoheitsrechtliche Befugnisse" zu beurteilen sind. Wegen der möglichen erheblichen Auswirkungen sind diese Tätigkeiten dann in der Regel von Angehörigen des öffentlichen Dienstes zu erfüllen, was wiederum keine strikte Verbeamtungspflicht für diese Aufgabenwahrnehmung fordert. So können befristete wie auch dauerhaft hoheitliche Aufgaben ausnahmsweise Nichtbeamten übertragen werden.

Diese Vorgaben des Art. 33 IV GG sind nun im folgenden Teil im Zusammenhang mit den Vollzugstätigkeiten zu diskutieren, um die Frage der Zulässigkeit einer Privatisierung zu beantworten.

---

[195] Gramm, Schranken der Personalprivatisierung, Verw Arch 90 (1999), S. 329 (336f.); Burgi in: Privatisierung im Strafvollzug?, S. 52; Lange, DÖV 2001, 898 (902); Jachmann in v.Mangoldt/Klein/Starck, GG II, Art. 33 IV RdNr. 37.

[196] Gramm, Schranken der Personalprivatisierung, Verw Arch 90 (1999), S. 329 (336f.). Kulas folgt in seiner Arbeit dem Weg der quantitativen Begrenzung und kommt somit zu dem Ergebnis, daß etwa 15-20 Prozent der Haftplätze im Rahmen einer Beleihung privatisierbar seien, Kulas, S. 67 u. 139.

[197] Nitz, Neuere Rechtsprechung zur Privatisierung, NZV 1998, 11 (15).

[198] So Lange, DÖV 2001, 898 (902).

4. Teil Verfassungsrechtliche Folgerungen für Privatisierungen bei ausgesuchten Tätigkeiten im geschlossenen Vollzug

Es hat sich gezeigt, daß der Schwerpunkt bei Privatisierungen im Strafvollzug in der Bestimmung der Hoheitlichkeit einer Aufgabe liegt. Um die Hoheitlichkeit im Sinne des Art. 33 IV GG herauszuarbeiten, ist die Grundrechtsrelevanz der einzelnen Vollzugstätigkeiten darzustellen. Hierzu reicht eine Unterteilung in die Bereiche Versorgung, Bewachung und Kontrolle sowie Behandlung nicht aus; erst eine weitere Auffächerung innerhalb dieser Bereiche läßt konkrete Tätigkeiten erkennbar werden, die eventuell privatisierbar sind. Nur bei einer solch differenzierten Betrachtungsweise läßt sich die Intensität der Berührungspunkte zwischen den Rechten des Gefangenen und den Rechten des die Tätigkeit Ausübenden bestimmen.

A. Tätigkeitsbereich der Versorgung

Zunächst wird der Tätigkeitsbereich der Versorgung im geschlossenen Vollzug untersucht. Versorgung ist die Verpflegung, die Bekleidung und die Verwahrung von persönlichen Gegenständen der Gefangenen. Diese drei Leistungen muß der Staat seinen Gefangenen gegenüber erbringen, da die Häftlinge angesichts ihrer Situation sich nicht selbst versorgen können.

I. Beispiel: Gefangenenverpflegung

1.) Tätigkeitsbeschreibung der Gefangenenverpflegung

Die Verpflegung ist eine der wichtigsten Aufgaben der Versorgung. Die Gefangenen müssen wegen der unvermeidbaren Folgen des Freiheitsentzugs in vollem Umfang nach der modernen Ernährungslehre verpflegt werden. Diese ist nicht nur bei der Zubereitung, sondern auch der Essensaufnahme zu beachten. Mißachtung der Hygiene bei der Zubereitung oder Blech- und Plastikgeschirr sind nicht akzeptabel. Ebenso müssen alternative Speisen wegen ärztlich angeordneter Diätkost oder religiös motivierter Eßgewohnheiten angeboten werden. Neben diesen Ansprüchen an die Darbietung der Speisen sind weitere Aufgaben in einem Gefängnisküchenbetrieb das Einkaufen, das Kochen einschließlich seiner Vorbereitungsmaßnahmen, die Essensausgabe, das Abwaschen und Reinigen. Hinzu treten noch die Funktionen der Buchhaltung und der Arbeitsorganisation. Eine weitere Anforderung wird an das Persönlichkeitsprofil der dort Tätigen gestellt. Von diesen wird neben der Zuverlässigkeit der Umgang mit schwierigen Personen[199] und der Gefängnissituation selbst erwartet.

2.) Grundrechtsrelevanz bei der Gefangenenverpflegung

Weiterhin ist zu untersuchen, ob die eingeschränkte Verpflegung die Grundrechte der Gefangenen erheblich berührt und somit eine hoheitsrechtliche Aufgabe im Sinne des Art. 33 IV GG ist.

Der Staat muß die Verpflegung der Gefangenen sicherstellen, denn die Vollzugssituation beschränkt die Möglichkeit, Nahrungsmittel durch Einkauf oder Pakete in eine JVA einzuführen. Ein Verstoß gegen die Menschenwürde aus Art. 1 I GG oder die körperliche Unversehrtheit läge daher vor, wenn die Sicherstellung oder die ausreichende Ernährung nicht mehr vom Staat gewährleistet würde. Solch ein Sachverhalt wäre eine Qual im Strafvollzug.[200] Dieser Umstand betrifft aber den Staat und nicht das Verhältnis zwischen Essensanbieter und Gefangenen.

Der Gefangene ist also auf die angebotene Kost angewiesen. Die sich ergebenden Einschränkungen, wie bei der Essensauswahl oder -zeiten, dürfen bei einer längeren und weitgehenden Abhängigkeit von der Gemeinschaftsküche nicht unterschätzt werden, jedoch ist dies eine unvermeidbare Konsequenz des Freiheitsentzugs.[201] Ein möglicher Eingriff in die Schutzbereiche der Art. 1 I GG, Art. 2 I GG oder des Selbstbestimmungsrechts des Inhaftierten ist weder durch einen privaten noch staatlichen Küchenbetrieb gegeben. Diese Einschränkungen werden durch die Vollzugssituation und -behörde herbeigeführt. Sie sind eine der Verpflegung vorgelagerte Problematik und wirken sich nicht auf das Verhältnis des Küchenbetreibers zum Gefangenen aus.

Eine Beeinträchtigung der Menschenwürde aufgrund einer konsequenten Mißachtung der Hygiene oder Appetitlichkeit ist wegen routinemäßiger Kontrollen leicht feststellbar und müßte sanktioniert werden. Auch Probleme, die sich aus der Religionsfreiheit und dem Speiseangebot ergeben können, sind bei allen Pri-

---

[199] Dies soll keine Vorverurteilung sein, jedoch zeigt die Praxis eine häufige Unzufriedenheit der Gefangenen mit dem Essen und daraus resultierenden vereinzelten verbalen Kundgebungen des Mißfallens.

[200] Wie z.B. im früher praktizierten Vollzug, in dem die Ernährung der Gefangen dazu benutzt wurde, um die Gefangenschaft zu verschärfen. In: Jehle, S. 29.

[201] Bt-Drucks. 7/918 S. 57.

vatisierungsformen zu lösen.[202] Die aufgezeigten Schwierigkeiten beziehen sich daher auf die vertraglichen oder gesetzlichen Vorgaben zwischen dem Essensanbieter und der JVA als auf mögliche Grundrechtsverletzungen.

Eine Privatisierung verstößt auch nicht gegen das Sozialstaatsprinzip. Eine mögliche Gewinnorientierung bei einem vom Gemeinwohl gebotenen Aufgabengebiet führt nicht zu unerträglichen Konsequenzen für die auf die Aufgabenerfüllung angewiesenen Gefangenen.[203] Die Vollzugssituation gibt vor, daß der Staat und nicht der Gefangene für die erforderliche Ernährung finanziell aufkommt. Daher ist die Gewinnorientierung eines privaten Anbieters für den Gefangenen von geringem Interesse, solange eine ausreichende Ernährung gewährleistet wird.

Es ist festzuhalten: der Staat hat die Gefangenenverpflegung sicherzustellen. Es liegt aber kein Eingriff in die Grundrechte des Gefangenen vor,[204] wenn der Staat die Tätigkeit an Private ausgliedert, solange der Staat die Verantwortung der ausreichenden Sicherstellung der Verpflegung gewährleistet.[205] Erst bei einer solchen Verletzung würde die öffentliche Hand in einen unlösbaren Konflikt mit der Verfassung und den Menschenrechten treten, nicht aber der private Essensanbieter. Aus Sicht der Gefangenen kann diese Tätigkeit privatisiert werden, da sie in ihrer Art und Weise keine erhebliche Grundrechtsrelevanz aufzeigt. Daraus folgt, daß Art. 33 IV GG grundsätzlich einer Privatisierung nicht entgegensteht.

3.) Anwendbarkeit der verschiedenen Privatisierungserscheinungen

Die vorhergehende Prüfung hat gezeigt, daß die Gefangenen verpflegt werden müssen, die Ausführung jedoch keine hoheitliche Aufgabe ist. Jede geschilderte Privatisierungserscheinung knüpft aber an verschiedenen Stellen der staatlichen Verantwortung oder der beabsichtigten Zielsetzung an. Daher ist eine schnelle Bejahung aller genannten Privatisierungsformen nicht möglich. Vielmehr sind die verschiedenen Privatisierungserscheinungen und ihre Umsetzungsformen im Kontext der Vollzugssituation und der Verfassung zu diskutieren, da den Staat in letzter Konsequenz die Verpflichtung der Sicherstellung trifft.

---

[202] Dies ist ein Problem, das bei einer materiellen Privatisierung wegen der Mannigfaltigkeit der Angebote wohl nicht vorliegt, bei der formellen und funktionellen durch vertragliche Regelungen ausgeschlossen werden kann.

[203] Depenheuer in v.Mangoldt/Klein/Starck, GG I, Art. 15 RdNr. 7.

[204] So auch Gusy in: Privatisierung im Strafvollzug?, S. 29; Giefers-Wieland, S. 162.

[205] So auch im Ergebnis Schmidt-Aßmann/Fromm, S. 127.

a) Materielle Privatisierung

Eine materielle Privatisierung von Verwaltungsaufgaben liegt vor, wenn ihr Träger die Tätigkeit ganz aufgibt und Privaten Rechte einräumt oder überläßt. Eine solche Entstaatlichung wäre bei der Gefangenenverpflegung theoretisch erlaubt, da ihr kein verfassungsrechtliches Verbot entgegensteht. Allerdings könnte eine Entstaatlichung mit dem Sozialstaatsprinzip in Konflikt geraten, denn existentiell notwendige Leistungen dürfen nicht ohne Sicherstellung privatisiert werden. Zudem wäre wohl die Sicherstellung der Verpflegung das größte Risiko, da der freie Markt zu klein oder gar nicht vorhanden sein dürfte. Wie sollte auch die Umsetzung aussehen, damit ein privater Anbieter Interesse an der Essensversorgung hat? Der Staat müßte den Essensanbietern den fast[206] völlig freien Zugang in die Gefängnisse gewähren, um nicht in Konflikt mit dem Vergaberecht zu geraten. Auch ergäbe sich dann die Frage, wie die Finanzierung dieser Darbietungsform auszusehen hätte – soll der Staat seinen Gefangenen vor jeder Mahlzeit ein Taschengeld auszahlen, mit dem der Inhaftierte Essen einkauft? Sicherlich ist der Altruismus der privaten Anbieter auch nicht so ausgeprägt, daß sie die Verpflegung als Spende ansehen.[207] Daher ist ein freier Küchenmarkt nicht nur ein auszuschließendes Risiko, das der Staat aus den genannten Gründen beim Strafvollzug nicht eingehen kann, sondern er ist auch praktisch kaum umsetzbar.[208] Schließlich müßte der Staat wegen seiner Gewährleistungsverantwortung ein ausreichendes Notprogramm für unerwartete Schwierigkeiten parat haben.

Aus dem Resozialisierungsanspruch und der Menschenwürde des Art. 1 I GG läßt sich jedoch ein einzelnes Argument für eine materielle Privatisierung herleiten: Ein Gefangener, der mit einem wie auch immer gearteten Zahlungsmittel selbst zu entscheiden hat, was er zum Essen einkauft, würde eigenverantwortlich handeln müssen und somit in seinem Subjektstatus als Gefangener gestärkt werden.

---

[206] Das heißt, eine Kontrolle der Anbieter müßte aus Gründen der Sicherheit und Ordnung stattfinden.

[207] Weitergehende Überlegungen, ob der Staat durch stimulierende Steuerung kostenloses Essen fördern könnte, sollen nicht angestellt werden.

[208] Man müßte sich das Szenario überspitzt so vorstellen, daß verschiedene Anbieter mit ihren Angeboten in Imbißwagen im Gefängnishof vorfahren (wie auf einem Wochenmarkt) und ihre Speisen anbieten oder feste Verkaufsstände wie in den Markthallen aufbauen. Bemmann, S. 301, fragt auf Grund des Angleichungsgrundsatzes des StVollzG, ob man es dem Gefangenen nicht gestatten sollte, sich selbst zu verpflegen, indem er sich Speisen von einer Gaststätte kommen läßt.

Zusammenfassend liegt zwar kein verfassungsrechtliches Verbot für eine materielle Privatisierung vor. Es besteht allerdings das Risiko, daß kein privater Essensanbieter diese Dienstleistung für Gefangene vornehmen will. Sollte aber die Verpflegung der Inhaftierten nicht sichergestellt sein, läge ein Eingriff in die Grundrechte der Gefangenen und ein Verstoß gegen das Sozialstaatsprinzip vor. Daher ist wegen des Risikos der fehlenden Sicherstellung der Verpflegung eine materielle Privatisierung abzulehnen.

b) Funktionelle Privatisierung

Die funktionelle Privatisierung ist die Möglichkeit der Inkorporation Privater in Verwaltungstätigkeiten. Hierdurch aktiviert der Staat externes Know-how für die Verwaltung. Gleichzeitig behält er die Kontrolle und Verantwortung in einem großen Rahmen und minimiert mögliche Risiken. Die Verwaltung ist nur noch an die Vorgaben der einfachen Gesetzgebung gebunden,[209] während die Verfassung keine gravierenden Hindernisse darstellt.[210] Die Essenszubereitung ist keine hoheitliche Aufgabe im Sinne des Art. 33 IV GG, da keine Grundrechte beeinträchtigt werden. Eine Beleihung ist daher nicht nötig und wird nicht weiter untersucht.

Bekanntermaßen können ganze Wirtschaftszweige vom Staat als Auftraggeber abhängig sein, was für diese einen großen wirtschaftlichen Vorteil bedeutet. Diese Konstellation ergibt sich bei der funktionellen Privatisierung der Gefängnisküchen. Es entsteht für die privaten Küchenbetreiber einer neuer Markt. Daher muß die öffentliche Hand bei der Auftragsvergabe die Verfassungsgrundsätze der Wettbewerbsfreiheit (Art. 2 I GG) und Chancengleichheit (Art. 3 I GG) beachten. Zur Vermeidung wettbewerbsrechtlicher Konflikte unterliegt die Auftragsvergabe grundsätzlich den Regeln des öffentlichen Vergabewesens. Hiernach werden öffentliche Aufträge mit der Zielsetzung ausgeschrieben, eine gleichmäßige und gerechte Behandlung der Bieter zu gewährleisten und gleichfalls Einsparungseffekte für die öffentlichen Haushalte zu erzielen.

Die öffentliche Auftragsvergabe an einen privaten Küchenbetreiber wird aber nur am Rande erläutert, denn das Vergaberecht ist nicht der Schwerpunkt dieser Untersuchung. Es werden daher nur die offensichtlichen Probleme der §§ 97 ff. GWB diskutiert.

---

[209] So auch Langen/Thieme, KartR, § 99 RdNr. 31.
[210] Siehe bisherige Bearbeitung vom 4. Teil A.: Tätigkeitsbereich der Versorgung.

(aa) Vergaberechtlicher Auftraggeber und Auftragsbegriff

Die Landesjustizverwaltung eines Bundeslands ist ein öffentlicher Auftraggeber im Sinne des Vergaberechts (§ 97 I GWB), sobald der Betrieb einer Gefängnisküche an einen Privaten vergeben werden soll.[211]

Öffentliche Aufträge sind gemäß § 99 I GWB Verträge zwischen einem öffentlichen Auftraggeber und einem Unternehmen über die Erbringung einer Liefer-, Bau- oder Dienstleistung gegen Entgelt.

Für die Bestimmung eines Vertrags als öffentlicher Auftrag ist entscheidend, wie der Unternehmer eingebunden wird. Hierbei entspricht der Begriff des Vertrags dem des Zivil- und Vertragsrechts. Eine Übertragung von Aufgaben durch Gesetz, Verordnung, Satzung oder Verwaltungsakt schließen die Vergaberegeln der §§ 97ff. GWB aus.[212] Die Verwaltungshilfe basiert aber auf einem einvernehmlichen Kontrakt und erfüllt somit das Vertragserfordernis des § 99 GWB.[213]

Es stellt sich aber die Frage nach der Rechtsnatur des Verwaltungshelfervertrags, denn die Einbeziehung öffentlich-rechtlicher Verträge in den Anwendungsbereich des § 99 GWB ist strittig.[214] Ist also der Vertragsgegenstand dem öffentlichen Recht oder dem Privatrecht zuzuordnen? Ausschlaggebend für die Beurteilung ist der objektive Gegenstand des Vertrags.[215] Hierfür wird auf den Gesamtcharakter, den Zweck und den Willen der Vertragsschließenden abgestellt.[216] Einen Anscheinsbeweis gibt bereits das Institut der Verwaltungshilfe. Der Verwaltungshelfer erfüllt überwiegend Dienstleistungen aufgrund eines privatrechtlichen Vertrags,[217] da die Verwaltung Sachkunde oder eine Entlastung durch die private Einbindung erwartet.[218] Eine Erwartung, die ebenso an einen privaten Küchenbetreiber gestellt wird. Seine Aufgabe besteht in der Beschaffung und Verarbeitung von Lebensmitteln. Auch die Essensausgabe und Geschirreinigung ist eine Dienstleistung für den Gefangenen, die keine öffentlich-

---

[211] Noch, S. 95; Langen/Thieme, KartR, § 98 RdNr. 6.

[212] Langen/Thieme, KartR, § 99, RdNr. 2; Kunert, S. 59.

[213] Lee, S. 185.

[214] Die herrschende Meinung widerspricht der Begründung des Gesetzes insofern, daß der öffentlich-rechtliche Vertrag in den Geltungsbereich von § 99 GWB fällt. M.w.N. Langen/Thieme, KartR, § 99 RdNr. 3ff. – Diese Problematik müßte ausführlicher behandelt werden, sofern eine Beleihung für die Entstaatlichung notwendig wäre, allerdings wurde eine Beleihung dieser Tätigkeit abgelehnt.

[215] BVerwGE 74, 368 (370) = BGHZ 97, 312 (313f.).

[216] Wolff/Bachof/Stober I, § 22 RdNr. 55.

[217] Langen/Thieme, KartR, § 99 RdNr. 31.

[218] Woff/Bachof/Stober II, § 54 RdNr. 11.

rechtliche Norm tangiert.[219] Der Zweck des Vertrags und der Willen der Beteiligten liegen hauptsächlich in der Kostenersparnis durch die Einbindung Privater. Daß die Verwaltung für die Küchendienstleistung ein Entgelt an den Vertragspartner zu entrichten hat, ist offensichtlich und entspricht ebenfalls § 99 I GWB.

Weiterhin sind die in § 99 I GWB genannten Vertragstypen von einander abzugrenzen, da sie unterschiedliche Konsequenzen haben. Hierbei ist zu beachten, daß Dienstleistungen in den subsidiären Auffangtatbestand fallen (§ 99 IV GWB). Der Dienstleistungsauftrag ist daher nicht streng im Sinne von § 611 BGB zu verstehen, vielmehr als gegenseitiger Vertrag, mit dem die öffentliche Hand im Rahmen ihrer Bedarfsdeckung die Erbringung von Leistung vereinbart. Sollten Aufträge mehrere Leistungen zum Gegenstand haben, ist auf den Schwerpunkt[220] der auszuführenden Leistung abzustellen.[221] So liegt eine Dienstleistung vor, wenn sie etwa 60 bis 70 Prozent des Gesamtauftrags ausmacht.[222] Ein privater Küchenbetreiber kann in einem Gefängnis die vorhandenen Küchen übernehmen und erledigt somit eine Dienstleistung im Sinne des § 99 IV GWB.[223] Auch die nachträgliche Erneuerung von Geräten oder der Einkauf der Lebensmittel verlagert den Schwerpunkt nicht.

Eine abschließendes Problem ist die Vertragsdauer bei der Auftragsvergabe. Grundsätzlich ist von befristeten Verträgen auszugehen. Häufig haben aber längere oder unbefristete Verträge wirtschaftliche Vorteile für beide Seiten. Eine solche Vereinbarung könnte die Vergaberegeln leerlaufen lassen, da § 99 GWB grundsätzlich nur bei neuen Verträgen anzuwenden ist. Im Interesse des günstigsten Angebots für die Verwaltung wird jedoch das unbefristete Vertragsverhältnis anerkannt.[224] Um die Gefahr einer unzulässigen Ausschreibung abzuwenden, besteht auch die Möglichkeit, die automatische Vertragsverlängerung oder die Nichtbefristung in der Ausschreibung festzusetzen, so daß sie Bestandteil des ursprünglichen Auftrags ist.[225]

---

[219] Ausnahmen stellen die Bestimmungen im Lebensmittelrecht dar.

[220] Die sogenannte Schwerpunkttheorie, siehe Noch, S. 118ff. oder Langen/Thieme, KartR, § 99 RdNr. 20.

[221] Langen/Thieme, KartR, § 99 RdNr. 17.

[222] Noch, S. 118 f; Langen/Thieme, KartR, § 99 RdNr. 19.

[223] Alternativ kann ein Betreiber die Verpflegung auch von außerhalb der Anstalt vornehmen.

[224] Langen/Thieme, KartR, § 99 RdNr. 10.

[225] Langen/Thieme, KartR, § 99 RdNr. 11.

(bb) Ausschließungsgründe des Vergaberechts und Vergabeentscheidung

Die §§ 97 ff. GWB werden gemäß § 100 I GWB nur auf Vergabeverfahren oberhalb der festgelegten Schwellenwerte angewandt. Ein solcher Ausschliessungsgrund ist bei der Vergabe der Küchendienstleistungen in Gefängnissen nicht in Betracht zu ziehen. Beim Betrieb einer durchschnittlichen Gefängnisküche ist vielmehr davon auszugehen, daß der relativ geringe Schwellenwert von 200.000 Euro überschritten wird (§ 2 VgV). Auch andere Ausnahmetatbestände, die die Anwendung der § 97 ff. GWB ausschließen, sind nicht offensichtlich.

Anzumerken ist, daß die Kompetenz der Vergabeentscheidung dem Auftraggeber obliegt.[226] Er muß den Zuschlag dem wirtschaftlichsten Angebot erteilen, bei dem alle auftragsbezogenen Umstände berücksichtigt sind (z.B. Preis, technische, funktionsbedingte, gestalterische, ästhetische Gesichtspunkte, Kundendienst oder Folgekosten).[227] Sollten in diesem Prozeß Fehler auftreten, so stehen dem übergangenen Bewerber subjektive Rechte zu, die durch die Vergabekammern überprüft werden.

(cc) Fazit zur funktionellen Privatisierung

Die funktionelle Privatisierung ist möglich. Ein privater Küchenbetreiber kann als Verwaltungshelfer die Tätigkeit im Gefängnis ausüben.[228] Auf diese Weise können erfahrene und kostengünstige Kräfte in die Aufgabenerfüllung integriert werden, während der Staat seiner Gewährleistungsverantwortung gerecht wird. Eventuelle Risiken wie unvorhergesehene Vertragsbeendigungen oder Qualitätseinbußen können durch vertragliche Vereinbarungen gemildert oder ausgeschlossen werden.

---

[226] Grundsätzlich erfolgt die Vergabe im offenen, nichtoffenen bzw. im Verhandlungsverfahren. Für die Ausführung wird auf die Normen des GWB, der Vergabeverordnung und die Verdingungsordnung verwiesen.

[227] Amtliche Erläuterungen zur VOL/A in Schaller, VOL, S. 122.

[228] Vgl. Presseinformation 13/2000 des Hessischen Ministeriums der Justiz vom 2.2.2000, S. 3.

c) Formelle Privatisierung

Die Gefängnisverpflegung beeinträchtigt keine Gefangenengrundrechte und kollidiert nicht mit den Verfassungsprinzipien, solange die Ausführung sichergestellt ist. Daher ist eine formelle Privatisierung möglich. Eine vom Staat gegründete privatrechtliche Gesellschaft könnte unter Beachtung der Gesetze des jeweiligen Rechtskreises die Aufgaben einer Gefängnisküche übernehmen. Dem Staat blieben ausreichende Rechte, um im nötigen Rahmen Einfluß zu nehmen. Gleichzeitig würde die Gefängnisverwaltung von den Aufgaben der Küchenorganisation befreit. Die an diesen Stellen frei werdende Arbeitszeit könnte auf die Probleme des eigentlichen Vollzugs verwendet werden. Eine formell privatisierte Gefängnisküche wäre auch von den starren Regeln des Beamtenrechts befreit und könnte flexibler handeln. Auf diese Weise kann schnell und unkonventionell auf Veränderung in der Struktur der Gefangenengesellschaft eingegangen werden. Daneben könnten Verstöße der Angestellten gegen geltendes Recht, Menschenwürde, Anstand oder Moral arbeitsrechtlich sanktioniert werden.[229]

Vor der endgültigen Annahme der formellen Privatisierung werden noch die grundsätzlichen Verfassungsprobleme der formellen Entstaatlichung erläutert. Zu denken ist hier an die Kapitel „Haushaltsverfassungsrechtliche Vorgaben“ oder „der Staat im Wettbewerb“.

(aa) Haushaltsverfassungsrechtliche Vorgaben

Durch eine formelle Privatisierung könnten Prinzipien der Vollständigkeit, Einheit und Wahrheit des Haushaltsplans gefährdet sein.[230]

Art. 110 I GG bestimmt, „alle Einnahmen und Ausgaben des Bundes sind in den Haushaltsplan einzustellen”. Diese Vorgabe verleiht dem Grundsatz der Vollständigkeit und Einheit des Haushaltplanes Verfassungsrang.[231] Der Haushaltsplan erfüllt nur dann seine Funkionen der Kontrolle, Einheitlichkeit,

---

[229] Zu Vor- und Nachteilen bei der Beauftragung von Privaten siehe Wohlgemuth in: Privatisierung im Strafvollzug?, S. 98 ff.

[230] Da die Länder grundsätzlich die Kosten des Strafvollzugs tragen (Art. 104a I GG), kämen an sich die folgenden Normen der Landesverfassung zum Tragen, bei denen die Problematik in der Regel gleich ist: Art. 79 BWV; Art. 70 II, 78 BayVerf; Art. 85 BeVerf; Art. 101 II BrVerf; Art. 131 BrmVerf; Art. 66 HHVerf; Art. 139 II HV; Art. 61 MVVerf; Art. 65 NdVerf; Art. 81 II NWVerf; Art. 116 RPVerf; Art. 105 SaarVerf; Art. 93 SächsVerf; Art. 93 VerfLSA; Art. 50 SchlHVerf; Art. 98 I, III, 99 ThüVerf.

[231] Maunz in Maunz/Dürig GG, Art. 110 RdNr. 34; Grupp, DVBl, 1994, 140 (143).

Übersichtlichkeit, Konzentration der Mittelbewirtschaftung, Finanzwirtschaftlichkeit und des Budgetrechts, wenn alle Einnahmen und Ausgaben in ihn aufgenommen sind.[232] Nach der Auslegung des Art. 110 I GG gilt das Veranschlagungsgebot ausschließlich für die Einnahmen und Ausgaben der Gebietskörperschaft Bund. Die Einnahmen und Ausgaben formeller Verselbständigungen werden herkömmlicherweise nicht im Staatshaushalt ausgewiesen. Einnahmen und Ausgaben von juristischen Personen sind nicht solche des Bundes, auch wenn der Bund voll oder teilweise an ihnen beteiligt ist.[233] Diese Tatsache erklärt sich nicht aus dem Begriff Staat, sondern aus der verfassungsrechtlichen Tradition dieser Norm.[234] Infolgedessen setzte sich die allein auf das Rechtssubjekt gerichtete, juristische Sichtweise gegen die finanzwirtschaftliche Betrachtung durch, die das Finanzgebaren selbständiger juristischer Personen als Teil staatlicher Haushaltswirtschaft sehen will.[235]

Demnach verstößt die formelle Privatisierung des Betriebs einer Gefängnisküche nicht gegen die Vorgaben des Art. 110 GG. Eine formell privatisierte Essensversorgung verletzt keine Gefangenengrundrechte und die Aufgabe ist durch die Hauptanteilseignerschaft des Staates sichergestellt. Wieweit die Maßnahme der Wirtschaftlichkeit und Sparsamkeit entspricht, ergibt sich sodann aus dem rechnerischen Vergleich der staatlichen Ausführung mit dem eben erörterten Modell.

(bb) Der Staat im Wettbewerb

Eine formelle Privatisierung wirft die Frage nach dem Staat als Wettbewerber auf. Die Wirtschaftskraft des Staats kann den Marktanteil Privater beachtlich einschränken. Im Grundsatz wird dem Staat eine öffentliche Wirtschaftstätigkeit durch von ihm beherrschte Privatrechtssubjekte zugestanden, gleichwohl obliegt ihm hierfür eine Legitimationslast.[236] Bei der Umwandlung der Gefängnisküchen in staatlich beherrschte Gesellschaftsformen begibt sich die Verwaltung allerdings nicht in einen existierenden Wettbewerb. Vielmehr bleibt der Markt der Gefängnisküchen zunächst dem Staat vorbehalten. Er bedient sich lediglich des

---

[232] v.Arnim, Rechtsfragen der Privatisierung, S. 80; Grupp, DVBl 1994, 140 (143). Für weitere Funktionen siehe in Fischer-Menshausen in v.Münch III, Art. 110 RdNr. 2.

[233] So auch Fischer-Menshausen in v.Münch III, Art. 110 RdNr. 9; wie auch v.Arnim, Rechtsfragen der Privatisierung, S. 82; Grupp DVBl 1994, 140 (144); Hillgruber in v.Mangoldt/Klein/Starck GG III, Art. 110 RdNr. 35ff.

[234] Ausführlich dazu: Puhl, S. 121ff.

[235] Ausführlich dazu: Puhl, S. 122ff.; Hillgruber in v.Mangoldt/Klein/Starck, GG III, Art. 110 RdNr. 35f.

[236] Ronellenfitsch in HdbStR III, § 84 RdNr. 31.

Privatrechtssubjekts, um sich dem starren Beamten- und Haushaltsrecht zu entziehen und zielt dabei nicht auf Gewinn, sondern auf Einsparung ab. Der Staat verdrängt oder beeinträchtigt somit keine privaten Wettbewerber. Die Verwaltung darf die Tätigkeit auf ein von ihm beherrschtes Privatrechtssubjekts verlagern.

(cc) Fazit zur formell privatisierten Verpflegung

Zusammengefaßt zeigt die formelle Privatisierung einer Vollzugsküche keine unlösbaren Verfassungsprobleme auf. Weder steht die Privatisierung im Konflikt mit Art. 33 IV GG und den Grundrechten, noch ist der Staat ein verdrängender Wettbewerber; und schließlich sind die Haushaltsvorgaben aus Art. 110 I GG keine Schwierigkeit. Vielmehr ermöglicht die formelle Privatisierung die strikten haushaltsrechtlichen Vorgaben zu umgehen und somit wirtschaftlicher zu arbeiten.

Die formelle Privatisierung ist gleichzeitig eine überlegenswerte Alternative zwischen den verschiedenen Privatisierungserscheinungen, denn sie wird der besonderen Situation im Vollzug gerecht. Der Staat behält seinen nötigen Einfluß und gewährleistet somit die Sicherstellung der Verpflegung. Im Gegensatz zur funktionellen Privatisierung findet bei der formellen Entstaatlichung das Vergaberecht keine Anwendung. Die Gründung eines Privatrechtssubjekts für die Küchenaufgaben ist kein öffentlicher Auftrag. Sie ist eine wettbewerblich neutrale Handlung. Bei der formellen Privatisierung bedient sich die öffentliche Hand der Institute des Privatrechts und gibt trotzdem die Verantwortung und ihren Einfluß nicht ab. Bei einer wertenden Betrachtung besteht aus materiell-vergaberechtlicher Sicht Identität zwischen der Verwaltung und ihrer Eigengesellschaft. Die formelle Privatisierung stellt folglich nur einen Akt der Ausgründung dar.[237]

d) Fazit zu den rechtlichen Problemen der Privatisierung der Gefangenenverpflegung

Die Ausübung der Gefangenenverpflegung im Vollzug verletzt keine grundrechtlichen Schutzbereiche und ist somit privatisierbar. Eine Gefängnisküche steht in keinem direktem Zusammenhang mit den Rechten und Pflichten der Gefangenen. Allein eine materielle Privatisierung birgt Risiken wegen eines mögli-

---

[237] Langen/Thieme, KartR, § 99 RdNr. 30.

cherweise nicht existenten Markts. Dies sind rechtlich inakzeptable Folgen und schließt daher eine materielle Privatisierung aus.

Die formelle und funktionelle Privatisierung sind rechtlich erlaubt. Bei einer formellen Entstaatlichung blieben ausreichende staatliche Einflußmöglichkeiten, solange das Privatrechtssubjekt staatlich beherrscht bleibt. Bei dieser Privatisierungsform könnte die Tätigkeit flexibler gestaltet werden als durch die Verwaltung, die den haushaltsrechtlichen Regeln unterliegt. Im Vergleich zur funktionellen Privatisierung mit ihrem Institut des Verwaltungshelfers wäre der Staat nicht dem Vergaberecht unterworfen. Diese Gründe wiegen jedoch nicht die Vorteile der Verwaltungshilfe auf. Hier zieht sich der Staat von der Aufgabenerfüllung zurück und beauftragt einen privaten Küchenbetreiber für den Vollzug. Dieser kleine Schritt der Privatisierung hilft der Verwaltung. Sie kann die frei werdenden Ressourcen entweder in den Kernbereichen des Vollzugs einsetzen oder einsparen und somit den Gefängnisbetrieb kostengünstiger gestalten.

II. Beispiel: Bekleidung

In den Bereich der Versorgung zählen auch die Serviceleistungen rund um die Bekleidung der Gefangenen. Dies umfaßt insbesondere die Kleiderausgabe, die Reinigung sowie die Verwahrung der restlichen privaten Kleidung und Habe der Gefangenen.

1.) Kleiderausgabe

Nach dem Eintritt des Gefangenen in den Strafvollzug hat er – abgesehen von der Freizeitgarderobe – anstaltsinterne Kleidung zu tragen. Diese von den Vollzugsbehörden vorgegebene Garderobe erhält er zu Beginn seiner Inhaftierung. Durch die Aushändigung oder die Verwahrung wird nicht in seine Grundrechte eingegriffen, dies geschieht vielmehr aufgrund der Vollzugsordnung. Allein durch diese Anordnung könnte der Gefangene in seinem Persönlichkeitsrecht oder seiner Würde beeinträchtigt werden. Wie aber bei den Essenszeiten ist die Anordnung von der Ausübung der Kleiderausgabe zu trennen. Daher entsprechen die Privatisierungsprobleme der Verpflegung denen der Kleiderausgabe. Die materielle Privatisierung ist allerdings nicht möglich, denn die Kleiderausgabe steht in einem unmittelbaren Verhältnis zur Organisation des Strafvollzugs. Solange es die Absicht des staatlichen Vollzugs ist, den Gefangenen eine einheitliche Kleidung vorzuschreiben, muß die öffentliche Hand für die Bereitstellung sorgen. Andernfalls würde nach einer materiellen Privatisierung die Organisation der Kleiderausgabe nach den Interessen des privaten Anbieter bestimmt werden.

2.) Reinigung der Wäsche

Identisch sind die Probleme der Küchenarbeit und der Reinigung der Wäsche. Die schmutzige Garderobe wird eingesammelt, gewaschen, notfalls ausgebessert und anschließend wieder ausgehändigt. Wieweit diese Arbeit von Privaten anstaltsintern oder -extern geleistet wird, ist für den Gefangenen ohne Bedeutung.

Bei der Reinigung wäre auch daran zu denken, diese Arbeit dem Gefangenen selbst zu übertragen. Die Reinigung liegt somit in der Verantwortung jedes einzelnen Insassen und wäre in einer gewissen Art und Weise eine materielle Privatisierung.

Insgesamt ist die materielle, formelle und funktionelle Privatisierung der Reinigung rechtlich möglich.

3.) Verwahrung der Gefangenenhabe

Schließlich ist noch die Verwahrung der Gefangenenhabe zu begutachten. Dabei handelt es sich um in den Vollzug mitgebrachte private Kleidung und Gegenstände, die in den Hafträumen nicht aufbewahrt werden dürfen. In erster Linie sind dies nicht große, sondern vielmehr kleinere Gegenstände, die die Sicherheit und Ordnung des Vollzugs gefährden können. Hierzu zählen auch unverhältnismäßig hohe Geldbeträge. Diese Sachen sind also in der Regel für den Gefangenen aufzubewahren. Die Vollzugsleitung bestimmt die Liste der aufzubewahrenden Gegenstände und ordnet die Abgabe an. Ein Privater tritt durch die Aufbewahrung in Kontakt mit den Gegenständen des Gefangenen. Der Private nimmt Eigentum vom Gefangenen an, bis dieser es nutzen darf oder entlassen wird.

Während nach einer materiellen Privatisierung die privatrechtlichen Regelungen des BGB greifen, ist die rechtliche Wertung bei der formellen und funktionellen Entstaatlichung anders zu betrachten. Entsprechend den Instituten der funktionellen und formellen Privatisierung arbeitet eine staatliche Eigengesellschaft, eine Mehrheitsbeteiligungsgesellschaft oder der Verwaltungshelfer im Auftrag der Vollzugsbehörde. Hierbei ist zu überlegen, die §§ 688ff. BGB analog anzuwenden, da sich an die staatlich angeordnete Abgabe ein öffentlich-rechtliches

Verwahrungsverhältnis anschließt. Durch eine solche Vollzugsanordnung wären nicht einmal zwei übereinstimmende Willenserklärungen nötig.[238] Diese Lösung verpflichtet das private Unternehmen, die Gefangenenhabe sorgfältig aufzubewahren. Der Staat trägt hingegen die finanziellen Verpflichtungen. Er muß im Interesse des Gefangenen den Privaten für die Aufbewahrung entlohnen.

III. Fazit zum Bereich der Versorgung

Die ausgewählten Tätigkeitsbereiche der Versorgung sind also privatisierbar. Der Staat kann eine Eigengesellschaft, beispielsweise eine Gefängnisservice-Gesellschaft, gründen oder im Rahmen der funktionellen Privatisierung eine solche aufgabenerfüllende Tätigkeit ausschreiben. Eine materielle Entstaatlichung ist denkbar, würde jedoch zu größeren praktischen und rechtlichen Schwierigkeiten führen.

Die erarbeiteten Ergebnisse der funktionellen und formellen Privatisierung sind auch relevant bei den nun zu untersuchenden Tätigkeiten der Bewachung und Kontrolle. Jedoch werden die Probleme des Vergaberechts, Haushaltsrechts oder des Staats als Wettbewerber wegen der Wiederholung nicht nochmals dargestellt. Der Schwerpunkt liegt nunmehr auf Art. 33 IV GG und dessen Folgerung für diesen Vollzugsbereich.

B. Tätigkeitsbereich der Bewachung und Kontrolle

Die Voraussetzungen des Art. 33 IV GG werden nunmehr auf einen weiteren großen Tätigkeitsbereich im geschlossenen Strafvollzug angewendet. Angesprochen sind die Aufgaben der Bewachung und Kontrolle, die auf ihre Privatisierungsmöglichkeiten hin untersucht werden. Diese Aufgaben gliedern sich grob in personen- und objektbezogene Maßnahmen in der Haftanstalt. Wie in dem vorherigen Abschnitt wird diese grobe Unterteilung in weitere kleinere Tätigkeitseinheiten aufgespalten. Die objektbezogenen Kontroll- und Sicherungsmaßnahmen umfassen unter anderem die Beaufsichtigung der Funktionsfähigkeit der technischen und mechanischen Sicherheitsanlagen, der Außen- und Innenbereiche, des Objektschutzes und der objektbezogenen Raumkontrollen. Bei den personenbezogenen Bereichen handelt es sich insbesondere um Tätigkeiten des Schließens der Zellen, der Beaufsichtigung, der Begleitung oder der Durch-

---

[238] Vgl. auch VGH Kassel, NVwZ 1988, 655 (656) bezüglich der Verwahrung von abgeschleppten PKWs.

suchung. Die Tätigkeiten des Behandlungsvollzugs werden erst im anschließenden Kapitel untersucht.[239] Die Begutachtung der Bewachung und Kontrolle beginnt mit den personenbezogenen Sicherungs- und Kontrollaufgaben.[240]

I. Beispiel: Schließtätigkeit

Die größte Assoziation mit Strafvollzug verbindet man mit der Tätigkeit des Schließens. Die Ausführung und nicht die Anordnung des Schließens wird daher auf ihre Hoheitlichkeit hin untersucht.

1.) Tätigkeitsbeschreibung des Schließens

Die Schließtätigkeit im geschlossenen Vollzug umfaßt den Um-, Auf- und Einschluß. Zusätzlich gehört zu diesem Aufgabenbereich noch die Anwesenheitskontrolle beim Auf- und Zuschließen. In der Regel wird diese Tätigkeit von Bediensteten des allgemeinen Vollzugsdienstes, die dem mittleren Dienst angehören, vollzogen.[241]

Das Auf- und Einschließen richtet sich im Vollzug nach der Tageseinteilung der Anstalt.[242] Diese Planung, die grundsätzlich in der Hausordnung festgelegt ist, gilt verbindlich für die Gefangenen.[243]

Die Begriffe des Ein- und Aufschließens erklären sich von selbst. Unter Umschluß versteht man den Wunsch mehrerer Insassen, für einige Zeit gemeinsam in einen Haftraum eingeschlossen zu werden. Sofern ein Umschluß erlaubt wird, ist die Entscheidung zum Zeitpunkt der Schließtätigkeit bereits vollzogen. Der Umschluß zählt daher zu der Tätigkeit des Schließens.

2.) Die Grundrechtsrelevanz der Schließtätigkeit

Aufgrund der verschiedenen Privatisierungsmodelle ist zu prüfen, ob die Tätigkeit des Schließens eine erhebliche Grundrechtsrelevanz im Sinne des

---

[239] Siehe 4. Teil C.
[240] Anschließend folgen noch die objektbezogenen Aufgaben und bereichsspezifischen Kontrollmaßnahmen.
[241] Schwind/Blau, S. 154.
[242] Die Einschlußperiode liegt zwischen acht und zwölf Stunden.
[243] Hoffmeyer, S. 234f.

Art. 33 IV GG aufzeigt. Eine Grundrechtsrelevanz durch die Art. 2 I GG und Art. 1 I GG könnte vorliegen und bedarf daher einer rechtlichen Untersuchung.

a) Die allgemeine Handlungsfreiheit gemäß Art. 2 I GG

Entgegen der Methodik der Grundrechtsprüfung wird die Schließtätigkeit im Zusammenhang mit dem Auffanggrundrecht der allgemeinen Handlungsfreiheit gemäß Art. 2 I GG erörtert. Die Schließtätigkeit ist deshalb nicht anhand des speziellen Grundrechts aus Art. 2 II, 2 GG, 104 I GG zu untersuchen, weil die hierin gewährleistete körperliche Bewegungsfreiheit bereits durch die auf Freiheitsstrafe lautende Verurteilung gerichtlich entzogen wurde. Der Freiheitsentzug wird nach den Vorschriften des Strafvollzugsgesetzes vollzogen, so daß eine weitere Freiheitsbeschränkung in der Freiheitsentziehung nicht vorliegt. Angesichts der vom Grundgesetz verwendeten Terminologie der Freiheitsentziehung liegt es nahe, daß eine persönliche Freiheit nur einmal entzogen oder beschränkt werden kann.[244] Gleichfalls wird die Unterbringung im geschlossenen Vollzug nicht als eine weitere Freiheitsentziehung angesehen, sondern nur als Modifikation der Freiheitsstrafe. Das allabendliche Einschließen ist also eine Ausgestaltung der Freiheitsentziehung; es konkretisiert nur die Form der Freiheitsbeschränkung. Allerdings unterliegt auch diese Maßnahme einer grundrechtlichen Rechtfertigung, welche unter anderem durch die Aufrechterhaltung der Ordnung in der Anstalt gegeben ist.[245]

Durch Art. 2 I GG wird die freie Entfaltung der Persönlichkeit gewährleistet, soweit nicht die Rechte anderer verletzt und gegen die verfassungsmäßige Ordnung oder das Sittengesetz verstoßen wird. Damit schützt Art. 2 I GG jegliches menschliche Verhalten, was sowohl das Tun als auch das Unterlassen umfaßt. Hierzu zählen die körperliche Bewegungsfreiheit, sofern nicht Art. 2 II GG betroffen ist.[246] Der Schutzbereich des Art. 2 I GG ist durch den Einschluß beeinträchtigt, da er den Gefangenen physisch hindert, seine Zelle zu verlassen oder mit anderen zu kommunizieren.

Allerdings ist die allgemeine Handlungsfreiheit gesetzlich einschränkbar. Diese Voraussetzung erfüllt de lege lata das Strafvollzugsgesetz und die auf diesem Gesetz beruhenden Hausordnungen wie auch Einzelanordnungen. Dabei sind die wesentlichen Sondervorschriften einer Anstalt in der Hausordnung zusammen-

---

[244] BVerfG in NJW 1994, 1339. Gusy in v.Mangoldt/Klein/Starck, GG III, Art. 104 RdNr. 19 (FN 92).

[245] Di Fabio in Maunz/Dürig GG, Art. 2 RdNr. 71.

[246] Diese ist nicht betroffen s.o. Jarass in Jarass/Pieroth, Art. 2 I RdNr. 3.

gefaßt. Diese soll vor allem den unterschiedlichen Anstaltsbedürfnissen gerecht werden. Somit werden die Pflichten und Rechte des Gefangenen konkretisiert.[247] Es ist daher offensichtlich, daß auch der Auf- und Einschluß in der Hausordnung geregelt ist.[248]

Die Tätigkeit des Einschließens berührt zwar den Schutzbereich von Art. 2 I GG, ist aber rechtmäßig, weil das Auf- und Abschließen gesetzlich vorgegeben und verhältnismäßig ist. Gleiches gilt für die Verpflichtung des Gefangenen, sich zu den Ruhezeiten in seiner Zelle aufzuhalten.

Der Schutzbereich ist folglich betroffen. Die Erläuterungen zu Art. 33 IV GG zeigen jedoch, daß die Ausführung einer Tätigkeit einem Beamten erst zuzuteilen ist, wenn die Erledigung dieser Aufgabe eine erhebliche Grundrechtsrelevanz darstellt.

b) Die Würde des Menschen ist unantastbar gemäß Art. 1 I GG

Das Einschließen in den Haftraum könnte im Widerspruch mit Art. 1 I GG stehen.[249] Art. 1 I GG erklärt die Würde des Menschen als unantastbar. Sie zu achten und zu schützen ist die Verpflichtung aller staatlichen Gewalt. Demnach ist es die höchste Pflicht des Staates, die Würde des Menschen, die zu den tragenden Konstitutionsprinzipien gehört, als obersten Wert zu achten.[250]

Was aber ist unter der Menschenwürde zu verstehen? Hier bedarf es einer Konkretisierung, um einen Subsumtionsvorgang zu ermöglichen.

Die Meinungsvielfalt zu dem Begriff der Menschenwürde ist beachtlich. Die juristische Literatur und Rechtsprechung versuchen daher, eine Lösung über die Bewertung eines Vorgangs als Verletzungsvorgang zu finden.[251] Bei dieser Be-

---

247 Calliess/Müller-Dietz, § 161.

248 Böhm, Strafvollzug, RdNr. 335.

249 Zuvor ist jedoch festzustellen, daß der Verfasser vom Grundrechtscharakter des Art. 1 I GG ausgeht. Ob Art. 1 I GG tatsächlich ein eigenständiges Individualgrundrecht ist, ist aber strittig: Diejenigen, die diese Ansicht ablehnen sehen in Art. 1 I GG kein Grundrecht, da Art. 1 III GG von den „nachfolgenden" Grundrechten spricht (alte Kommentierung von Dürig in Maunz/Dürig GG, Art. 1 RdNr. 4ff.). Ausführlich zum Meinungsstreit Dreier in Dreier-GG I, Art. 1 RdNr. 67ff. Bzgl. der Befürworter siehe Kunig in v.Münch I, Art. 1 RdNr. 3 u. 49. Art. 1 I GG ist ein Grundrecht, da sich dies aus der systematischen Stellung und Art. 1 I, 2 GG ableiten läßt. Vgl. auch BVerfGE 61, 126 (137).

250 Vgl. BVerfGE 6, 32 (41); 27, 1 (6); 30, 173 (193).

251 Herdegen in Maunz/Dürig GG, Art. 1 RdNr. 33.

wertung behilft man sich mit der sogenannten „Objektformel“.[252] Nach dieser darf ein Mensch wegen seines geschützten inneren und sozialen Wert- und Achtungsanspruchs nicht zum bloßen Objekt der Vollstreckung herabgewürdigt oder einer Behandlung ausgesetzt werden, die seine Subjektqualität prinzipiell in Frage stellt.[253]

Das Ein- und Aufschließen der Hafträume oder anderer Bereiche müßte also einen die Würde verletzenden Vorgang darstellen. Zuvor ist jedoch festzustellen, daß bereits der Freiheitsentzug in einer Haftanstalt kein menschenunwürdiger Vorgang ist.[254] Diese Erkenntnis ist wichtig, da ansonsten die Tätigkeit des Schließens in einer Vollzugsanstalt erst Recht verfassungswidrig wäre.[255]

Die Würde des Menschen beruht auf der Auffassung, daß der Mensch als geistig-sittliches Wesen darauf angelegt ist, sich frei und selbstbewußt in seiner Umwelt zu bestimmen und zu wirken. Diese Freiheit findet ihre Grenze in der Gemeinschaftsgebundenheit des Individuums. Der Mensch muß sich daher diejenigen Schranken gefallen lassen, die der Gesetzgeber zur Pflege und Förderung des sozialen Zusammenlebens setzt.[256] Diese Grenze ist solange vertretbar, wie der Mensch dabei als gleichberechtigtes Glied mit Eigenwert behandelt wird. Er muß Subjekt in der staatlichen Gemeinschaft bleiben, da seine Würde darin besteht, als selbstverantwortliche Persönlichkeit anerkannt zu bleiben.[257]

Aus dieser Grenze ergibt sich die Rechtfertigung für die Gemeinschaft, Sanktionen für Grenzverfehlungen vorzunehmen. Eine solche Sanktion ist aber nicht per se menschenunwürdig, solange diese, respektive die Strafe, in ihrem Vollzug den Menschen nicht zum Objekt des Staats macht. Ein Häftling darf daher keinen unmenschlichen und erniedrigenden Strafen ausgesetzt werden.[258] Vielmehr müssen die grundlegenden Voraussetzungen individueller und sozialer Existenz des Menschen auch beim Vollzug der Strafen erhalten bleiben.[259]

Strafe ist also nicht menschenunwürdig, jedoch ist bei den Strafformen die historische Entwicklung der Menschheit und die Menschenwürde zu beachten. So

---

[252] Bernsmann, S. 180; Höfling in Sachs, Art. 1 RdNr. 4.
[253] BVerfGE 72, 105 (115f.); Hofmann in Schmidt-Bleibtreu/Klein, Art. 1 RdNr. 7.
[254] Siehe auch Strohmayr, S. 1.
[255] Müller-Dietz sieht die Rechtfertigung des Strafvollzugs als ein Randproblem in den Lehrbüchern, Kommentaren und der Literatur, das niemanden bewegt. S. 6 in: Strafvollzug – Strafvollzug im Spannungsfeld zwischen Grundrecht und Zielvorstellung, 1992 Wien, Verhandlungen des elften österreichischen Juristentags 1991.
[256] BVerfGE 30, 1 (20).
[257] Vgl. BVerfGE 45, 187 (227f.).
[258] BVerfGE 1, 332 (348); 6, 389 (439).
[259] BVerfGE 45, 187 (228).

zeigt sich deutlich ein Wandel von grausamsten Strafen hin zu immer milderen Formen.[260] Während im Mittelalter die Leib- und Lebensstrafe mit ihrem bewußt peinlichen Charakter im Vordergrund standen, hat sich die Strafe über die frühen Formen des Zuchthauses zum heutigen Strafvollzug entwickelt. Der moderne Strafvollzug ist hierbei dynamisch mit der steten Fortbildung der Menschenrechte verbunden und sicherlich nicht am Ende seiner Entwicklung angelangt.[261] So hat das Bundesverfassungsgericht zum Verhältnis der Menschenwürde und des Strafvollzugs festgestellt: „Das Urteil darüber, was der Würde des Menschen entspricht, kann daher nur auf dem jetzigen Stande der Erkenntnis beruhen und keinen Anspruch auf zeitlose Gültigkeit erheben."[262] Weiter sagt das Verfassungsgericht, daß der Aufenthalt in einem Gefängnis nach heutigem Ermessen kein die Menschenwürde verletzender Vorgang sei, wenn die Anordnung der Freiheitsstrafe durch einen sinnvollen Behandlungsvollzug ergänzt wird.[263]

Wieweit diese Feststellung sich auch auf das Einschließen in Hafträumen übertragen läßt, wird im Folgenden dargestellt: Der heutige Vollzug gibt dem Gefangenen grundsätzlich einen Anspruch auf Einzelunterbringung während der Ruhezeiten. Die Ruhezeiten sind vor allem durch die Hausordnung vorgegeben. Die Einzelunterbringung ist nicht nur die Konsequenz aus den schlechten praktischen Erfahrungen der Gemeinschaftsunterkünfte auf die Persönlichkeit der Häftlinge, sondern entspringt gleichfalls der Achtung der Menschenwürde. Eine Einzelunterbringung dient dem besonderen Schutz der Persönlichkeits- und Intimsphäre.[264] Fraglich ist, ob der regelmäßige Einschluß während der Ruhezeiten im Einklang mit Art. 1 I GG steht. Diese Maßnahme dient dem Ziel, das Leben in der Anstalt in menschenwürdiger Ordnung vor sich gehen zu lassen. Niemand soll mehr als unvermeidbar beeinträchtigt werden.[265] Der Gefangene muß während der Ruhezeit und insbesondere während seines Schlafes vor nicht erwünschten Besuchen geschützt sein. Er muß bei dem Genuß seines „Rechts auf Einsamkeit" vor dem unbefugten Zutritt anderer Gefangener geschützt werden.[266] Diese Notwendigkeit wurde schon früh erkannt, um der kriminellen Infi-

---

260 Foucault, S. 25 mit einem sehr anschaulichen Beispiel einer „grausamen" Bestrafung auf den ersten Seiten.

261 Vgl. Lüderssen, Abschaffen des Strafens?.

262 BVerfGE 45, 187 (229); Müller-Dietz, Menschenwürde, S. 22 u. S. 35f.

263 BVerfGE 45, 187 (238); v.Mangoldt/Klein (1957), Art. 1, Anm. III 2 wollte Art. 1 I GG für „besonders ausgekochte" vorbestrafte Täter nicht gelten lassen, vgl. Rath, S. 92f.

264 Vgl. Kellermann in AK StVollzG, § 18 RdNr. 1; Böhm in Schwind/Böhm, § 18 RdNr. 1 u. 3.

265 Bt-Drucks. 7/918, S. 76 bzgl. der Sicherheit und Ordnung.

266 Hoffmeyer, S. 232.

zierungsgefahr und sittlichen Verrohung entgegenzuwirken.[267] Gleichzeitig ist ein Einschluß aus Sicherheitsgründen solange zulässig, wie der Gefangene nicht zum Objekt degradiert wird. Während der Einschlußperiode bleibt der Häftling Subjekt, weil nach einer vertretbaren Zeit die Zelle wieder aufgeschlossen wird und er sich im Rahmen der Anstaltsordnung bewegen kann.[268] Erst eine dauernde Einsamkeit wäre ein Verstoß, „denn der Mensch ist auf Gemeinschaft angelegt; es wäre mit seiner Würde nicht vereinbar, ihn total von seiner Umwelt abzusperren."[269]

Trotz der schwierigen Situation im geschlossenen Strafvollzug und einer psychischen Belastung beim Einschluß ist diese Form nach heutigen Gesichtspunkten menschenwürdig.

Das Einschließen in Hafträumen ist also kein Vorgang, der die Menschenwürde im Sinne von Art. 1 I GG verletzt. Wäre es eine Mißachtung von Art. 1 I GG, so wäre das Schließen auch einem Beamten nicht gestattet, da jeder Eingriff in Art. 1 I GG verfassungswidrig ist. Es gibt keine Rechtfertigung für eine Begrenzung der Menschenwürde.[270] Ein Privater dürfte also aufgrund des erarbeiteten Ergebnisses die Tätigkeit des Schließens im geschlossenen Vollzug ausüben.

c) Erhebliche Grundrechtsrelevanz bei der Ausübung der Schließtätigkeit

Das normativ geregelte Schließen läßt sich verfassungsrechtlich nicht beanstanden. Fraglich ist aber, ob der gesetzliche erlaubte Eingriff in den Schutzbereich des Art. 2 I GG von so erheblicher Grundrechtsrelevanz ist, daß die Tätigkeit nur von einem Beamten ausgeführt werden darf.[271]

Die Schließtätigkeit ist die Ausübung einer normativen Vorgabe, die exakt regelt, wann das Auf- oder Abschließen erfolgt. Diese Vorgabe läßt kein Ermessen zu oder bedürfte einer Auslegung. Ebenso kann die Schließtätigkeit von der Vollzugsleitung angeordnet werden, wenn es die Umstände verlangen. Die Ausübung des Schließens gleicht aber einem standardisierten Vorgang. Der Ausübende muß die Zellentür schließen und den Schließmechanismus betätigen.

---

[267] Vgl. Dudda, S. 72.
[268] Es gibt auch Anstalten, in denen die Hafträume nachts nicht abgeschlossen werden, Kellermann in AK StVollzG, § 18 RdNr. 2.
[269] Altenhain, Das Grundrecht der Menschenwürde, ZfStrVo 1988, 156 (159).
[270] Kunig in v.Münch I, Art. 1 RdNr. 4.
[271] Bzgl. der Problemstellung, aber mit a.A. Gramm, Schranken der Personalprivatisierung, VerwArch 90 (1999), S. 329 (343.).

Weil die normativen Vorgaben die richtige Sachbehandlung eindeutig definieren, könnte man annehmen, daß der dem Rechtmäßigkeitsprinzip verpflichtete Beamte nicht von besonderer Wichtigkeit ist.[272] Der Ausübende folgt nur den Anweisungen des Gesetzes oder der Vollzugsleitung, er ist deren Werkzeug. Ein Beispiel macht den Gedanken vielleicht klarer: Das manuelle Schließen ist grundsätzlich wie ein Schließen durch Knopfdruck einzuordnen, wenn der Knopf in einem außerhalb des Zellentrakts befindlichen Kontrollraum wäre. Die Grundrechtsposition des Gefangenen würde durch die schlichte Ausübung des Schließens nicht weitergehend beeinträchtigt.

Auch wenn der Ausübende keine Entscheidungen über das Ob und die Art der Tätigkeit fällt, sind Situationen während des Einschließens denkbar, in denen der Gefangene wegen akuter Probleme eine adäquate Person konsultieren möchte. Allerdings ist die Entscheidung, vorübergehend die Zelle zuzuschließen und einen entsprechenden Entscheidungsträger zu holen oder zu informieren, ein vertretbar kurzer Eingriff in die Rechte des Gefangenen. Der Entscheidungsspielraum ist somit zu gering und unerheblich, als daß die Tätigkeit nur durch Beamte ausgeübt werden müßte.

Ferner kann der Schließer nicht über das normativ angeordnete Maß der Grundrechtsbeeinträchtigung eingreifen, indem er beispielsweise den Gefangenen zu früh einschließt. Der Gefangene hat sich an einen sehr strikten Tagesablauf zu halten, der ihm vorgibt, wann er sich in seiner Zelle einzufinden hat. Sofern davon ausgegangen wird, daß er sich an diese Verpflichtung hält, kann nicht von rechtlichen Privatisierungsschwierigkeiten ausgegangen werden.[273] Grundsätzlich ist auch von einem friedlichen Einschluß auszugehen, da der Gefangene wegen möglicher Disziplinarmaßnahmen versuchen wird, sich an die Hausordnung zu halten und nicht aufzufallen.[274]

Diesen Beispielen stehen aber andere Situationen gegenüber, bei denen ein weitergehender Eingriff in die Rechte der Gefangenen möglich ist. Wie ist etwa eine Konstellation zu beurteilen, bei der ein Gefangener seinen Fuß in die Tür stellt oder zu randalieren beginnt? Bei solchen Umständen bedarf es dann Personen, die mit hoheitsrechtlichen Befugnissen ausgestattet sind. Denn nur diese Wärter könnten eine Fesselung oder Maßnahmen des unmittelbaren Zwangs vornehmen oder anordnen.[275]

---

[272] Strauß, S. 104.
[273] Eventuell auftretende Schwierigkeiten werden im anschließenden Abschnitt „Anwendbarkeit der verschiedenen Privatisierungsmodelle“ erörtert.
[274] Kaiser/Schöch, § 13 RdNr. 19.
[275] Vgl. 4. Teil B, XI.

Nach dem Vorgetragenen ist die reine Ausübung der Schließtätigkeit nicht von erheblicher Grundrechtsrelevanz, da zum Zeitpunkt der Ausführung bereits alle wichtigen Entscheidungen gefallen sind. Auch sind bei einem friedlichen Einschluß situative Fehlbeurteilungen schwer möglich und schon gar nicht irreversibel. Diesem harmonischen Einschluß stehen jedoch die problematischen Ausnahmen gegenüber. Im Gesamtbild der Tätigkeit dürften aber grundrechtsrelevante Handlungen eine untergeordnete Rolle spielen. Unter diesen Prämissen hat die Aufgabe einen gemischt hoheitlich-nichthoheitlichen Charakter. Bei einer solchen Mischform ist Art. 33 IV GG im Rahmen seines Regel-Ausnahme-Prinzips anzuwenden und bei der anschließenden Prüfung der Anwendbarkeit der Privatisierungsformen zu beachten.

3.) Anwendbarkeit der verschiedenen Privatisierungserscheinungen

Vor dem Hintergrund der Grundrechtsrelevanz und der Ausnahmeregelungen des Art. 33 IV GG bedarf es nun der Untersuchung, welche konkreten Privatisierungsmodelle bei der Schließtätigkeit anwendbar sind.

a) Materielle Privatisierung

Eine materielle Privatisierung, bei der die Aufgabe des Schließens der privatrechtlich eigenverantwortlichen Gesellschaft überlassen bliebe, scheidet aus. Wie festgestellt, birgt die Schließtätigkeit in Ausnahmesituationen die Gefahr des Einsatzes unmittelbaren Zwangs. In diesen Momenten ist sie als hoheitliche Maßnahme einzuordnen; ein materiell Privater darf nicht selbständig und frei darüber entscheiden. Aber auch die routinemäßige Ausübung verbietet eine materielle Privatisierung. Das Ein- und Aufschließen ist eine notwendige, im engsten Verhältnis zu der Aufgabe des geschlossenen Strafvollzugs stehende Tätigkeit. Daher darf ein privater Schließer nicht selbst entscheiden, ob oder wann die Schließtätigkeit erfolgt. Ein solcher Schritt würde einem Privaten gestatten, eigenmächtig in die Grundrechte eines Gefangenen einzugreifen. Eine derartig weitgehende Privatisierung ist daher nicht erlaubt. Zudem würde das Gebot der effektiven staatlichen Aufgabenwahrnehmung beeinträchtigt. Der Staat hat diejenigen Aufgaben, für deren Erfüllung er in die Pflicht genommen ist, im Rahmen des rechtlich Zulässigen auch möglichst wirksam zu erfüllen.[276]

---

[276] Gramm, Privatisierung und notwendige Staatsaufgaben, S. 342.

b) Funktionelle Privatisierung

Wie bereits festgestellt, wird die funktionelle Privatisierung in verschiedene Privatisierungsmodelle differenziert. Die Verwaltungshilfe und die Beleihung sind dabei die aussichtsreichsten Umsetzungsformen und werden im Folgenden im obigen Kontext konkreter untersucht.

(aa) Anwendbarkeit der Verwaltungshilfe

Die Schließtätigkeit ließe sich auf einen Verwaltungshelfer übertragen, solange keine Ausnahmesituationen auftreten. Bei den angesprochenen Schwierigkeiten könnte der Verwaltungshelfer allerdings schnell an seine rechtlichen Grenzen stoßen. Er darf keine hoheitlichen Befugnisse ausüben oder ist zu grundrechtsbeeinträchtigendem Verhalten nur auf Grund im Einzelfall erteilter Weisung berechtigt.

Beispielsweise stößt die Verwaltungshilfe an ihre Grenzen, wo zunächst das Mittel der physischen Gewalt angewendet werden soll, aber keine der sogenannten Jedermann-Bestimmungen als Gewaltgestattung zur Verfügung stehen.[277]

Bei der Erörterung der erheblichen Grundrechtsrelevanz zeigte sich jedoch, daß grundsätzlich das Mittel der physischen Gewalt beim Schließen weder präventiv noch repressiv notwendig ist. Zum Zeitpunkt des Einschließens sind alle Entscheidungen bereits gefallen und der Gefangene befindet sich in der Zelle.[278] Ein unmittelbarer Kontakt besteht zumeist nur zwischen dem Wärter und einem oder zwei Zelleninsassen und ist von kurzer Dauer. Insofern enthält die Situation ein geringes Gewaltpotential, speziell im Vergleich zur noch zu begutachtenden Beaufsichtigung von Gefangenen.

Selbst in einer Situation während der Schließtätigkeit, in der eine unmittelbare Reaktion des Personals verlangt wird, kann ein Verwaltungshelfer eine solche Ausgangslage beherrschen. Hierfür muß ein Vollzugsbeamter die Tätigkeit überwachen, damit er erforderlichenfalls Anordnungen erteilen kann. Zum einen begründet es sich mit dem geringen Gewaltpotential während dieser Phase. Zum anderem muß von einer erfolgreichen und kontrollierten Bewältigung einer kritischen Konstellation ausgegangen werden. Der Staat darf wegen seiner Aus-

---

[277] Burgi in: Privatisierung im Strafvollzug?, S. 48.

[278] So auch Burgi in: Privatisierung im Strafvollzug?, S. 53 hinsichtlich der gefallenen Entscheidungen.

wahlentscheidung und Aufsicht nur zuverlässige und professionelle Private als Verwaltungshelfer beschäftigen. Letztlich trifft den Staat eine Wahrnehmungs-, Sicherstellungs- und Verantwortungsgarantie, wenn er Aufgaben durch Dritte wahrnehmen läßt.[279] Wegen dieser Vorgaben ist ein einzelner Beamter in der Lage, gleich mehrere Verwaltungshelfer während des Schließens zu kontrollieren und anzuweisen.[280] Die bei Verwaltungshelfern notwendige Kontroll- und Weisungsmöglichkeit ist also gewährleistet.

Natürlich ist auch an die Möglichkeit eines unmittelbaren Angriffs auf den Wärter selbst oder den Zellenkollegen zu denken, so daß eine Weisung des Überwachungsbeamten nicht rechtzeitig erfolgen kann. Die Eventualität eines solchen gewalttätigen Angriffs ist immer vorhanden, wenn Menschen sich aufgrund staatlichen Zwangs in einer Haftsituation befinden.[281]

Bei derartigen Angriffen stehen dem Verwaltungshelfer aber die Notwehrrechte der §§ 32 ff. StGB gleicherweise wie dem Beamten zu Verfügung.[282] Einem Verwaltungshelfer muß das Notwehrrecht aus § 32 StGB auch im Rahmen einer staatlich veranlaßten Einbindung Privater zugestanden werden. Es kann nicht sein Nachteil sein, daß er als Privater im Vollzug tätig ist. Anderenfalls würde der Angreifer bessergestellt als der Angegriffene.

Auch bei einem Angriff auf den Zellenkollegen oder einen anderen Mitgefangenen muß dem Verwaltungshelfer das Recht der Nothilfe solange gewährt werden wie der Beamte nicht rechtzeitig Hilfe leisten kann. Sicherlich läßt sich einwenden, daß der Staat rechtzeitig Hilfe leisten könnte, wenn er diese Aufgaben durch Beamte erfüllen ließe. Es bleibt dem Staat aber vorbehalten, sich auch in hoheitlichen Bereichen Privater zu bedienen. So sind heute schon im Strafvollzug Private[283] als Verwaltungshelfer tätig, denen niemand das Recht der Notwehr und Nothilfe absprechen will.[284] Lediglich gänzlich zurückziehen dürfte der Staat sich nicht. Ansonsten würde er die Notwehrrechte zu Ungunsten der staatlichen Funktion als zentraler Ordnungsmacht zur Wahrung von Frieden und Recht aushöhlen. Soweit der Staat dieser Aufgabe gerecht wird, sind aber keine Gründe ersichtlich, daß er sich nicht in begrenztem Maße privater Schließer bedienen dürfte.[285] Diese Gefahr würde erst dann vordringlich werden, wenn nahe-

---

[279] Bonk, JZ 2000, 435 (439).
[280] Lange, DÖV 2001, 898 (904).
[281] Gramm, Schranken der Personalprivatisierung, VerwArch 90 (1999), 329 (341).
[282] Gramm, Schranken der Personalprivatisierung, VerwArch 90 (1999), 329 (341); Roxin AT, § 15 RdNr. 94 m.w.N zur strafrechtlichen Rechtfertigung eines Beamten.
[283] Psychologen oder Anstaltsseelsorger.
[284] Vgl. Wagner, Privatisierung im Justizvollzug, ZRP 2000, 169 (172).
[285] Hammer, Private Sicherheitsdienste, DÖV 2000, 613 (620).

zu alle Wärter, Aufseher und Schließer im geschlossenen Vollzug durch private Sicherheitskräfte ersetzt würden. Bei einer solchen Ausgangslage würde die Nothilfe unzulässigerweise zu einer dauerhaften Eingriffsgrundlage für diese Personen werden.

Diese Konfliktsituationen sind aber nur die Ausnahme zur täglichen Routine. Die Notwehrrechte leisten lediglich ihren Beitrag zur Selbsthilfe und werden nicht als planmäßige Instrumentalisierung privater Gewaltbefugnisse zu öffentlichen Zwecken angesehen.[286] Sie dienen in diesem Zusammenhang eben nicht der regelmäßigen Anwendung von physischer Gewalt.

Gerne wird dem Institut des Verwaltungshelfers vorgehalten, daß es in einer Notwehrsituation nicht dem öffentlich-rechtlichen Verhältnismäßigkeitsgrundsatz unterliege.[287] Allerdings folgt daraus keine Schlechterstellung für den Gefangen. § 32 StGB sieht eine systemimmanente Begrenzung der Verteidigungshandlung vor, die situationsbedingt zu konkretisieren ist. Eine solche Handlung muß erforderlich sein, also das mildeste von mehreren gleich geeigneten Mitteln darstellen. Ferner hat die Handlung geboten zu sein. Diese tatbestandlichen Vorgaben verbieten ein völlig unverhältnismäßiges, rechtsmißbräuchliches Verhalten.[288] In der Praxis können die Verteidigungshandlungen auch schwerlich unverhältnismäßig sein, weil die im Inneren der Vollzugsanstalt Tätigen bei den Routineaufgaben keine Waffen tragen. Also beschränkt sich eine Notwehrhandlung auf Handgreiflichkeiten.

Weiter wird der Gefangene nicht dadurch beeinträchtigt, daß der Beamte nur bei einer unverhältnismäßigen Notwehrmaßnahme disziplinarisch zur Verantwortung gezogen wird.[289] Ein privater Schließer hat sich ebenso bei einer unverhältnismäßigen Überschreitung arbeitsrechtlich zu verantworten. Er ist nicht nur der gesetzlichen ordentlichen Kündigung, sondern vor allem der außerordentlichen Kündigung ausgesetzt, wenn der Verdacht einer strafbaren Handlung besonders naheliegt.[290] Daher wird eine private Sicherheitskraft wegen des Risikos des Arbeitsplatzverlustes keine offensichtlich unverhältnismäßigen Verteidigungshandlungen anwenden. Im Zweifel besteht die Möglichkeit, einen privaten Arbeitnehmer aufgrund des Direktionsrechts seines Arbeitgebers auf einen der Art

---

[286] So aber Schulte im Kontext privater Sicherheitskräfte im öffentlichen Raum, Schulte, DVBl. 1995, 130 (135).

[287] Gramm, Schranken der Personalprivatisierung, Verw Arch 90 (1999), 329 (341f.); Schulte, DVBl. 1995, 130 (135).

[288] Tröndle/Fischer, StGB-Kommentar, § 32 RdNr. 20.

[289] Gramm, Privatisierung und notwendige Staatsaufgaben, S. 435; Gramm, Schranken der Personalprivatisierung, VerwArch 90 (1999), 329 (342).

[290] Putzo in Palandt, BGB-Kommentar, § 626 RdNr. 26.

und Weise vergleichbaren anderen Arbeitsplatz zu versetzen.[291] Hierdurch kann man den weiteren unmittelbaren Kontakt mit den Gefangenen unterbinden.

Das immer wieder vorgetragene Argument, ein privater Wächter sei schlecht ausgebildet und man könne daher kein besonnenes und verhältnismäßiges Handeln erwarten, überzeugt nicht mehr.[292] Mittlerweile haben private Sicherheitsunternehmen ausreichend Erfahrung im Umgang mit schwierigen Situationen und ihre Angestellten daraufhin ausgesucht und geschult. Schließlich wissen sie um die fehlenden präventiven oder repressiven Eingriffsbefugnisse. Es liegt auch in ihrem Interesse, auf die Zuverlässigkeit ihrer Angestellten zu achten. Schließlich ist die Ausführung eines staatlichen Auftrags in der Regel ein erheblicher Imagegewinn für die Sicherheitsunternehmen. Eine staatliche Auftragserteilung wird vom Markt als Ausweis besonderer Zuverlässigkeit gedeutet.[293] Zusätzlich hat der Staat bei der Auswahl Privater für die Aufgabenerfüllung darauf zu achten, daß der vom Eingriff betroffene Bürger nicht schlechter gestellt wird, als dies bei der staatlichen Erfüllung der Fall wäre.[294]

Ein ordnungsgemäßer Ablauf der Tätigkeit wird zusätzlich durch die Vorschriften des Strafgesetzbuches[295] gewährleistet. Ein Gefangener braucht also keine gewalttätigen Übergriffe zu fürchten.

Besondere Sicherungsmaßnahmen wie die Fesselung dürfen allerdings durch einen Verwaltungshelfer nicht selbständig ausgeführt werden.[296] Hier ist die Anwesenheit eines Vollzugsbeamten erforderlich. Der Einsatz eines Verwaltungshelfers fordert also Vorkehrungen, die das rechtzeitige Einschreiten eines Beamten ermöglichen.

Auch Bestandteile des Rechtsstaatsprinzips[297], wie eine eventuell vorliegende öffentlich-rechtliche Entschädigung oder die Rechtsschutzgarantie, werden dem betroffenen Gefangenen weiterhin gewährt.

Die Verwaltungshilfe wird dem Rechtsstaatsprinzip auch daher gerecht, weil der Verwaltungshelfer im Auftrag der Behörde seine Handlungen auf Grund eines zivilrechtlichen Vertrags vollzieht und daher der Verwaltung zugerechnet

---

[291] Putzo in Palandt, BGB-Kommentar, § 611 RdNr. 45ff.

[292] So allerdings Gramm, Schranken der Personalprivatisierung, VerwArch 90 (1999), 329 (342).

[293] Burgi, Vergaberechtliche Fragen, GewArch. 2001, 217 (219); Kunert, S. 18.

[294] Gramm, Schranken von Personalprivatisierung, VerwArch 90 (1999), 329 (338).

[295] Beispielsweise §§ 211 ff. oder 223 ff. StGB.

[296] Vgl. 4. Teil B. XI.

[297] Schmidt-Aßmann in HdbStR I, § 24 RdNr. 18; Benda in HdbVerfR § 17 RdNr. 2.

wird.[298] Neben § 11 I Nr. 2 und/oder Nr. 4 StGB kann er durch eine Verpflichtung nach dem Verpflichtungsgesetz[299] als Amtsträger angesehen werden.[300] Den Staat trifft somit nicht nur eine letzte Verantwortung für die Rechtmäßigkeit der Schließtätigkeit, sondern auch eine haftungsrechtliche Einstandspflicht. Der Verwaltungshelfer übt im Sinne des Art. 34 GG i.V.m. § 839 BGB ein öffentliches Amt aus.[301] Auch die bereits genannte Rechtsschutzgarantie ist bei der Erfüllung der Schließtätigkeit durch einen Verwaltungshelfer weiterhin sichergestellt.

Die Einwände gegen die Wahrnehmung der Schließtätigkeit durch Verwaltungshelfer konnten entkräftet werden, die Verwaltungshilfe ist also bei dieser Tätigkeit möglich. Freilich darf hierbei nicht vergessen werden, daß die Verwaltungshelfer unter Anleitung und Aufsicht eines Beamten stehen müssen. Organisatorisch sind Handlungsweisen für eine mitschreitende Kontrolle zu treffen, damit ein Beamter in ausartenden Vollzugssituationen rechtzeitig eingreifen oder Anweisungen erteilen kann.[302]

(bb) Anwendbarkeit der Beleihung

Unabhängig von der Bewertung, ob § 155 StVollzG eine gesetzliche Möglichkeit für eine Beleihung im Strafvollzug bietet,[303] bedarf sie einer gesetzlichen Grundlage. Sofern also eine Ermächtigungsnorm besteht, wäre die Beleihung eines Privaten durchaus möglich. Die Ausnahmeregelung des Art. 33 IV GG kommt hier zur Geltung, da es sich bei der Tätigkeit um eine gemischt hoheitlich-nichthoheitliche Aufgabe handelt. Wie sich bei der Erörterung der Tätigkeit der Beaufsichtigung noch zeigen wird, ist auch bei der Schließtätigkeit eine ausreichende Rechtfertigung für eine Beleihung bis zur Grenze von Maßnahmen

---

[298] Bonk, JZ 2000, 435 (437); Maurer, allg. Verwaltungsrecht, § 23 Rn. 60; Stelkens/Bonk/Sachs, § 1 Rn. 231.

[299] BGBl. I 1974 (9.3.74), 469 (547) Verpflichtungsgesetz (Gesetz über die förmliche Verpflichtung nichtbeamteter Personen).

[300] BGHSt, 42, 230.

[301] BGHZ 120, 176 (179); 121, 161 (166f.); Maurer, allg. Verwaltungsrecht § 25 RdNr. 12ff.; Bonk, JZ 2000, 435 (438). Die Rechtsprechung der Verwaltungsgerichte erkennt die ergänzende Tätigkeit von Verwaltungshelfern im Grundsatz an. So BVerwGE DVBl. 1990, 712 (713).

[302] Vgl. Wagner, Privatisierung im Justizvollzug, ZRP 2000, 169 (171).

[303] Während Kulas in § 155 StVollzG eine solche Möglichkeit sieht, lehnt Gusy dies ab, in: Privatisierung im Strafvollzug? Wie auch Bonk, JZ 2000, 435 (441); Gramm, Schranken der Personalprivatisierung, VerwArch 90 (1999), S. 329 (343); Burgi in: Privatisierung im Strafvollzug?, S. 49.

wie des unmittelbaren Zwangs anzunehmen. Dem beliehenen Schließer stehen im Gegensatz zum Verwaltungshelfer mehr Befugnisse zu. Der Beliehene darf zum Beispiel nach eigenem Ermessen Anordnungen aussprechen.

c) Formelle Privatisierung

Eine formelle Privatisierung der Schließtätigkeit ist ebenfalls kein Problem. Nach allgemeiner Ansicht hat der Staat grundsätzlich die Freiheit, Verwaltungsaufgaben nicht nur in öffentlicher, sondern auch in privatrechtlicher Organisationsform erledigen zu lassen. Der Hoheitsträger muß das Privatrechtssubjekt aber beherrschen oder kontrollieren.[304] Neben dieser Wahlmöglichkeit ist auch auf die obige Argumentation zu verweisen, daß eine gemischt hoheitlich-nichthoheitliche Tätigkeit vorliegt. Eine formell privatisierte Verwaltungseinheit würde in einer privatrechtlichen Organisationsform als Verwaltungshelfer oder als Beliehener die Aufgaben des Schließens wahrnehmen. Die Vorteile gegenüber der funktionellen Privatisierung liegen, wie schon im Bereich der Versorgung, darin, daß kein Vergabeverfahren nötig ist und der Staat als Mehrheitsanteilseigner bei der Auswahl der Arbeitnehmer direkten Einfluß nehmen kann.

4.) Fazit zur Privatisierbarkeit der Schließtätigkeit vor dem Hintergrund des Art. 33 IV GG

Die Schließtätigkeit, die das Auf- und Abschließen der Zellentüren zu den Ein- und Aufschlußzeiten betrifft, ist in der Regel keine reine hoheitsrechtliche Aufgabe. Der Wärter hat auf Weisung des Strafvollzugsgesetzes, der Hausordnung und der ihm vorgesetzten Beamten zu einem bestimmten Zeitpunkt den in der Zelle befindlichen Gefangenen einzuschließen oder die Tür zu öffnen und die Anwesenheit festzustellen. Gewaltanwendungen gegen den Schließer selbst oder eine andere Person ist in dieser Situation nur im geringen Ausmaß denkbar. Gegebenenfalls stehen ihm die für jedermann geltenden Notwehrrechte zu. Bedenken ergeben sich erst, wenn während des Schließens die Sicherheit und Ordnung nachhaltig gefährdet ist und beispielsweise unmittelbarer Zwang erforderlich wird. In solchen Augenblicken ist die Anwesenheit von Personen mit hoheitlichen Befugnissen nötig. Die Tätigkeit ist daher eine gemischt hoheitlich-nichthoheitliche Aufgabe, bei der im Gesamtbild der hoheitliche Charakter eine Ausnahmesituation darstellt. Die hoheitlichen Aspekte schließen daher eine materielle Privatisierung aus. Die funktionelle Privatisierung in Form der Belei-

[304] Wolff/Bachof/Stober, § 91 RdNr. 21.

hung oder der Verwaltungshilfe und die formelle Privatisierung sind unter gewissen Vorgaben hingegen zulässig.

Der Verwaltungshelfer kann bei normalem Verlauf die Schließtätigkeit ausüben, da sie einem mechanischen Ablauf gleicht. Die angesprochenen Konfliktsituationen können dabei durch die Anwesenheit eines Beamten bewältigt werden. Dieser überwacht den ordnungsgemäßen Ablauf, sichert die Rechte, erteilt Anweisungen und hat die nötigen Eingriffsbefugnisse. Schließlich spricht für den Verwaltungshelfer, daß er schnell in das bestehende System integriert werden kann. In der Regel genügt das Gesetz als Befugnisnorm, das die Materie als solche regelt, hier also das Strafvollzugsgesetz.[305]

Die Beleihung ist ebenfalls erlaubt. Aber auch sie stößt an ihre Grenzen, wenn unmittelbarer Zwang erforderlich wird. Jedoch kämen einem Beliehenen mehr Befugnisse zu als einem Verwaltungshelfer. Dem Beliehenen steht beim Ein- oder Aufschluß ein Ermessensspielraum zu und er könnte auch Anordnungen gegenüber den Gefangenen aussprechen.

Letztlich ist auch eine formelle Privatisierung möglich, da die formell privatisierte Gesellschaft entweder als Verwaltungshelfer oder Beliehener für die Vollzugsbehörden tätig wird.

Festzuhalten gilt, daß man sich sowohl für die Verwaltungshilfe als auch die Beleihung entscheiden kann. Vorzugswürdig erscheint die Beleihung, die neben den Vorteilen der Privatisierung den Privaten auch noch ein entsprechendes Maß an Befugnissen gewährt.

II. Beispiel: Berichterstattung über Gefangenenzahlen

1.) Tätigkeitsbeschreibung der Berichterstattung über Gefangenenzahlen

In den Bereich der personenbezogenen Bewachung und Kontrolle zählt die Berichterstattung bezüglich der Gefangenenzahlen.

Die Tätigkeit der Berichterstattung der Gefangenenzahlen ist nicht identisch mit der Anwesenheitskontrolle, sondern ist die schriftliche Feststellung der Vollzähligkeit der Gefangenen und die Erstellung der Frühberichte[306]. Der Gefangenenbestand wird in einem Belegungsbuch festgehalten. In diesem sind die Be-

---

[305] Burgi, S. 287.
[306] Nr. 68 VGO.

stände nach unterschiedlichen Kriterien einzutragen. Konkret bedeutet dies die tägliche Feststellung des Gefangenenbestands, zudem ein Vermerk über die Art der Freiheitsentziehung, Besonderheiten wie Arrest, Bettlägerigkeit oder Beschäftigung in der Anstalt. Die Aufgabe läßt sich pauschal als eine Statistikerhebung kennzeichnen.

2.) Die Grundrechtsrelevanz der Berichterstattung über Gefangenenzahlen

Die Berichterstattung ist im Kontext des Art. 33 IV GG auf ihre Privatisierbarkeit zu untersuchen. Hierbei ist die Grundrechtsrelevanz der Aufgabe zu bestimmen. Eine mögliche Grundrechtsbetroffenheit könnte bei der informationellen Selbstbestimmung des allgemeinen Persönlichkeitsrechts von Art. 2 I GG bestehen.[307] Grundsätzlich bedeutet Selbstbestimmung das Recht des Betroffenen, selbst zu entscheiden, wann und innerhalb welcher Grenzen er persönliche Lebenssachverhalte offenbaren will.[308] Bei den oben aufgezählten statistischen Daten handelt es sich allerdings nicht um einen persönlich als vielmehr um einen öffentlich bekannten Lebenssachverhalt. So ist die Anwesenheit wegen der begrenzten räumlichen und zulässigen Bewegungsmöglichkeiten im geschlossenen Vollzug einfach festzustellen und keine persönliche Entscheidung mehr. Ebenso können die Krank- oder Urlaubsmeldungen nicht zu den persönlichen Lebenssachverhalten zählen, da diese knappen Informationen nur der Abwesenheitsbegründung dienen. Sie teilen nicht mit, welche Art der Erkrankung vorliegt. Es sind also keine ärztlichen Krankenblätter über den konkreten Gesundheitszustand. Die Daten sind auch nicht für die Weitergabe oder gar zur Veröffentlichung gedacht, sondern werden lediglich aus Gründen der Sicherheit[309] und Ordnung[310] festgehalten. Sie sind für die einzelnen Abteilungen im Haftvollzug notwendig. Die personale Identität des Gefangenen erscheint nicht gefährdet, wenn sogar die Information über den Familienstand eines in der freien Gesellschaft lebenden Menschen nicht zu den persönlichen Daten der informationellen Selbstbestimmung zählt.[311]

---

[307] Im Volkszählungsurteil entwickelte der BVerfG diese Grundrechte (BVerfGE 65, 1). Die Streitigkeit, ob es ein eigenes Grundrecht oder nur die Konkretisierung des allg. Persönlichkeitsrechts ist, kann dahinstehen, da sich inhaltlich keine Unterschiede ergeben.

[308] BVerfGE 65, 1 (42).

[309] Beispielsweise ein Ausbruch.

[310] Z.B. für den Tagesablauf wegen der Essensvorbereitung oder den Werksdienst.

[311] Jarass in Jarass/Pieroth, Art. 2 RdNr. 33; BVerfGE 78, 38 (51).

Die Daten umfassen also keine geschützten persönlichen Informationen, so daß der Schutzbereich der informationellen Selbstbestimmung des Art. 2 I i.V.m. Art. 1 I GG durch das Niederschreiben nicht betroffen ist. Art. 33 IV GG ist folglich mit seinem Funktionsvorbehalt kein Hindernis, da kein grundrechtsrelevantes Verhalten vorliegt.

Selbst wenn man bei der Bestimmung des Schutzbereichs anderer Ansicht wäre, so ist doch die Erheblichkeit des Eingriffs wegen des geringen Informationsgehalts nicht gegeben. Man würde dann gleichfalls zu einer Tätigkeit kommen, die keine hoheitsrechtlichen Befugnisse im Sinne des Art. 33 IV GG darstellt.

3.) Anwendbarkeit der verschiedenen Privatisierungserscheinungen

Grundsätzlich sind alle drei Privatisierungserscheinungen anwendbar, da keine hoheitliche Aufgabe vorliegt.

Eine materielle Privatisierung ist aber abzulehnen. Die Berichterstattung steht in einem so engem Verhältnis zu der eigentlichen Aufgabe des Strafvollzugs, daß der Staat wegen der effektiven staatlichen Wahrnehmung diese Tätigkeit nicht in die alleinige Verantwortung Privater geben darf.

Bei einer funktionellen Privatisierung ist die Verwaltungshilfe eine angebrachte Lösung.[312] Während die Beleihung einer gesetzlichen Grundlage bedürfte, wäre die Integration von Verwaltungshelfern weitaus einfacher und schneller.

Eine formelle Privatisierung dieser Aufgabe ist gleichfalls möglich. In diesem Fall würde das zu gründende Rechtssubjekt als Verwaltungshelfer diese Aufgabe erledigen.

Festzuhalten gilt, daß die Verwaltungshilfe die kompetenteste Lösung bei der Privatisierung der Berichterstattung der Gefangenenzahlen darstellt.

---

[312] Vgl. Presseinformation 13/2000 des Hessischen Ministeriums der Justiz vom 2.2.2000, S. 4.

III. Beispiel: Beaufsichtigung der Gefangenen innerhalb der Anstalt

1.) Tätigkeitsbeschreibung der Beaufsichtigung der Gefangenen innerhalb der Anstalt

Neben dem Aufenthalt in den Haftzellen existiert eine Anzahl von Situationen, in denen die Gefangenen sich innerhalb der Anstalt bewegen und aufhalten. So dürfen sich die Insassen zu bestimmten Zeiten in den Unterkunftsbereichen, in ihrer Freistunde oder auch bei Sport- oder Freizeitveranstaltungen frei bewegen. Hier treffen und (ver)sammeln sich die Gefangenen in den räumlich vorgegeben Begrenzungen. Die Resozialisierung und der menschenwürdige Umgang fordern solche Zusammenkünfte. Wegen des sicheren und ordnungsgemäßen Ablaufs solcher Freiheiten bedürfen die Gefangenen hierbei einer ständigen und unmittelbaren Aufsicht.[313] Die folgende Untersuchung bezieht sich auf die Beaufsichtigung von mehreren – mindestens drei – Gefangenen, die zu den vorgegebenen Zeiten nicht in ihrer Zelle sind.

2.) Die Grundrechtsrelevanz der Beaufsichtigung der Gefangenen innerhalb der Anstalt

Die Beaufsichtigung der Gefangenen könnte eine Tätigkeit sein, die eine erhebliche Grundrechtsrelevanz aufweist. Möglicherweise ist die allgemeine Handlungsfreiheit des Art. 2 I GG betroffenen. Aber auch hier muß von rechtmäßigen, weil verhältnismäßigen, Einschränkungen durch das Strafvollzugsgesetz und die Hausordnung ausgegangen werden. Die Begründung hierfür ist, wie so häufig, die Sicherheit und Ordnung im Vollzug.

Fraglich ist daher, ob die Ausübung der Aufgabe ein erhebliches grundrechtsrelevantes Verhalten beinhaltet. Grundsätzlich müßte man davon ausgehen, daß das reine Beobachten nicht weiter in die Grundrechte der Gefangenen eingreift. Die Aufgabe wäre dann keine hoheitliche Tätigkeit. Deshalb ist zu fragen, warum eine Aufsicht erforderlich ist. Sollte bei diesen Ansammlungen nichts geschehen, was die Rechte anderer Gefangenen, Anwesenden oder die Sicherheit und Ordnung gefährdet, wäre die Beaufsichtigung nicht notwendig. Wegen der Sozialmängel, dem Zusammentreffen vieler schwieriger Personen und der gegenseitigen schlechten Beeinflussung, aber auch der zwangsweisen Unterbringung im Strafvollzug muß jedoch mit Situationen gerechnet werden, die ein präventives Vorgehen erfordern.[314] Beispielsweise müssen ausartende Meinungs-

---

[313] Siehe VV 1 zu § 141 StVollzG.
[314] Siehe auch Nr. 20 DSVollz; ähnlich Böhm in Schwind/Böhm, § 17 RdNr. 2.

streitigkeiten frühzeitig unterbrochen werden. Bei gewissen Ausgangslagen muß deshalb rasch reagiert werden. Gleichfalls muß repressiv gehandelt werden, wenn es zu Handgreiflichkeiten zwischen verschiedenen Gruppen kommt. Im Zweifel müssen diese gewaltsam unterbunden werden. Eine solche Situation fordert beispielsweise die Anwendung des unmittelbaren Zwangs gegen einen oder mehrere Gefangene.[315] Die verschiedenen Sachverhalte bedürfen verschiedener Handlungen. Grundsätzlich liegt also ein Ermessen vor, welches unterschiedlich schwer in die Grundrechte aus Art. 2 I GG oder auch Art. 2 II GG eingreifen kann.

Zusammenfassend weist die Tätigkeit bei einem störungsfreien Ablauf keine Grundrechtsrelevanz auf. Bei möglichen gewaltgeneigten Ausgangslagen erwartet man vom Aufsichtspersonal aber ein erhebliches grundrechtsrelevantes Verhalten. Es dürfte sich hierbei um Ausnahmen handeln, da die Gefangenen sicherlich alles vor den Augen der Aufseher unterlassen werden, was negative Konsequenzen für ihren Vollzugsalltag hat. Im Gesamtbild dürften also die grundrechtlich relevanten Handlungsweisen eine untergeordnete Rolle spielen, die aber im Zweifel sehr erheblich wären.

Die Aufgabe hat folglich einen gemischt hoheitlich-nichthoheitlichen Charakter.[316] Bei einer solchen Mischform kann das Regel-Ausnahme-Prinzip des Art. 33 IV GG anzuwenden sein und ist bei der anschließenden Prüfung der Anwendbarkeit der Privatisierungsformen zu beachten.

3.) Anwendbarkeit der verschiedenen Privatisierungserscheinungen

a) Materielle Privatisierung

Eine materielle Privatisierung scheidet wegen der Geneigtheit zu „hoheitsrechtlichen Befugnissen“ im Sinne des Art. 33 IV GG von vornherein aus. Hoheitliche Befugnisse sind zum Beispiel bei der Anwendung des unmittelbaren Zwangs notwendig.

---

[315] Unmittelbarer Zwang ist anwendbar, wenn der Zweck einer Maßnahme nicht auf andere Weise erreicht werden kann und dieser vorher angedroht worden ist.

[316] Ohne nähere Begründung, aber im Ergebnis gleich: Giefers-Wieland, S. 160.

b) Funktionelle Privatisierung

Das Problem der materiellen Privatisierung würde sich bei der funktionellen Privatisierung nicht ergeben, weil der Staat bei dieser Umsetzung ausreichend verantwortlich ist. Jedoch sind die verschiedenen Institute an unterschiedliche Vorgaben geknüpft und müssen daraufhin untersucht werden.

(aa) Anwendbarkeit der Verwaltungshilfe

Die alleinige Beaufsichtigung der Gefangenen durch Verwaltungshelfer erscheint nicht möglich.[317] Der Verwaltungshelfer erfüllt nicht nur eine technische, schlicht-hoheitliche Tätigkeit. Von ihm wird mehr verlangt, da das Auftreten von unvorhersehbaren Situationen wegen der Menschenansammlung ansteigt. Möglich wäre aber, einer entsprechenden Anzahl von Personen mit hoheitlichen Befugnissen eine angemessene Zahl von Verwaltungshelfern zur Seite zu stellen. Sie könnten unterstützend beobachten und notfalls unverzüglich einen Vollzugsbeamten mit allen hoheitlichen Befugnissen herbeirufen. Dieser wäre für die nötige Sachverhaltsaufklärung und die entsprechenden Maßnahmen zuständig. Einerseits könnten auf diese Art die Verwaltungshelfer effektiv kontrolliert und soweit wie nötig angewiesen werden. Andererseits wären nicht nur die Gefangenenrechte gewährleistet, sondern die für die Resozialisierung erforderlichen freien Stunden ausreichend sichergestellt. Die Sicherstellung der Freizeit ist für die Resozialisierung wichtig, da beispielsweise die Möglichkeit der körperlichen Bewegung die Psyche beruhigt und ein wenig von der Haftsituation ablenkt.[318] Gleichzeitig führt die genügende Gewährleistung der Freizeit zu einem vernünftigeren Umgang untereinander. Sobald die Anstalt aber nicht genügend staatliches Personal hat, kann sich die Freizeit zugunsten der Einschlußperiode verkürzen.[319] Durch den unterstützenden Einsatz von Verwaltungshelfern ist es möglich der Verkürzung der Freizeit entgegenzuwirken. Es könnte ausreichend Freizeit im Freien oder sportliche Betätigung gewährt werden. Die Quote der beteiligten Verwaltungshelfer und Hoheitsträger richtet sich dabei nach Gefangenenanzahl und Art der Zusammenkunft.[320] Sportveranstaltungen sind si-

---

[317] So aber das Hessische Ministerium der Justiz, vgl. Presseinformation 13/2000 des Hessischen Ministeriums der Justiz vom 2.2.2000, S. 4.

[318] Romkopf / Riekenbrauck in Schwind/Böhm, § 64 RdNr. 2ff.

[319] Böhm in Schwind/Böhm, § 17 RdNr. 6.

[320] Lange, DÖV 2001, 898 (904) ist gleichfalls der Ansicht, daß ein Beamter im Vollzug mehrere Verwaltungshelfer kontrollieren kann. A. A. Gramm, Schranken der Personalprivatisierung, VerwArch 90 (1999), 329 (340).

cherlich einfacher, weil übersichtlicher, zu beobachten als das freie Verkehren während der Freizeit in einer großen Abteilung.

(bb) Anwendbarkeit der Beleihung

Der gemischt hoheitlich-nichthoheitliche Charakter der Tätigkeit der Beaufsichtigung der Gefangenen läßt eine Beleihung ebenfalls zu. Der Beliehene wird mit der Wahrnehmung einzelner hoheitlicher Aufgaben betraut und darf somit staatliche Instrumentarien zur Durchsetzung ihrer Funktion nutzen.[321] Bei der Beaufsichtigung der Gefangenen wäre der Beliehene mit der Befugnis ausgestattet, möglichen Beeinträchtigungen des ordnungsgemäßen Umgangs frühzeitig entgegenzuwirken. So stünde ihm zum Beispiel die Befugnis zu, sich zweifelhafte oder verbotene Gegenstände aushändigen zu lassen. Insbesondere wegen der hoheitlichen Befugnisse bedarf die Beleihung neben dem Gesetzesvorbehalt[322] eines sachlichen Grundes[323] und einer Überprüfung der Verhältnismäßigkeit.

Ein sachlicher Grund für eine Beleihung kann die Finanzknappheit der öffentlichen Haushalte sein. Durch die Einbindung beliehener Privater bei der Beaufsichtigung könnten die geringeren Lohnkosten eine Entlastung für den Etat bedeuten.[324]

Für die eingesparten Personalkosten bei den Beamten könnte eine für den gleichen Kostenaufwand entsprechend größere Anzahl von privaten Aufsehern eingestellt werden. Die gestiegene Quantität von Aufsehern könnte dann für die Gewährleistung einer ausreichenden Dauer der täglichen Freizeit eingesetzt werden. Dadurch würde die Zufriedenheit der Insassen gesichert und gefördert.

Jedoch sollen fiskalische Erwägungen als sachlicher Grund nicht anerkannt werden.[325] Dieser Ansicht ist zu widersprechen. § 7 I, 2 BHO wie auch die entsprechenden landesgesetzlichen Normen, verpflichten die öffentliche Hand, nach den Grundsätzen der Sparsamkeit und Wirtschaftlichkeit zu prüfen, inwie-

[321] Siehe 2. Teil: C,II,1.
[322] Hinsichtlich der Streitigkeiten, ob § 155 I StVollzG eine ausreichende gesetzliche Grundlage bietet, siehe Burgi in: Privatisierung im Strafvollzug?, S. 13 und Bonk, JZ 2000, 435 (441).
[323] Maunz in Maunz/Dürig GG, Art. 33 RdNr. 42; Jachmann in v.Mangoldt/Klein/Starck, GG II, Art. 33 RdNr. 37.
[324] Lange, DÖV 2001, 898 (901).
[325] So Gusy in: Privatisierung im Strafvollzug?, S. 24 u. Kunig in v.Münch II, Art. 33 RdNr. 50 unter Bezugnahme auf Manssen, ZBR 1999, 253 (256), der wiederum Kunig (ebenda) zitiert.

weit staatliche Aufgaben durch Ausgliederung und Entstaatlichung oder Privatisierung erfüllt werden können.[326] Mittelbar wird diese Verpflichtung auch durch Art. 114 II GG[327] gestützt.[328] Die Beteiligung privater Dritter wegen des finanziellen Aspektes ist daher gerechtfertigt. Schließlich bleibt die Sicherstellungs- und Garantiefunktion des Staates für die Aufgabenerledigung bei Fehlverhalten oder Ausfall der Tätigkeit unberührt.[329]

Bei der Verhältnismäßigkeitsprüfung im engeren Sinn tritt wiederum das Kriterium der Grundrechtsrelevanz hervor. Im Rahmen der Untersuchung der Grundrechtsrelevanz hat sich gezeigt, daß grundrechtsrelevante Maßnahmen möglich sind, aber vermutlich eine Ausnahme bleiben. Allerdings reicht dem Beaufsichtigenden bei notwendigen präventiven oder repressiven Eingriffen die Befugnis zu Anweisungen nicht aus. Zum Beispiel muß er in eskalierenden Momenten unmittelbaren Zwang anwenden dürfen, um die gefährlichen Situationen zu unterbinden. Auch wenn der verbeamtete Wärter keine Schußwaffen bei sich trägt, ist es ihm dennoch gestattet, auf den Körper einzuwirken. Dies geschieht zum Beispiel durch Beinstellen, Boxen oder Festhalten.[330] Freilich sind diese Maßnahmen eine Beeinträchtigung der körperlichen Unversehrtheit (Art. 2 II GG). Die Befugnis für derartige Eingriffe ist aber für das Ziel der finanziellen Einsparung nicht mehr zu vertreten. Eine Beleihung ist nicht mehr verhältnismäßig, wenn sie unmittelbaren Zwang erlaubt.

Weiter könnten die sich aus einer einschreitungsbedürftigen Situation ergebenden Sanktionsmöglichkeiten eine erhebliche Grundrechtsrelevanz aufweisen. Sollte ein Gefangener während der Freizeit eine Verfehlung begehen, können Sanktionen gegen ihn verhängt werden. Diese Entscheidung ist jedoch Aufgabe der Vollzugsbehörde und nicht des Aufsichtspersonals. Die Aufsicht müßte nur bei der Sachverhaltsermittlung helfen. Diesbezüglich liegt also keine erhebliche Grundrechtsrelevanz vor.

Die Übertragung der Aufgabe der Beaufsichtigung der Gefangenen innerhalb der Anstalt ist also nicht mehr verhältnismäßig, wenn Maßnahmen des unmittelbaren Zwangs anzuwenden sind. Eine Beleihung könnte eine Unterstützung bis zur genannten Grenze sein, daher bedarf es auch bei der Beaufsichtigung durch Beliehene der Anwesenheit von Vollzugsbeamten.

---

[326] Bonk, JZ 2000, 435 (439).

[327] Art. 114 II GG: „Der Bundesrechnungshof,(...) prüft die Rechnung sowie die Wirtschaftlichkeit und Ordnungmäßigkeit der Haushalts- und Wirtschaftsführung."

[328] So auch Gramm, Privatisierung und notwendige Staatsaufgaben, S. 374.

[329] Bonk, JZ 2000, 435 (441).

[330] Brühl in in AK StVollzG § 95 RdNr. 2.

c) Formelle Privatisierung

Die formelle Privatisierung der Beaufsichtigungstätigkeit ist nach den obigen Ausführungen ebenfalls möglich. Eine privatrechtliche Gesellschaft könnte entweder als Verwaltungshelfer oder auch als Beliehene diese Tätigkeit im oben dargestellten Rahmen ausüben.

4.) Fazit zur Privatisierbarkeit der Beaufsichtigung der Gefangenen

Abgesehen von der materiellen Privatisierung sind die funktionelle und formelle Privatisierung bei der Tätigkeit der Beaufsichtigung der Gefangenen innerhalb des Gefängnisses anwendbar. Die Beaufsichtigung stellt eine gemischt hoheitlich-nichthoheitliche Aufgabe dar, die wegen ihres Charakters unter die Ausnahmeregelung des Art. 33 IV GG fällt.

Die Beleihung ist hier der Verwaltungshilfe vorzuziehen. Der Beliehene kann bei einer Gefährdung der Sicherheit und Ordnung hoheitlich tätig werden, während die Kompetenz des Verwaltungshelfers diese Befugnis nicht mehr umfaßt. Ein beliehener Aufseher könnte sich zum Beispiel fragwürdige Gegenstände zeigen und im Zweifel verbotene Objekte aushändigen lassen. Der Beliehene hat aber keine Ermächtigung zum Einsatz unmittelbaren Zwangs. Er könnte die Beaufsichtigung lediglich unterstützen. Im Gegensatz zu Verwaltungshelfern wäre der Beliehene aber selbst weisungsbefugt. Daraus ergibt sich der Vorteil, daß die Quote von beaufsichtigenden Beamten zu Beliehenen geringer sein könnte als beim Einsatz von Verwaltungshelfern.

Neben der Beauftragung privater Sicherheitsdienste als Beliehene könnte der Staat selbst eine zivilrechtliche Gesellschaft gründen und diese sodann beleihen.

IV. Beispiel: Begleitung der Gefangenen innerhalb der Anstalt

1.) Tätigkeitsbeschreibung der Begleitung der Gefangenen

Die Begleitung der Gefangenen von ihren Haft- zu den Besuchsräumen oder in andere Räume der Anstalt ist eine weitere personenbezogene Tätigkeit im Vollzug. Der Zweck der Begleitung liegt im Wesen einer geschlossenen Strafvollzugsanstalt. Innerhalb des Gefängnisses gibt es immer wieder verschlossene Türen und der Gefangene erhält aus nachvollziehbarem Grund keine Schlüssel zum Öffnen. Daher bedarf es einer Person, die das Öffnen und Schließen übernimmt. Hierdurch wird sichergestellt, daß der Insasse auch am vorgegebenen Zielort ankommt. Diese Aufgabe ist nicht identisch mit dem begleiteten Ausgang eines Gefangenen, der im Rahmen der Vollzugslockerungen möglich ist.

2.) Die Grundrechtsrelevanz der Gefangenenbegleitung

Das schlichte Begleiten eines Gefangenen innerhalb einer Anstalt berührt grundsätzlich keinen Schutzbereich eines Grundrechts über das im Vollzug ohnehin gegebene Maß hinaus. Die allgemeine Handlungsfreiheit des Art. 2 I GG oder die Unverletzlichkeit der Freiheit der Person des Art. 2 II, 1 GG i.V.m. Art. 104 I GG sind durch die Verurteilung zu einer Haftstrafe bereits eingeschränkt. Von einer Grundrechtsrelevanz oder gar einer erheblichen Grundrechtsrelevanz kann nicht ausgegangen werden. Die Aufgabe ist der Schließtätigkeit sehr ähnlich.[331] Auch hier kommt der Begleiter in der Regel nur mit ein oder zwei Gefangenen in Kontrakt. Lediglich in Ausnahmesituationen kann der Einsatz hoheitlicher Befugnisse nötig werden. In der Gesamtbetrachtung hat die Aufgabe einen gemischt hoheitlichen-nichthoheitlichen Charakter. Die möglicherweise auftretenden Ausnahmen schließen daher eine materielle Privatisierung aus. Eine funktionelle oder eine formelle Privatisierung ist dagegen möglich.

Eine Verwaltungshilfe ist wegen der Weisungsgebundenheit und des geringen Gewaltpotentials erlaubt. Es existiert nahezu kein Ermessensspielraum bei der Ausführung dieser Tätigkeit. Sollte sich aber ein Gefangener weigern, seinem Begleiter zu folgen, so könnte der Verwaltungshelfer den Erfolg zwar nicht mit Zwangsmaßnahmen herbeiführen, aber er könnte Personen mit derartigen Kompetenzen herbeirufen.[332] Auch ist zu überlegen, ob bereits bekannte Querulanten

---

[331] Siehe 4. Teil, B, I.
[332] Gusy in: Privatisierung im Strafvollzug?, S. 29f.

gar nicht erst von einem Verwaltungshelfer begleitet werden. Solche Gefangenen werden entweder weiterhin von Beamten oder Beliehenen begleitet.

Eine Beleihung ist jedenfalls möglich, da die Aufgabe überwiegend keine hoheitlichen Befugnisse erfordert. Der Einsatz hoheitlicher Befugnisse wäre aber verhältnismäßig, solange die Anwendung von unmittelbarem Zwang ausgeschlossen ist.

Letztlich ist aber eine Verwaltungshilfe wegen des überwiegend unterstützenden Charakters der Aufgabe die zu bevorzugende Privatisierung.[333]

V. Beispiel: Haftraumdurchsuchung

1.) Tätigkeitsbeschreibung der Haftraumdurchsuchung

Von der noch zu erörternden objektbezogenen Haftraumkontrolle unterscheidet sich die Durchsuchung des Haftraums und der persönlichen Gegenstände des Gefangenen. Diese ist für die Aufrechterhaltung der Sicherheit und Ordnung notwendig und sollte regelmäßig in kurzen Zeitabständen geschehen. Die Durchsuchung ist dabei so schonend wie möglich durchzuführen und zu beschlagnahmende Gegenstände sind mit der anderen Habe des Gefangenen zu verwahren.

Bei der Durchsuchung gilt es insbesondere, Gegenstände wie Reinigungsgeräte, Bett, Zellenschrank oder andere Möbelstücke auf doppelte Böden, Wände oder Hohlräume hin zu untersuchen. Gleiches gilt bei Schreibmaschinen, Lautsprechern und Hifi-Geräten, bei denen zusätzlich kontrolliert werden muß, ob mit diesen der Polizeifunk abgehört werden kann. Aber auch Kleinigkeiten wie Konservendosen, Leibriemen oder Kugelschreiber dürfen dabei nicht vergessen werden, da diese als Alkoholdepot, Geld- oder Drogenverstecke dienen können. Bei der Haftraumrevision werden daher auch Briefumschläge oder ähnliche private Gegenstände durchsucht, was manche Haftanstalten veranlaßt, die Gefangenen durch Anordnungen zu verpflichten, Briefe offen liegen zu lassen.[334]

Kurz zusammengefaßt ist die Haftraumrevision die systematische und vollständige Absuche einer Zelle nach verbotenen Gegenständen.

---

[333] Vgl. auch Presseinformation 13/2000 des Hessischen Ministerium der Justiz vom 2.2.2000, S. 4; so auch Gusy in: Privatisierung im Strafvollzug?, S. 29f.

[334] Kühling/Ullenbruch in Schwind/Böhm, § 84 RdNr. 4; Schwind in Schwind/Böhm, § 30 RdNr. 3.

2.) Die Grundrechtsrelevanz der Haftraumdurchsuchung

Der Schutzbereich des Art. 13 I GG ist nicht berührt. Eine Gefängniszelle wird nicht als Wohnraum qualifiziert, denn eine Wohnung dient allein der räumlichen Privatsphäre.[335] Ein Häftling ist aber nicht Besitzer oder gar Eigentümer seines Haftraums, weil dieser kein freiwillig gewählter Ort privater Lebensgestaltung ist; er darf diesen Raum lediglich nutzen.[336] Auf diesem Aspekt beruht deshalb keine Grundrechtsrelevanz.

Gleichwohl ist es unvermeidlich, daß die durchsuchenden Personen von persönlichen Gegenständen des Gefangenen Kenntnis erlangen. Eine umfassende Absuche nach verbotenen Gegenständen bedingt schließlich die Durchsicht persönlicher Unterlagen und Gegenstände. Daher könnte diese Tätigkeit eine Verletzung des Persönlichkeitsrechts aus Art. 2 I GG sein. Das Grundrecht gewährt „jedem einzelnen einen autonomen Bereich privater Lebensgestaltung, in dem er seine Individualität entwickeln und wahren kann".[337] Das allgemeine Persönlichkeitsrecht schirmt also einen geschützten Bereich der Privat- und Intimspähre vor Dritten ab, der sich nicht nur auf den häuslichen Bereich beschränkt.[338] Daher ist zu konstatieren, daß die Haftraumrevision den Schutzbereich von Art. 2 I GG berührt; eine Grundrechtsrelevanz liegt somit vor.

Fraglich ist jedoch, ob auch eine erhebliche Grundrechtsrelevanz vorliegt. Dies ist ebenso zu bejahen, da der Durchsuchende von intimsten Geheimnissen eines Gefangenen Kenntnis erlangen kann. Hierbei ist nicht nur das Aufspüren verbotener Gegenstände gemeint, sondern auch im Strafvollzug erlaubte persönliche Geheimnisse wie bestimmte sexuelle Neigungen und Phantasien. Dieses erlangte Wissen könnte wiederum in die Behandlung einfließen und, gravierender noch, sich auf Resozialisierungsmaßnahmen wie Vollzugslockerungen auswirken. Daher hat diese Kenntnis eine irreversible Langzeitwirkung für den Gefangenen. Es ist also im besonderen Interesse des Insassen, daß diese Aufgabe nur von Beamten ausgeführt wird. Dieses Wissen muß in der unmittelbaren Sphäre des Staates bleiben und erfordert einen angemessenen Umgang hiermit. Natürlich heißt dies nicht, Private könnten nicht sorgfältig mit persönlichen Informationen umgehen. Aufgrund der Gefängnissituation und der damit verbundenen Belastungen besteht jedoch ein gebrechliches Vertrauensverhältnis zwischen dem Gefangenen und der ihn einsperrenden staatlichen Gewalt. Eine Durchsu-

---

335 Papier in Maunz/Dürig GG, Art. 13 RdNr. 10; Jarass in Jarass/Pieroth, Art. 13 RdNr. 2; BVerfG, NJW 1996, 2643.

336 Küling/Ullenbruch in Schwind/Böhm, § 84 RdNr. 4; BVerfGE 65, 1 (40) unter Hinweis auf BVerfGE 32, 54 (72).

337 BVerfGE 79, 256 (268).

338 Jarass in Jarass/Pieroth, Art. 2 RdNr. 30; BVerfGE 101, 361 (383f.).

chung gefährdet zusätzlich das Vertrauensverhältnis. Das bei ihrer Durchführung zum Ausdruck kommende Mißtrauen dem Gefangenen gegenüber bedroht leicht die zur resozialisierenden Behandlung gewünschte entspannte Atomsphäre.[339] Ein nunmehr hinzukommender privater Dritter würde zusätzlich zwischen den Fronten stehen und könnte das Mißtrauen noch fördern.

Weiter ist fraglich, ob eine Haftraumdurchsuchung auch den Schutzbereich des Briefgeheimnisses gemäß Art. 10 I GG betrifft. Diese Frage kann aber dahinstehen, da die Durchsicht der Briefe, nicht die inhaltliche Kenntnisnahme, nur ein kleiner Aspekt bei einer Durchsuchung ist. Vielmehr scheint aufgrund der verschiedensten persönlichen Gegenstände in einer Zelle der Schutzbereich des Auffanggrundrechts von Art. 2 I GG einschlägiger zu sein.

Natürlich stellt nicht jede Handlung bei einer Durchsuchung eine grundrechtsverletzende Maßnahme dar, jedoch überwiegt der hoheitliche Anteil bei einer Haftraumdurchsuchung. Ferner können wegen der Kenntniserlangung persönlichster Informationen die möglichen Grundrechtsbeeinträchtigungen so intensiv sein, daß die Ausführung durch einen Beliehenen unverhältnismäßig wäre.

Die Tätigkeit hat daher eine erhebliche Grundrechtsrelevanz, so daß die Aufgabe eine hoheitliche Befugnis gemäß Art. 33 IV GG darstellt. Eine Privatisierung ist nach dem Vorgetragenen ausgeschlossen, die Haftraumdurchsuchung muß somit weiterhin von Beamten wahrgenommen werden.

VI. Beispiel: Durchsuchung der Gefangenen

1.) Tätigkeitsbeschreibung der Durchsuchung

Eine unumgängliche Tätigkeit für die Gewährleistung der Sicherheit und Ordnung im Vollzug ist die körperliche Durchsuchung. Diese Maßnahme soll beispielsweise das Einführen von Drogen oder Waffen unterbinden, wie auch das Schmuggeln verbotener Gegenstände innerhalb der Anstalt. Die Körperkontrolle unterscheidet sich dabei in eine Durchsuchung ohne und mit Entkleiden.

Eine Durchsuchung ohne Entkleiden ergeht als allgemeine Anordnung des Anstaltsleiters und findet regelmäßig, aber unvermutet häufig statt. Die Durchsuchung wird von anwesenden Wärtern ausgeführt. Konkret bedeutet eine derartige Körperkontrolle das Abtasten der Kleidung und Durchsuchung der in der Kleidung befindlichen Sachen oder die Kontrolle mittels elektronischer Gerä-

---

[339] Kühling/Ullenbruch in Schwind/Böhm, § 84 RdNr. 1.

te.[340] Auch das Nachsehen nach Gegenständen im Mundraum zählt noch zur Durchsuchung, allerdings darf der Untersuchende nicht mit der Hand in die Körperöffnung hineinfassen.

Im Gegensatz zur bekleideten Durchsuchung ist die Körperkontrolle mit Entkleiden nur auf Einzelanordnung des Anstaltsleiters hin oder bei Gefahr im Verzug durch jeden Bediensteten gestattet. Bei der Ausführung der entkleideten Durchsuchung fordert der Bedienstete den Gefangenen nach der Entkleidung auf, die Arme zu heben, sich zu bücken, den Mund zu öffnen, zu drehen, sich in die Ohren oder Nase blicken zu lassen, den Kopf zu senken und die Haare zu schütteln. Bei einem fortbestehenden Verdacht darf der Wärter auch die normalerweise durch Kleidung bedeckten intimen Körperhöhlen und -öffnungen kontrollieren.[341] Der Ausführende hat dabei wegen des Schamgefühls die Kontrolle im geschlossenen Raum ohne Anwesenheit anderer Gefangener oder andersgeschlechtlicher Bediensteter auszuführen. Aus dem gleichen Grund soll er es unterlassen, den Insassen zu berühren, keinesfalls darf er aber in das Körperinnere eingreifen.[342]

2.) Die Grundrechtsrelevanz der Gefangenendurchsuchung

Das allgemeine Persönlichkeitsrecht des Art. 2 I GG könnte durch die Durchsuchung der Gefangenen beeinträchtigt werden. Dieses Grundrecht ermöglicht dem Einzelnen, eine Sphäre der Intimität zu begründen und sie dem Zugriff und Einblick anderer zu entziehen. Der private Wirkungskreis umfaßt auch die Sexualsphäre und die Bestimmung über den eigenen Körper.[343] Bereits eine Durchsuchung ohne Entkleiden betrifft den Schutzbereich des Artikels, denn der Insasse muß sich von anderen Personen berühren und in seine Taschen greifen lassen. Der Schutzbereich ist dann erst recht bei einer entkleideten Kontrolle betroffen, da der ureigenste Privatbereich des Gefangenen einem Fremden öffentlich gemacht wird. Eine Grundrechtsrelevanz bei der körperlichen Durchsuchung ist also in beiden Fällen gegeben.

---

[340] Kühling/Ullenbruch in Schwind/Böhm, § 84 RdNr. 2.

[341] Brühl in AK StVollzG, § 84 RdNr. 8; OLG Karlsruhe, ZfStrVo 1983, 126; OLG Bremen ZfStrVo 1985, 55.

[342] Küling/Ullenbruch in Schwind/Böhm, § 84 RdNr. 7.

[343] Kunig in v.Münch I, Art. 2 RdNr. 33; Jarass in Jarass/Pieroth, Art. 2 RdNr. 36.

Ferner könnte aus dem Blickwinkel der Menschenwürde des Art. 1 I GG eine körperliche Durchsuchung kritisch zu beurteilen sein.[344] Jedoch kann die Menschenwürde nicht so sehr durch das Ob der Tätigkeit, als vielmehr durch die Art und Weise der Ausführung der Durchsuchung beeinträchtigt werden. Der Gefangenen darf bei dem Vorgang nicht zum bloßen Objekt werden. Bei der Durchsuchung ist der innere und soziale Wert- und Achtungsanspruch zu achten.[345] Die Würde ist daher nicht beeinträchtigt, wenn die Körperkontrolle so zurückhaltend wie möglich ausgeführt wird. Die Zurückhaltung gilt insbesondere für die entkleidete Durchsuchung.[346] Deshalb müssen die Vorgaben des geschlossenen Raums oder der Gleichgeschlechtlichkeit der Untersuchenden unbedingt eingehalten werden.[347]

Fraglich ist, ob die Grundrechtsrelevanz so erheblich ist, daß die Ausführung der Gefangenendurchsuchung ausschließlich durch Beamte erfolgen darf. Daher ist die Erheblichkeit der Maßnahme zu bestimmen.

Bei dieser Bestimmung muß auch die Religionsfreiheit des Art. 4 I, II GG beachtet werden. Ein Gefangener hat das Recht, aus religiös motivierten Gründen eine Entkleidung abzulehnen. Die Tätigkeit der Durchsuchung beeinträchtigt also in bestimmten Fällen zwei unterschiedliche Grundrechte. Der Ausführende muß mehrere Grundrechte beachten, weshalb von ihm ein ausgeprägtes Wissen um den Grundrechtsschutz verlangt wird. Der Durchsuchende muß also mitdenken und ist nicht nur ausführendes Organ. Diese Gründe sind ein Indiz für die Erheblichkeit der Grundrechtsrelevanz.

Daneben ist eine bekleidete Durchsuchung eine standardisierte Tätigkeit. Allerdings ergehen währenddessen auch Entscheidungen, ob oder wie intensiv die Durchsuchung erfolgen soll. Beispielsweise ist der Schritt zu einer entkleideten Untersuchung schnell möglich, sobald sich bei einer bekleideten Kontrolle Hin-

---

[344] Ob Art. 1 I GG ein eigenständiges Individualgrundrecht ist, vgl. Dreier in Dreier-GG I, Art. 1 I RdNr. 67ff; Kunig in v.Münch I, Art. 1 RdNr. 3 u. 49; Pieroth/Schlink, RdNr. 350f.; vgl. auch BVerfGE 12, 113 (123); 61, 126 (137).

[345] BVerfGE 72, 105 (115f.); Kannengießer in Schmidt-Bleibtreu/Klein, Art. 1 RdNr. 1; vgl. auch OLG Frankfurt, ZfStrVo (SH) 1977, 42.

[346] Zu den Empfindungen einer Durchsuchung schreibt Boock, S. 10f: „Würden Sie sich bitte entkleiden! Der Befehl ist in einer höflichen Floskel verpackt, der Mann, der ihn ausspricht, trägt eine grüne Uniform (...) Ich drehe ihnen den Rücken zu und beginne mich langsam auszuziehen. Vor mir steht keiner, dieses kleine Eckchen Intimität habe ich mir vorläufig bewahrt. Ich will mir nichts anmerken lassen, ruhig ziehe ich die Hose und das Hemd aus, lege alles sorgfältig zusammen und staple es vor mir auf dem Tisch. Bei der Unterhose zögere ich, einen Sekundenbruchteil nur. (...) Das alles geht so schnell, (...) noch bevor der aufkommende Ekel Abwehr hervorruft. (...)".

[347] Ausführlich dazu Strohmayr, S. 75ff.

weise für eine Gefahr ergeben sollten.[348] Allein diese Entscheidung beruht auf einer weiten und zum Teil schwierigen Ermessensausübung. Diese verlangt einen dem Staat sehr nahestehenden Entscheidungsträger. Sein Handeln geht über eine standardisierte Durchsuchung (erst recht mittels elektronischer Geräte) hinaus und betrifft damit das Grundrecht aus Art. 2 I GG erheblich.

Weiterhin könnte eine körperliche Durchsuchung den grundrechtlichen Anspruch auf Resozialisierung (Art. 2 I GG i.V.m. Art. 1 I GG) beeinträchtigen. Letztlich zählt zu einer erfolgreichen Behandlung des Gefangenen auch, das Verhältnis zwischen dem Gefangenen und dem Personal des Gefängnisses vertrauensvoll zu gestalten. Allerdings gestaltet sich dieser Versuch als sehr schwierig und wird durch eine körperliche Durchsuchung weiter beeinträchtigt. Dementsprechend kann ein betroffener Gefangener, ob nun angezogen oder nicht, peinlich berührt sein, wenn er der Durchsuchung durch einen Beamten taten- und schutzlos ausgeliefert ist. Das angestrebte Vertrauensverhältnis wird somit abermals gestört. Sollten nunmehr Private die Durchsuchung ausführen, werden die Gefangenen sie eventuell nicht als autorisiertes Personal akzeptieren. Durch die fehlende Akzeptanz könnte die peinliche Betroffenheit während des taten- und schutzlosen Moments der Durchsuchung verstärkt und das zerbrechliche Vertrauensverhältnis zusätzlich geschädigt werden. Der Staat muß aber negative Einflüsse auf das Vertrauensverhältnis so gering wie möglich halten, um nicht gegen den Resozialisierungsanspruch des Gefangenen zu verstoßen. Daher weist die Tätigkeit aus der Sicht der Resozialisierung eine erhebliche Grundrechtsrelevanz auf.

Festzustellen bleibt, daß entkleidete wie auch bekleidete Durchsuchungen eine erhebliche grundrechtsrelevante Maßnahme im Bereich des Art. 2 I GG darstellen. Insgesamt tragen hierzu der weite Ermessensspielraum und das problematische Vertrauensverhältnis bei. Zwar wäre eine bekleidete Durchsuchung durch einen Beliehenen erlaubt, aber wegen einer möglicherweise schnell zu entscheidenden entkleideten Kontrolle sind die beiden Durchsuchungen rechtlich nicht zu trennen. Es handelt sich somit um „hoheitsrechtliche Befugnisse“ im Sinne des Art. 33 IV GG, die wegen ihrer Art in der unmittelbaren Ausführung beim Staat bleiben müssen. Eine Privatisierung dieser Aufgaben ist daher ausgeschlossen.

---

[348] § 84 II StVollzG fordert „Gefahr im Verzuge“, die anzunehmen ist, wenn durch die Einschaltung des Anstaltsleiters der Durchsuchungszweck höchstwahrscheinlich nicht mehr erreicht werden könnte. Brühl in AK StVollzG, § 84 RdNr. 6.

VII. Beispiel: Anordnung und Durchführung erkennungsdienstlicher Maßnahmen

1.) Tätigkeitsbeschreibung der erkennungsdienstlichen Maßnahmen

Für die Sicherung des Vollzugs der Freiheitsstrafe ist die Durchführung erkennungsdienstlicher Maßnahmen in der JVA zulässig (vgl. § 86 StVollzG). Diese Maßnahmen dienen vor allem dazu, die Fahndung und Wiederergreifung flüchtiger Gefangener zu erleichtern.[349]

Bei den erkennungsdienstlichen Maßnahmen wird ein Gefangener äußerlich beschrieben. Hierzu zählen die Aufnahme von Lichtbildern, die Feststellung von äußerlichen körperlichen Merkmalen, Fingerabdrücke oder auch Messungen.[350] Den Schwerpunkt stellt vor allem das Personenlichtbild dar, wobei gewöhnlich drei verschiedene Ansichten vom Kopf fotografiert werden.[351] Besondere Körpermerkmale, auch Tätowierungen, können durch Beschreibung, Fotografie und Maßangaben festgehalten werden. Zu dieser Tätigkeit zählen nicht die Maßnahmen einer körperlichen Untersuchung, wie einer Blutentnahme. Von der Abnahme der Fingerabdrücke wird in der Praxis abgesehen. Dies wird als diskriminierend und nicht sinnvoll erachtet und findet auch keine Erwähnung in der Vollzugsgeschäftsordnung.[352] Die zu ermittelnden Daten und Beschreibungen werden durch einen Vordruck vorgegeben und sind in diesen einzutragen.[353] In der Regel überträgt der Anstaltsleiter die Aufgabe einem geeigneten Bediensteten. Der Zweck der Anordnung besteht in der Sicherung des Vollzugs, also der Sicherung vor Flucht, Erleichterung der Fahndung und Wiederergreifung flüchtiger Gefangener.[354] Die Anordnung kann jedem Insassen gegenüber ergehen, solange einer der genannten Gründe konkret vorliegt.

2.) Die Grundrechtsrelevanz der erkennungsdienstlichen Maßnahmen

Die Anordnung erkennungsdienstlicher Maßnahmen könnte das allgemeine Persönlichkeitsrecht aus Art. 2 I GG i.V.m. Art. 1 I GG beeinträchtigen. Durch die Anordnung erkennungsdienstlicher Maßnahmen erlangt die Vollzugsbehörde Kenntnis von persönlichen Körpermerkmalen und Eigenschaften und leitet diese Informationen an die Vollstreckungs- und Strafverfolgungsbehörden weiter. Der

---

[349] Kühling/Ullenbruch in Schwind/Böhm, § 86 RdNr. 2.
[350] So zumindest die Aufzählung des § 86 I StVollzG.
[351] Leineweber, S. 26.
[352] Kühling/Ullenbruch in Schwind/Böhm, § 86 RdNr. 2.
[353] VGO Nr. 23.
[354] Brühl in AK StVollzG, § 86 RdNr. 2.

Schutzbereich des Grundrechts auf informationelle Selbstbestimmung ist betroffen. Allerdings ist der Eingriff gerechtfertigt, wenn der Zweck, die Sicherung des Vollzugs, gefährdet erscheint. In diesem Fall muß der Gefangene die Beschreibung seiner Person hinnehmen. Die Anordnung, erkennungsdienstliche Maßnahmen auszuführen, ergeht dabei auf Grund des auslegungsbedürftigen Begriffs der „Sicherung des Vollzugs". Hierzu zählt zum Beispiel die Fluchtgefahr. Der anordnenden Person steht also ein Beurteilungs- und Ermessensspielraum zu. Dieser Spielraum ermöglicht dem Entscheidungsträger, das Grundrecht der informationellen Selbstbestimmung des Gefangenen intensiv zu beschneiden. Deshalb hat die Befugnis zur Anordnung der Durchführung einer erkennungsdienstlichen Maßnahme eine erhebliche Grundrechtsrelevanz. Die Anordnung ist somit nur einem Beamten zuzugestehen.

Neben der Anordnung ist auch noch die Ausführung der Maßnahme im Kontext des Art. 2 I GG i.V.m. Art. 1 I GG zu erörtern. Es ist daher fraglich, wer eine solche Tätigkeit ausüben darf. Schließlich ist der Schutzbereich des allgemeinen Persönlichkeitsrechts auch bei der Ausübung betroffen. Es ist daher zu prüfen, ob die Ausführung der erkennungsdienstlichen Maßnahmen eine erhebliche Grundrechtsrelevanz beinhaltet und daher nur von Beamten ausgeführt werden darf.

Die grundrechtlich geschützte Körperintegrität ist bei einigen Aufgaben der erkennungsdienstlichen Maßnahmen erheblich betroffen. So ist zwar die Fotografie des Kopfs keine Grundrechtsverletzung, jedoch gilt dies nicht mehr für das Fotografieren von üblicherweise bedeckten Körpermerkmalen wie auffallende Narben oder Tätowierungen. Dies verletzt die Körperintegrität, da ein unmittelbarer Sichtkontakt stattfindet. Desweiteren hat der Insasse sich beschreiben zu lassen, damit im Falle eines Ausbruchs eine Wiedererkennung möglich ist. Auch hier liegt eine Kenntnisnahme und Verwertung der Privat- oder Intimsphäre gegen den Willen des Gefangenen vor.

Neben diesen erheblichen Beeinträchtigungen bestehen auch weniger erhebliche Tätigkeiten bei den erkennungsdienstlichen Maßnahmen, wie die Gesichtsfotografie oder das Messen. Das Aufgabenspektrum ist daher ein gemischt hoheitlich-nichthoheitliches, bei dem aber die hoheitlichen Aufgaben insgesamt überwiegen. Ein staatlicher Bediensteter ist aber nicht unbedingt notwendig. Eine Ausnahme zu Art. 33 IV GG ist erlaubt. Eine Verwaltungshilfe ist allerdings wegen der hoheitlichen Aufgaben auszuschließen, eine Beleihung wäre möglich, da sie verhältnismäßig ist.

Insgesamt hat die Ausführung der erkennungsdienstlichen Maßnahmen einen gemischt hoheitlich-nichthoheitlichen Charakter. Die materielle Privatisierung ist daher nicht und eine funktionelle Privatisierung nur in Gestalt der Beleihung möglich. Ein Institut der formellen Privatisierung, das beliehen werden müßte, ist gleichfalls denkbar.

VIII. Beispiel: Pfortendienst

1.) Tätigkeitsbeschreibung des Pfortendienstes

Eine weitere Tätigkeit im Gefängnis ist der Pfortendienst. Er ist die Schnittstelle zwischen dem Gefängnis, der Freiheit, dem Gefangenen und der freien Gesellschaft.

Am Gefängnistor müssen alle Personen außer den Bediensteten den Zweck ihres Einlaßbegehrens angeben, sich ausweisen und die Taschen kontrollieren lassen. Die Bediensteten am Tor haben zudem den Fahrzeugverkehr zu überprüfen, die Umgebung der Pforte zu beobachten und die Besucher- und Pfortenbücher zu führen.[355]

Wegen der Sicherheit und Ordnung der Anstalt entscheidet der Pfortendienst über den Ein- und Auslaß sowie die Mitnahme von Gegenständen im konkreten Einzelfall. Gefangene, die die JVA im Rahmen von Vollzugslockerungen und Urlaub verlassen, sind zu kontrollieren, damit sie nicht unerlaubte Botengänge für andere Inhaftierte tätigen. Selbstverständlich werden ebenso die heimkehrenden Gefangenen kontrolliert.

2.) Grundrechtsrelevanz des Pfortendienstes

Die Tätigkeiten des Pfortendienstes betreffen weniger direkt die Rechte der Gefangenen als vielmehr die ihrer Gäste. Wegen des Grundsatzes der Resozialisierung ist aber der Besuch für einen Gefangenen von herausragender Bedeutung. Durch die Aufgaben und Entscheidungen an der Pforte können somit mittelbar die Rechte eines Insassen betroffen sein.

Die Aufgaben der Beobachtung der Umgebung und der Buchführung im Rahmen des Pfortendienstes sind keine grundrechtsrelevanten Tätigkeiten. Allerdings lassen sich diese nicht von den anderen Aufgaben beim Pfortendienst trennen und müssen somit in die Beurteilung der Privatisierungsfähigkeit des gesamten Pfortendienstes einbezogen werden.

---

[355] Siehe auch Nr. 16 I DSVollzO. In das Pfortenbuch werden Name und Anschrift der Person sowie die Dauer des Aufenthaltes in der Anstalt eingetragen

Kritischer sind die Gefangenenkontrolle und die Entscheidung über das Einführen von Gegenständen zu beurteilen. Die Tätigkeiten könnten zum einen das Grundrecht der allgemeinen Handlungsfreiheit und zum anderen das allgemeine Persönlichkeitsrecht aus Art. 2 I GG beeinträchtigen.

Bei der Kontrolle der Gefangenen ist auf die Ausführungen zur bekleideten Durchsuchung des Gefangenen im Zusammenhang mit dem allgemeinen Persönlichkeitsrecht zu verweisen.[356] Hierbei kam die Begutachtung zu dem Ergebnis, daß eine bekleidete Durchsuchung durch einen Beliehenen ausgeführt werden kann. Eine entkleidete Personenkontrolle muß aber weiter von staatlichen Bediensteten vollzogen werden.

Die Entscheidung über das Einführen von Gegenständen berührt den Schutzbereich der Handlungsfreiheit. Hierbei wird dem Entscheidungsträger ein Ermessen zugestanden, das erheblich ist. Somit stellt die Ausführung eine hoheitliche Befugnis gemäß Art. 33 IV GG dar. Trotzdem ließe sich eine Beleihung allein für diese Aufgabe rechtfertigen. Der Eingriff in die Handlungsfreiheit verbietet nur die Einfuhr und bedeutet keine Beschlagnahmung oder kommt einer sonstigen dauerhaften Entziehung gleich.

Die Entscheidung über den Einlaß von Besuchern weist gleichfalls eine erhebliche Grundrechtsrelevanz auf. Der eingeräumte Ermessensspielraum über den Zutritt kann nicht nur den Besucher in der Ausübung seiner Grundrechte beeinträchtigen, sondern gleichzeitig auch den Schutz der Ehe und Familie aus Art. 6 GG oder das Recht auf rechtliche Vertretung des Gefangenen berühren. Schließlich hat ein Gefangener das Recht, seine Familie regelmäßig zu sehen, andernfalls könnte eine Entfremdung eintreten. Eine Zutrittsverweigerung wirkt sich dann negativ auf das Behandlungsziel der Resozialisierung aus und hat irreversible Langzeitwirkungen. Diese Tätigkeit ist also eine hoheitliche Befugnis gemäß Art. 33 IV GG und muß demnach grundsätzlich von unmittelbaren Staatsbediensteten ausgeführt werden. Eine Ausnahme durch Beleihung ist jedoch möglich. Einerseits ist zwar eine Grundrechtsrelevanz vorstellbar, wäre aber die Ausnahme bei der Einlaßgewährung. Generell ist von einer Einlaßverweigerung für Familienmitglieder oder Rechtsanwälte, die eine Besuchserlaubnis haben oder sich entsprechend ausweisen können, nicht auszugehen. Eine Ausnahme von der Einlaßgewährung liegt zum Beispiel vor, wenn der Besucher eine Gefahr für den Vollzug darstellt. Dem Pfortendienst wird aus Gründen der Sicherheit eine entsprechende Gefahreinschätzung zugestanden. Allerdings sind unangemeldete oder gefährliche Besucher selten. Bei unangemeldeten Besuchern ist auch davon auszugehen, daß der Gefangene davon nicht weiß. Eine

---

[356] Siehe 4. Teil B, VI.

Ablehnung des Gastes würde also die Grundrechte des Gefangenen nicht nachhaltig beeinträchtigen. Ferner wäre ein Beliehener jederzeit in der Lage, Rücksprache mit der Vollzugsleitung zu nehmen und somit in kritischen Situationen Anweisung zu erhalten.

Nicht eindeutig ist das Ergebnis der Ausweis-, Taschen-, Fahrzeug- oder Personenkontrolle. Diese Zugangskontrollen werden einerseits von den Betroffenen als belastend empfunden, da diese Maßnahmen einer Durchsuchung ähnlich sind.[357] Andererseits besteht weder die Verpflichtung, sich derartigen Überprüfungen zu unterziehen, noch hat die Vollzugsbehörde die Möglichkeit, diese mit Zwangsmitteln durchzusetzen. Vielmehr ergibt der fehlende Kooperationswille nur, daß der Einlaß verwehrt werden müßte. Ob diese freiwillige Duldung der Zugangskontrollen als Eingriff zu werten ist, kann daher nicht zweifelsfrei beantwortet werden.[358] Auf Grund dieser Zweifel ist dann aber die Möglichkeit einer Beleihung eine aussichtsreiche Lösung für den Konflikt.

Der Pfortendienst umfaßt unterschiedliche Aufgaben. Ohne Grundrechtsrelevanz sind hierbei die Tätigkeiten der Beobachtung der Pfortenumgebung und das Führen des Pfortenbuchs. Allerdings sind die anderen Aufgaben im Bereich der Pforte grundrechtsrelevant und fallen in den Anwendungsbereich des Art. 33 IV GG. Eine Beleihung ist aber bei jeder einzelnen Tätigkeit denkbar. Die Grundrechtsrelevanz ist nicht so erheblich, daß die Aufgaben zwingend von Beamten ausgeübt werden müßten. Eine formelle Privatisierung, bei der das privatrechtliche Gebilde beliehen wird, ist gleichfalls vorstellbar. Im Umkehrschluß scheidet dann eine materielle Privatisierung wegen der zum Teil hoheitlichen Tätigkeiten aus. Aus den gleichen Gründen ist eine funktionelle Entstaatlichung in Gestalt der Verwaltungshilfe nicht möglich.

IX. Beispiel: Turm- und Sicherheitsdienst mit Waffe

1.) Tätigkeitsbeschreibung des Turm- und Sicherheitsdienstes mit Waffe

Zu den Tätigkeiten im räumlichen Bereich der Pforte zählt ebenfalls der Turmdienst mit Waffe. Dies gilt zwar nicht für den Sicherheitsdienst mit Waffe, allerdings ist der mögliche Waffeneinsatz eine verbindende Komponente zu dem

---

357 Dieser Ansicht ist Gusy in: Privatisierung im Strafvollzug?, S. 30.

358 Bericht der Arbeitsgruppe „Modellprojekte zur Privatisierung im Strafvollzug“ Wiesbaden 1999 (unveröffentlich), S. 40; Gusy in: Privatisierung im Strafvollzug?, S. 30 sieht in dieser Tätigkeit einen Eingriff, da dies einer Durchsuchung gleichzusetzen ist.

Turmdienst mit Waffe. Diese Aufgaben grenzen sich deswegen von anderen Aufgaben ab, da innerhalb der Anstalt grundsätzlich keine Waffen getragen werden dürfen; das Risiko wäre zu hoch.

2.) Die Grundrechtsrelevanz bei Tätigkeiten mit Waffe

Die Tätigkeit der Aufsicht des Gefängnisses vom Turm aus stellt per se keine grundrechtsrelevante Aufgabe dar. Allerdings liegt das Spezifikum in der Ausübung mit der Schußwaffe. Mit der Waffe sollen mögliche Angriffe auf das Gefängnis, wie auch Ausbruchsversuche oder Meutereien, vereitelt werden. Somit kann durch den Gebrauch der Waffe – natürlich nur als ultima ratio – eine schwerwiegende Verletzung des Art. 2 II GG, der körperlichen Unversehrtheit, herbeigeführt werden; von einer gezielten Tötung soll hierbei nicht einmal ausgegangen werden. Der Einsatz kann also zu irreversiblen Grundrechtsbeeinträchtigungen führen, weshalb die Tätigkeit nicht nur im Lichte von Art. 33 IV GG eine hoheitliche Befugnis darstellt.

Im Kontext von Art. 33 IV GG ist sodann die Frage nach einer möglichen Beleihung einer privaten Person zu stellen. Wie schon in vorangegangenen Prüfungen ist die Rechtfertigung für eine Beleihung mit hoheitlichen Aufgaben anhand der Grundrechtsrelevanz der Tätigkeit zu entscheiden. Es kommt mit anderen Worten auf die potentielle Eingriffsintensität der beliehenen Befugnisse an. Unzweifelhaft ist die mögliche Grundrechtsrelevanz weitaus erheblicher als beispielsweise die entkleidete Durchsuchung. Je intensiver der übertragene potentielle Eingriff die Rechte einer Person verletzen kann, desto weniger dürfen Personen, die keine Beamten sind, hierfür herangezogen werden. Bei einem solch erheblichen Eingriff läßt auch das Regel-Ausnahme-Prinzip keine Übertragung von so weitreichenden Befugnissen auf privates Personal zu.[359]

Die angestellten Überlegungen lassen sich auch auf die vom Anstaltsleiter bestimmten Bediensteten übertragen, denen gleichfalls der Einsatz von Schußwaffen zugestanden wird – dem Sicherheitsdienst. Wobei auch hier nochmals angemerkt sei, daß die dazu bestimmten Bediensteten üblicherweise keine Waffen in der Anstalt mit sich tragen.

Zusammenfassend ist also der Turmdienst mit Waffe, wie auch jeder andere Sicherheitsdienst mit Schußwaffe, in keiner Weise privatisierbar.

---

[359] Gramm, Schranken der Personalprivatisierung, VerwArch 90 (1999), 329 (356); Wegen der Intensität auch Ronellenfitsch, DAR 1997, 147 (150).

X. Beispiel: Überwachung von Außenkontakten

Die Bandbreite der Bewachung und Kontrolle umfaßt auch die Kontakte zwischen dem Inhaftierten und der Außenwelt. Die Überwachung der Interaktion resultiert aus dem Zielkonflikt zwischen der Resozialisierung und der Sicherheit und Ordnung in einer Anstalt. Für den Gefangenen sind Außenkontakte von grundlegender Bedeutung, da diese „der Isolation des Gefangenen und den damit verbundenen Gefahren für Realitätssinn, Kommunikation und mitmenschliche Kontakte entgegenwirken und zugleich zum Aufbau neuer Beziehungen beitragen" sollen.[360] Die Lösung des Problems ist ein Kompromiß. Dem Inhaftierten werden Kontakte garantiert und gleichzeitig ist die Vollzugsanstalt ermächtigt, störende Informationen unter bestimmten Voraussetzungen zurückzuhalten.[361] Die Überwachung der Außenkontakte umfaßt konkret die Kontrolle der Besuche, des Briefverkehrs, der Pakete, der Telefonate sowie die Entscheidung über den persönlichen Umgang außerhalb des Gefängnisses.

1.) Tätigkeitsbeschreibung der Überwachung von Außenkontakten

Der erwähnte Zielkonflikt tritt bei der Prüfung des Besuchsrechts[362] deutlich in Erscheinung. So kann die Vollzugsbehörde aus Gründen der Sicherheit und Ordnung von vornherein einen Besucher - sogar den eines Angehörigen - ablehnen. Weiter kann eine Zusammenkunft verweigert werden, wenn der Gast eine Durchsuchung seiner Person ablehnt. Selbst während eines Besuchs kann ein Abbruch nach vorheriger Abmahnung erfolgen, wenn es zu gravierenden Verstößen gegen die Besucherordnung kommt.

Im Falle eines Besuchs soll grundsätzlich keine Überwachung erfolgen. Zum einem sollen die Vollzugsbehörden nicht mit mehr Überwachungsaufgaben belastet werden als notwendig, zum anderen sollen auch der Gefangene und sein Besucher vor zu weitgehenden Eingriffen geschützt werden.[363] Diese Ausgangslage eröffnet aber die Möglichkeit des Einschmuggelns verbotener Gegenstände. Infolgedessen wird der JVA zur Aufrechterhaltung der Sicherheit und Ordnung das Mittel der optischen und/oder akustischen Überwachung eingeräumt. In der Praxis ist regelmäßig von einer optischen Überwachung auszugehen. Offensichtlich ist die Gesprächskontrolle im Unterschied zur optischen Überwachung die intensivere, da es das gezielte und systematische Ausforschen

---

[360] Kaiser/Schöch § 7 RdNr. 97.
[361] Bt-Drucks. 7/918, S. 57.
[362] Von der Prüfung sind ausgenommen die Besuche vom Rechtsanwalt und Anstaltsbeirat.
[363] Bt-Drucks. 7/918, S. 59.

ermöglicht.[364] Daher darf eine akustische Kontrolle erst bei einer beweisbaren Gefährdung der Sicherheit erfolgen.[365]

Eine Überwachung ist auch wegen des Behandlungsziels der Resozialisierung gestattet. Auf diese Weise können Informationen über die Persönlichkeit des Gefangenen oder seiner Verhältnisse in Erfahrung gebracht werden. Die Anstalt wird dadurch in die Lage versetzt, rechtzeitig förderliche Maßnahmen zu treffen.[366]

Im Sachzusammenhang mit der Besuchsüberwachung steht die Begleitung der Besucher in die entsprechenden Anstaltsbereiche und zurück an die Pforte.

Neben den Besuchen ist der Briefverkehr für die Kontaktpflege von herausragender Bedeutung für die Resozialisierung. Diese Form des Gedankenaustauschs kann häufiger genutzt werden als der zeitlich reglementierte Besuch.[367] Der Briefverkehr erfüllt die Forderung nach möglicher Anpassung an die allgemeinen Lebensverhältnisse und unterliegt deshalb auch grundsätzlich dem allgemeinen Briefgeheimnis. Allerdings kann auf diese Weise der Kontakt mit der Außenwelt zur Fluchtvorbereitung, zu kriminellen Aktionen oder Drogenschmuggel genutzt werden. Um dies zu unterbinden, bedarf es unter bestimmten Voraussetzungen einer Einschränkung des Briefgeheimnisses. Insoweit ist die JVA befugt, den Briefverkehr durch Text- und Sichtkontrollen zu überwachen und den Austausch von Schreiben und Briefen mit bestimmten Personen anzuhalten oder auszuschließen. Die Textkontrolle wird vom Leiter angeordnet und wie die Sichtkontrolle delegiert. Sollten sich durch die Kontrolle keine Risiken für die Anstaltssicherheit ergeben, wird der Brief unmittelbar an den Gefangenen weitergegeben.

Ähnlich der Briefkontrolle ist die des Paketes. Die Regelungen für den Empfang eines Paketes sind restriktiver als der eines Briefes, aber die Begründung der Kontrolle ist die gleiche.[368]

Eine weitere direkte Form des Gedankenaustauschs findet auch bei möglichen Telefongesprächen statt; wie beim Briefverkehr und den Besuchen kommt der

---

[364] OLG Koblenz ZfStrVo 1993, 244.
[365] Schwind in Schwind/Böhm § 27 RdNr. 8.
[366] Bt-Drucks. 7/918, S. 59.
[367] Hoffmeyer, S. 213f.
[368] Nach § 33 StVollzG darf der Gefangene grundsätzlich dreimal jährlich ein Paket mit Nahrungs- und Genußmitteln (kein Alkohol oder Drogen) empfangen.

Anstalt die Möglichkeit der Intervention zu, so daß Telefonate wegen der Sicherheit und Ordnung im Gefängnis abgehört werden dürfen.[369]

2.) Die Grundrechtsrelevanz bei der Überwachung von Außenkontakten

Der Besuchs-, Brief- oder Telefonkontakt haben den intimen Gedankenaustausch als gemeinsames Merkmal, was eine gemeinsame Begutachtung ermöglicht. Diese Kontaktmöglichkeiten werden zum Teil vom gleichen Grundrecht geschützt. Der Besuchs-, Brief- und Telefonkontakt und deren Überwachung fallen in den Anwendungsbereich des bereits mehrfach bestimmten allgemeinen Persönlichkeitsrechts aus Art. 2 I GG i.V.m. Art. 1 I GG. Zusätzlich wird der Brief- und Telefonkontakt des Gefangenen durch das speziellere Grundrecht des Brief-, Post- und Fernmeldegeheimnisses aus Art. 10 I GG geschützt.

Art. 10 I GG schützt die räumlich distanzierte Kommunikation vor fremdem Mitlesen oder Mithören, vor der Anordnung zu fremdem Mitlesen oder -hören sowie der Ermöglichung fremden Mitlesens oder Mithörens.[370] Konkret bedeutet das Briefgeheimnis den Schutz des vor den Augen der Öffentlichkeit verborgenen Austauschs von Nachrichten, Gedanken und Meinungen.[371] Das Briefgeheimnis schützt dabei aber nicht nur Brief, Postkarte, Telegramm oder Drucksache, sondern umfaßt auch das Paket. Es ist zwar keine notwendige Bedingung, daß die Sendung durch den Absender verschlossen wird, um sie vor der Kenntnisnahme Dritter zu schützen. Ist allerdings diese Bedingung gegeben, so kommt es auf den Inhalt nicht mehr an. Es genügt dann, daß sich in der Sendung unter anderem auch schriftlich fixierte Nachrichten, Gedanken oder Meinungen befinden. Allein diese Möglichkeit reicht aus, weil sich andernfalls erst durch Öffnen der Sendung feststellen ließe, ob diese den Schutz des Briefgeheimnisses genießt oder nicht.[372] Die Bestimmung des Schutzbereichs zeigt die Beeinträchtigung durch die Überwachung von Briefen oder Paketen im Gefängnis. Ebenfalls ist der Schutzbereich durch die Telefonüberwachung beeinträchtigt, da das Fernmeldegeheimnis die durch unkörperliche Signale transportierte räumlich distanzierte individuelle Kommunikation schützt.[373] Die Überwachung der Außenkontakte berührt somit die Schutzbereiche von Art. 2 I i.V.m. Art. 1 I GG und Art. 10 I GG der Gefangenen.

---

369 Gemeint sind nicht die Telefonate mit dem Verteidiger.
370 Löwer in v.Münch I, Art. 10 RdNr. 11.
371 BVerfGE 67, 157 (171).
372 Hermes in Dreier-GG I, Art. 10 RdNr. 31.
373 Löwer in v.Münch I, Art. 10 RdNr. 18.

Als nächstes ist die Erheblichkeit der Grundrechtsrelevanz bei der Ausübung der Überwachung der Außenkontakte zu untersuchen und danach zu fragen, ob diese Aufgabe nur ein Beamter oder ebenso ein Privater ausführen darf.

Beim Überwachen der Briefe oder Telefonate sowie der akustischen Besuchsüberwachung erlangt die kontrollierende Person Informationen über die Ansichten und Gefühle des Gefangenen und seines Kommunikationspartners. Dieses Mithören und -lesen berührt nicht nur den persönlichen Bereich, sondern öffnet einer den Kommunizierenden unbekannten Person einen höchstpersönlichen Raum.[374] Dies tangiert also nicht nur die besonderen Rechte des Gefangenen, sondern auch die des in Freiheit lebenden Partners. Die Vertraulichkeit des Gedankenaustausches ist offensichtlich nicht mehr gegeben. Die Verwaltung muß daher in höherem Maße sensibel mit dieser Situation umgehen. Bereits diese Gründe sprechen für eine Bestimmung der Überwachungsmaßnahmen als hoheitliche Befugnis gemäß Art. 33 IV GG.

Weiterhin können bei den Gefangenen Befürchtungen und Ängste entstehen, daß die erlangten Erkenntnisse zwischen den Kontrolleuren ausgetauscht und abwertend bis verächtlich diskutiert werden.[375] Sollte die Überwachung dann durch Private ausgeführt werden, so erscheint das Vertrauensverhältnis noch stärker gefährdet. Dieses Vertrauen ist aber absolut notwendig für eine erfolgreiche Resozialisierung, zudem hat der Gefangene einen Anspruch darauf (Art. 2 I GG i.V.m. Art. 1 GG).

Zusätzlich ist das Grundrecht aus Art. 6 I GG betroffen, wenn die Gespräche um familiäre Probleme gehen.[376] Diese grundrechtlichen Risiken sind bereits ein Indiz dafür, die Kontrolle der Außenkontakte als hoheitlich einzustufen.

Schwerwiegender für die Beurteilung der Tätigkeit als hoheitliche Aufgabe sind die möglichen Folgemaßnahmen, die sich aus der Überwachung ergeben können.

Vorab ist allerdings zu erläutern, welche Anforderungen an den Mitleser oder -hörer zu stellen sind. Erst wenn der Kontrollierende den Brief oder das Gespräch versteht, können die vollzugsrechtlichen korrekten Konsequenzen gezogen werden.[377] Die Person muß also ein entsprechendes Hintergrundwissen ha-

---

[374] Vgl. auch Hoffmeyer, S. 199.

[375] Joester/Wegner in AK StVollzG, § 29 RdNr. 7.

[376] Ausführlich zu den Problemen der ehelichen Kommunikation Hoffmeyer, S. 202ff. und S. 210.

[377] Müller-Dietz, Menschenwürde, S. 1 veranschaulicht diese Notwendigkeit an einem Beispiel.

ben, um die Tätigkeit auszuführen. Dies bedeutet ein erhöhtes Wissen über die Lebensumstände des Gefangenen und somit intime Kenntnisse über seine Persönlichkeit. Diese Anforderung greift sodann stärker in den Schutzbereich des allgemeinen Persönlichkeitsrechts und Briefgeheimnisses ein. Jedenfalls erheblicher, als wenn die Aufgabe durch einen wenig informierten Kontrolleur geschehen würde.

Das intensive Wissen über den Gefangenen muß der kontrollierende Mitleser oder -hörer jetzt beim Verstehen der Kommunikation anwenden. Schließlich können sich das Wissen, Verstehen und die Überwachung auf Vollzugsmaßnahmen auswirken.

Während der Kontrolle des Gespräches oder Briefes besitzt der Überwachende einen umfangreichen Beurteilungs-, Abwägungs- und Ermessensspielraum. Dieser Spielraum tritt insbesondere durch die Rechtsgrundlagen des StVollzG hervor, die die Kommunikation einschränken.[378] Diese Normen weisen ein relativ geringes Maß an Bestimmtheit auf und bedürfen eines hohen Maßes an verfassungsgeleiteter Konkretisierung.[379] Innerhalb dieser Spielräume kann der Überwachende in unmittelbare Konflikte zwischen der Meinungsfreiheit des Gefangenen und des Ehrenschutzes einer anderen Person geraten. Bei dem Mithören der Gespräche und dem Lesen der Briefe ist der Überwachende gehalten, nicht unangemessen zu reagieren, wenn er scharfe Kritik oder gar Beleidigungen erfährt. Er muß sich stets im Klaren darüber sein, daß private Kommunikation im Vollzug für die Resozialisierung notwendig ist.[380] Erst durch private Kommunikation werden „unter den Bedingungen besonderer Vertraulichkeit dem Einzelnen ein rückhaltloser Ausdruck seiner Emotionen, die Offenbarung geheimer Wünsche und Ängste, die freimütige Kundgabe des eigenen Urteils über Verhältnisse und Personen oder eine entlastende Selbstdarstellung möglich".[381] Daß dann scharfe Kritik oder Beleidigungen auftreten können, muß bei der verfassungsgeleiteten Abwägung beachtet werden. Beleidigungen beruhen zudem auf der unausgesprochenen Voraussetzung, daß kränkende Ansichten gegenüber dem Betroffenen oder Dritten geäußert werden und dort ihre herabsetzende Wirkung entfalten. Eine Entfaltung ist nicht gegeben, wenn die Äußerung in einer Sphäre fällt, die gegen die Wahrnehmung durch Betroffene oder Dritte gerade abgeschirmt ist.[382] Zusätzlich ist die Grenze zwischen persönlicher Ehre und

---

[378] Gemeint sind §§ 29 III und 31 StVollzG, sie umfassen Tatbestandsmerkmale wie „Sicherheit und Ordnung", „Behandlung", „Ziel des Vollzugs", „gefährden" oder „grob".

[379] Gusy, Verfassungsrechtliche Probleme der §§ 28 ff. StVollzG, S. 679f.; BVerfGE 7, 198 (208).

[380] Gusy, Verfassungsrechtliche Probleme der §§ 28 ff. StVollzG, S. 678.

[381] BVerfGE 90, 225 (260).

[382] BVerfGE 90, 225 (259f.).

grundrechtlich geschützter zulässiger (scharfer) Kritik schwer zu ziehen, da Kritik an Verhältnissen und Zuständen letztlich immer mit Personen verbunden ist.[383]

Sollte der Überwachende durch die Abwägung eine Entscheidung gegen die Freiheit der Meinungsäußerung getroffen und den Brief angehalten oder den Besuch abgebrochen haben, so offenbaren diese Folgen einen – hoffentlich gerechtfertigten – Grundrechtseingriff. Die gezogene Folgerung aus der Überwachung kann sich aber auf den weiteren Behandlungsablauf auswirken und zu irreversiblen Konsequenzen führen.[384] Eine solche Folge könnte die Einleitung eines Ermittlungsverfahren oder das Unterbleiben von Vollzugslockerungen sein.

Der aufgezeigte weite Beurteilungs-, Abwägungs- und Ermessensspielraum bei der Überwachung der Außenkontakte[385] zeigt, daß die Überwachung des Gedankenaustauschs und die möglichen Entscheidungen über das Ergreifen grundrechtsrelevanter Maßnahmen als hoheitliche Aufgaben im Sinne des Art. 33 IV GG einzuordnen sind.

Die optische Überwachung eines Besuchs stellt ebenfalls eine erhebliche grundrechtsrelevante Tätigkeit dar. Einerseits obliegt dem Kontrollierenden ein erhebliches Ermessen, wenn er während des Besuchs über die Übergabe von Gegenständen entscheiden oder den körperlichen Kontakt unterbinden muß.[386] Andererseits kann sich während eines Besuchs die unmittelbare Notwendigkeit einer Gesprächskontrolle ergeben, zum Beispiel bei einer sich entwickelnden familiären Auseinandersetzung.[387] Bei der Gesprächskontrolle sind dann die eben erläuterten Probleme zu beachten.

Die Besuchsbegleitung läßt sich mit dem Verweis auf die Gefangenenbegleitung erst recht als nicht hoheitliche Tätigkeit bestimmen. Schließlich erfüllt die Begleitung nur den Zweck, den Besucher sicher durch das Gefängnis zu führen und die Türen zu öffnen.

---

[383] Gusy, Verfassungsrechtliche Probleme der §§ 28 ff. StVollzG, S. 682.

[384] Calliess/Müller-Dietz, § 27 RdNr. 3; allerdings spricht er nicht von irreversiblen, sondern nur von Konsequenzen.

[385] Siehe für weitere Beispiele Gusy, Verfassungsrechtliche Probleme der §§ 28 ff. StVollzG, S. 673ff. und Hoffmeyer, S. 213ff.

[386] Calliess/Müller-Dietz, § 27 RdNr. 6f. So könnte das Risiko bestehen, bei einem Kuß Drogen zu übergeben.

[387] Schwind in Schwind/Böhm, § 27 RdNr. 8.

3.) Anwendbarkeit der verschiedenen Privatisierungsmodelle

Eine materielle Privatisierung der Kontrolle der Außenkontakte ist wegen der erheblichen Grundrechtsrelevanz ausgeschlossen. Gleiches gilt für die funktionelle Privatisierung in Gestalt der Verwaltungshilfe, jedoch nicht bei der Begleitung der Besucher innerhalb der Anstalt. Bei den übrigen Tätigkeiten kann eine funktionelle Privatisierung in Form der Beleihung nicht vorschnell ausgeschlossen werden. Das Regel-Ausnahme-Prinzip des Art. 33 IV GG gestattet eine Beleihung bei hoheitlichen Aufgaben. Diese Ausnahme muß sich im Rahmen der Verhältnismäßigkeit dahin begründen lassen, daß der Schwerpunkt der Tätigkeit keine erhebliche Grundrechtsrelevanz aufweist.

Die Beleihung eines Privaten mit der reinen Überwachung der Kommunikation läßt sich noch rechtfertigen, allerdings stehen mit der Kontrolle auch die Entscheidungen über die rechtlichen Konsequenzen in engem Zusammenhang. Wie ausführlich beschrieben, steht dem Kontrolleur ein erheblicher Abwägungs-, Beurteilungs- und Ermessensspielraum zu, der eine Reihe weiterer Grundrechte beeinträchtigen kann. Eine Beleihung würde eine weitere rechtliche Unsicherheit bedeuten. Der Beliehene muß dann nicht nur die ihm verliehenen Befugnisse auslegen, sondern auch unbestimmte Rechtsbegriffe des Veranlassungsaktes. Dieser Beurteilungsspielraum würde in einem solch grundrechtlich sensiblen Aufgabenbereich für den Betroffenen nicht mehr verantwortbar sein. Die beliehenen Entscheidungsträger wären zu weit vom Staat entfernt. Daher ist es notwendig, daß den rechtlich erlaubten Eingriff nur ein den Staat unmittelbar verkörpernder Bediensteter vornimmt. Der Schwerpunkt der Aufgabe ist die Ausübung eines Abwägungs-, Beurteilungs- und Ermessensspielraums mit erheblicher Grundrechtsrelevanz und läßt eine Beleihung nicht zu. Eine Beleihung läßt sich auch nicht mit dem Verweis auf die Privatisierung der Deutschen Flugsicherungs GmbH begründen. Zwar hören die Fluglotsen den Pilotenfunk mit und dürfen in den Flugverkehr durch Anweisungen eingreifen, allerdings sind dies keine privaten Gespräche oder staatlich verordnete Zwangssituationen.

Eine formelle Privatisierung ist nur soweit umzusetzen, wie eine Beleihung oder Verwaltungshilfe erlaubt wäre. Allerdings sind mit Ausnahme der Besuchsbegleitung die Aufgaben der Überwachung der Außenkontakte überwiegend hoheitliche Maßnahmen, was eine formelle Privatisierung nicht erlaubt.

XI. Beispiel: Anordnung besonderer Sicherungsmaßnahmen, unmittelbarer Zwang und Schußwaffengebrauch

Die Untersuchung des Bereichs der personenbezogenen Bewachung und Kontrolle schließt mit der Anordnung von besonderen Sicherungsmaßnahmen, der

Anwendung unmittelbaren Zwangs und der ultima ratio des unmittelbaren Zwangs – dem Schußwaffengebrauch.

1.) Tätigkeitsbeschreibung

Im Strafvollzug ist es immer wieder notwendig, präventiv mit besonderen Sicherheitsmaßnahmen auf kritische Situationen zu reagieren. Die gesetzliche Voraussetzung dafür bieten unbestimmte Rechtsbegriffe[388], die dem Anordnenden einen entsprechenden Beurteilungsspielraum einräumen. Hierdurch begrenzt man über die übliche Einschränkung im Vollzug hinaus die Rechte der Gefangenen. Die möglichen Folgen sind der Entzug oder die Vorenthaltung von Gegenständen, die Beobachtung bei Nacht, die Absonderung von anderen Gefangenen, der Entzug oder die Beschränkung des Aufenthaltes im Freien, die Unterbringung in einem besonders gesicherten Haftraum ohne gefährliche Gegenstände oder die Fesselung. Diese Maßnahmen ordnet in der Regel der Anstaltsleiter an. Nur bei Gefahr im Verzuge dürfen sie durch jemand anderen als ihn verhängt werden. Diese Maßnahmen ergehen dann vorläufig und der Anstaltsleiter muß unverzüglich informiert werden.

Keinesfalls identisch mit den besonderen Sicherheitsmaßnahmen sind die Anordnung und Anwendung des unmittelbaren Zwangs. Er ist eine über den normalen friedlichen Vollzugsablauf hinausgehende Aufgabe, wenn die Sicherheit und Ordnung im Gefängnis gefährdet sind. In diesem Fall ist es dem Bediensteten nach einer Abwägung als letztes Mittel gestattet, eine Vollzugs- oder Sicherungsmaßnahme ohne oder gegen den Willen des Gefangenen durchzusetzen. Dabei kann er unmittelbar körperlich auf den Insassen einwirken, Hilfsmittel wie Fesseln verwenden oder die Maßnahme durch Waffen erzwingen. Eine mögliche Verletzung des Gefangenen ist dabei nicht auszuschließen.[389] Die ultima ratio des unmittelbaren Zwangs ist schließlich der Schußwaffengebrauch. Diesbezüglich wird auf die Ausführungen zum Turmdienst mit Waffe verwiesen.[390]

---

[388] § 88 I StVollzG: „(...), wenn nach seinem Verhalten oder auf Grund seines seelischen Zustands in erhöhtem Maße Fluchtgefahr oder die Gefahr von Gewalttätigkeiten gegen Personen oder Sachen oder (...).“

[389] Siehe die §§ 94 ff. StVollzG.

[390] Vgl. 4. TeilB.IX.

2.) Die Grundrechtsrelevanz der besonderen Sicherungsmaßnahmen und des Schußwaffengebrauchs

Sowohl die Anordnung der besonderen Sicherungsmaßnahmen, aber erst recht der unmittelbare Zwang einschließlich des Schußwaffengebrauchs können unter anderem die Grundrechte aus Art. 2 I u. II GG oder auch Art. 5 I GG berühren.

Die Anordnung der besonderen Sicherungsmaßnahmen hat eine erhebliche Grundrechtsrelevanz. Die Anordnung beruht auf unbestimmten Rechtsbegriffen mit Beurteilungsspielraum wie auf einem Auswahlermessen bei den möglichen Maßnahmen. Die rechtliche Unbestimmtheit und das zusätzlich präventive Vorgehen durch die Maßnahmen verstärken die Grundrechtsbetroffenheit des Gefangenen. Präventives Vorgehen bedeutet nämlich Entscheidungen über Folgen und Maßnahmen, die in unmittelbarer Zukunft liegen und von dem Entscheidenden ein antizipierendes Denken verlangen. Der Gefangene kann daher die Folgen seines eigenen Handelns nicht vorhersagen, zumindest nicht in dem Maße, wie sich der Verstoß gegen eine Norm mit konkret bestimmten Rechtsfolgen bestimmen läßt. Allein die präventive Abwägung durch den Anordnenden erfordert einen unmittelbaren staatlichen Verantwortlichen für die Aufgabe. Neben der Abwägung beeinträchtigen die Folgen der Anordnung die Grundrechte über das übliche Maß hinaus. Die Absonderung oder Fesselung beschränken zusätzlich die Grundrechte des Art. 2 I GG, Art. 2 II GG und Art. 5 I GG.[391] So ruft die Absonderung eine Isolation hervor, die mit einem hohen Grad an Reduktion der Umweltreize verbunden ist.[392] Die Ursache liegt in der zusätzlichen Beschränkung der Meinungs- und Informationsfreiheit, denn der Gefangene hat keinen Kommunikationspartner mehr. Durch den Verlust des Meinungsaustauschs wird gleichfalls sein Anspruch auf Resozialisierung beeinträchtigt. Ein Anspruch, der sich aus dem allgemeinen Persönlichkeitsrecht und dem Sozialstaatsprinzip herleitet.[393] Durch die Absonderung erleidet der Häftling im Wege der sogenannten sensorischen Deprivation einen Verlust an menschlicher Sozialisation.[394] Ebenso bedeutet die Fesselung den größtmöglichen Verlust an körperlicher Bewegungsfreiheit und führt im Zweifel zu einer Verletzung der körperlichen Integrität.

Die Hoheitlichkeit ist somit gegeben. Einerseits ergibt sich dieses Ergebnis aus der zeitlichen Dauer der möglichen Maßnahmen, andererseits kann der Entscheidungsträger durch die Ausübung seines Ermessens weitergehend in die Grundrechte des Gefangenen eingreifen.

---

[391] Bemmann, S. 334f. sieht in der Isolationshaft sogar einen menschenunwürdigen Vorgang.
[392] Calliess/Müller-Dietz, § 89 RdNr. 2.
[393] Jarass in Jarass/Pieroth Art. 2 RdNr. 53.
[394] Calliess/Müller-Dietz, § 89 RdNr. 2.

Der unmittelbare Zwang, einschließlich des Schußwaffengebrauchs, ist selbstverständlich grundrechtsrelevant. Einerseits können durch die Maßnahme die Handlungsfreiheit und andererseits die Freiheit und die körperliche Unversehrtheit des Gefangenen betroffen sein. Die Handlungen sind nicht nur weitergehende Beeinträchtigungen für den Gefangenen, sondern ergehen ebenfalls durch Auslegung eines unbestimmten Rechtsbegriffs oder einer Ermessensentscheidung. Hier kann eine Fehlbeurteilung irreversible Folgen haben. Diese können entweder die körperliche Integrität beeinträchtigen oder zu spät durch die Aufsichtsbehörde oder Gerichte rückgängig gemacht werden.

Die Anordnung der besonderen Sicherungsmaßnahmen und der unmittelbare Zwang sind in erheblichem Maß grundrechtsrelevant. Sie können nur hoheitlich vorgenommen werden. Eine Ausnahme von der Regel des Art. 33 IV GG ist nicht möglich. Wenn der Staat ohne vorherigen Gerichtsentscheid ein Individuum zusätzlich beeinträchtigt, muß dies notwendigerweise durch eine unmittelbar dem Staat zuzuordnende Person geschehen. Die Person muß den Staat repräsentieren, sie ist im Endeffekt der Staat selbst. Nur dann kann ihm das Ermessen mit den schwerwiegenden grundrechtlichen Folgen zugestanden werden.

XII. Beispiel: Objektbezogene Bewachungs- und Kontrollaufgaben

1.) Tätigkeitsbeschreibung der objektbezogenen Aufgaben

Wie eingangs dieses Kapitels erwähnt, unterteilt sich die Bewachung und Kontrolle in objekt- und personenbezogene Aufgaben. Die sich anschließende Analyse der objektbezogenen Bewachungs- und Kontrollaufgaben umfaßt Inspektionen wie die der technischen und mechanischen Sicherheitsanlagen, der Außen- und Innenbereiche sowie der Räume und die Tätigkeit des Objektschutzes.

Die Kontrolle der Funktionsfähigkeit der technischen und mechanischen Sicherheitseinrichtungen bezieht sich vor allem auf Alarmanlagen, Kameras, sonstige Meldesysteme[395], Gitter, Türen, Fenster oder Schließanlagen und umfaßt gleichfalls deren Wartung und Instandhaltung.

In den Außen- und Innenbereichen der Haftanstalt werden der Hof, die Mauer, die Fenster, die Gebäudeaußenfassade wie auch die Werkabteilungen nach der Arbeit inspiziert. Die Kontrolle der Werkbereiche ist wichtig, um dabei die Vollzähligkeit der Werkzeuge und Materialien festzustellen. Sehr nahe an der

---

[395] Z.B. Bewegungsmelder.

Revision der Außenbereiche angesiedelt ist der Objektschutz im Rahmen der Außensicherung. [396]

Eine weitere Tätigkeit ist die Raumkontrolle und der Sachenappell bei den Gefangenen. Zu den objektbezogenen Raumkontrollen[397] zählt die Überprüfung der Fenster, der Vergitterung, der Außenwand, der Tür und des Schlosses. Gleichfalls werden die Innenwände durch Abklopfen nach Hohlräumen untersucht, wie auch auf Schäden an Putz und Fußboden geachtet wird. Schließlich kontrolliert der Ausführende die Sanitäranlagen wie auch die elektrischen Steckdosen und Schalter. Mit anderen Worten, der Ausführende steht bei diesen Tätigkeiten grundsätzlich nicht im unmittelbaren Kontakt zu den Gefangenen, sein Arbeitsobjekt sind Geräte und Gegenstände.

2.) Die Grundrechtsrelevanz der objektbezogenen Aufgaben

Die aufgezählten objektbezogenen Kontrollaufgaben lassen sich nicht einheitlich begutachten, obwohl bei allen in der Regel kein unmittelbarer Kontakt zu den Gefangenen oder Dritten besteht. Die Kontrolle der Kameras und Bildschirme gewährt allerdings weniger direkten Kontakt als die Beaufsichtigung des Innen- und Außenbereichs einer Vollzugsanstalt – schließlich sind jederzeit Fluchtversuche möglich.

Der persönliche Kontakt zu Gefangenen ist bei der Überwachung der technischen und mechanischen Sicherheitsanlagen nahezu unmöglich, der Überwachende muß lediglich Unregelmäßigkeiten melden oder Alarm auslösen. Die Grundrechte eines Insassen kann der Kontrolleur somit nicht unmittelbar berühren, zumal das alarmierte Wachpersonal vor Ort nochmals selbst entscheidet, ob ein Einsatz tatsächlich notwendig ist. Der Aufgabe kommt ein rein dienstleistender oder unterstützender Charakter zu, so daß keine, geschweige denn eine erhebliche, Grundrechtsrelevanz angenommen werden kann. Mit Ausnahme einer materiellen Privatisierung[398] sind die funktionelle und formelle Privatisierung möglich, wobei sich die Verwaltungshilfe wegen der fehlenden Hoheitlichkeit der Aufgabe am besten eignet.[399]

---

[396] Dies umfaßt nicht den Turmdienst, sondern nur die Kontrolle, daß z.B. keiner einen Sprengstoffanschlag von außen durchführen kann.

[397] Diese Tätigkeit ist nicht identisch mit der Haftraumdurchsuchung, 4. Teil B, V.

[398] Vgl. die Begründung bei der Versorgung 4. Teil, A.

[399] Vgl. Presseinformation 13/2000 des Hessischen Ministeriums der Justiz vom 2.2.2000, S. 4.

Der unmittelbare Kontakt zwischen dem Überwachenden der Außen- und Innenbereiche und einem Gefangenen oder einer sonstigen nicht autorisierten Person ist zwar selten, kann aber im Falle einer Ausnahmesituation durchaus nachhaltige Folgen für die Privatisierungsmöglichkeit dieser Aufgabe haben. Eine solche Ausnahmesituation ist weniger bei der Inspektion der Vollzähligkeit der Werkzeuge in den Werkbereichen möglich als vor allem bei der Kontrolle von Hof, Mauer oder Außenbereichen des Gefängnisses. Bei der Überwachung der zuletzt genannten Bereiche besteht das Risiko, ausbrechende Gefangene oder ausbruchhelfende Dritte anzutreffen. Der Wachhabende muß die Möglichkeit haben, ein solches Bestreben zu unterbinden. In seiner rechtlichen Konsequenz kann dies eine Beeinträchtigung der körperlichen Unversehrtheit, der Freiheit der Person gemäß Art. 2 II, 1 u. 2 GG oder der allgemeinen Handlungsfreiheit gemäß Art. 2 I GG bedeuten. Eine Grundrechtsrelevanz ist also gegeben. Ferner kann eine solche Ausnahmesituation auch erheblich sein, wenn nicht minder schwere körperliche Gewalt angewendet wird, wie gewaltsames Festhalten bei Gegenwehr, oder gar der Einsatz von Waffen erforderlich ist. Die Überwachung der Außen- und Innenbereiche ist wegen der Möglichkeit solcher Ausnahmesituationen als gemischt hoheitlich-nichthoheitliche Tätigkeit zu bestimmen und unterfällt damit der Regel-Ausnahme des Art. 33 IV GG. Wegen denkbarer Eingriffe in die körperliche Unversehrtheit ist eine funktionelle Privatisierung in Form der Verwaltungshilfe nicht mehr möglich.[400] Eine Beleihung hingegen ist zulässig, wenn die Wachhabenden nur zur kurzfristigen Festnahme, zu Identitätsfeststellungen oder zu bekleideten Durchsuchungen ermächtigt werden, also bei minder schweren Fällen. Die Erlaubnis zum Schußwaffengebrauch mit möglicherweise tödlicher Wirkung stellt den schärfsten Eingriff in Individualgüter dar und kann daher nicht im Rahmen einer Beleihung auf Private übertragen werden.[401] Festzuhalten bleibt, daß eine materielle Privatisierung ausscheidet und eine funktionelle Privatisierung nur in Gestalt der Beleihung mit eingeschränkten Befugnissen möglich wäre. Aber wegen des möglicherweise notwendigen Einsatzes von Schußwaffen ist in der praktischen Umsetzung die Privatisierung der Aufgabe der Überwachung der Außen- und Innenbereiche abzulehnen.

Die Raumkontrolle und der Sachenappell finden grundsätzlich ohne die Anwesenheit der Gefangenen statt; der Überwachende überprüft nur fest mit dem Bauwerk verbundene Gegenstände auf deren ordnungsgemäßen Zustand. Für die

---

[400] Eine Verwaltungshilfe ist nur in Form von einfachen Wach- und Streifendiensten möglich. Vgl. Gramm, Schranken der Personalprivatisierung, VerwArch 90 (1999), 329 (339) Anmerk. 27.

[401] Gramm, Schranken der Personalprivatisierung, VerwArch 90 (1999), 329 (357); siehe auch Turm- und Sicherheitsdienst mit Waffe, 4. Teil, B, IX.

Frage nach der Privatisierungsfähigkeit dieser Aufgabe stellt lediglich die bewohnte Gefängniszelle eine kritischen Punkt dar. Eine Beeinträchtigung der Unverletzlichkeit der Wohnung gemäß Art. 13 I GG ist aber nicht gegeben. Eine Zelle ist kein Raum, welcher der Allgemeinheit durch räumliche Abschottung entzogen und zur Stätte privaten Lebens und Wirkens gemacht werden kann.[402] Eine Zelle soll zwar ein wenig Privatsphäre geben, untersteht aber aus Gründen der Überwachung der ständigen Kontrolle der Vollzugsanstalt.[403] Diese Privatsphäre wird aber dem Gefangenen durch Art. 2 I GG zugestanden. Daher darf der Insasse die Zelle zur Verwirklichung eines gewissen allgemeinen Lebenskomforts mit eigenen Sachen ausstatten.[404] Es ist also eine Grundrechtsrelevanz gegeben, da der Überwachende von dieser Persönlichkeitssphäre ohne Zustimmung des Gefangenen Kenntnis erlangt. Allerdings ist der Umfang der Wahrnehmung persönlicher Gegenstände nicht so bedeutend wie bei der schon begutachteten Haftraumdurchsuchung. Die alleinige Kenntniserlangung über die Ausstattung einer Zelle durch die Raumkontrolle kann jedoch nicht die Erheblichkeit begründen und die Aufgabe daher als eine rein hoheitliche im Sinne von Art. 33 IV GG bestimmen. Die Aufgabe ist allerdings nicht gänzlich frei von hoheitlichen Aspekten. Einerseits muß der Gefangene es dulden, daß der Zutritt zu seiner Zelle ohne seine Zustimmung stattfindet. Andererseits kann die Feststellung von mutwilligen Sachbeschädigungen Folgen für den weiteren Vollzugsablauf haben. Die Aufgabe stellt daher eine gemischt hoheitlich-nichthoheitliche Tätigkeit dar. Die Ausnahmeregel des Art. 33 IV GG erlaubt es in diesen Fällen, die Ausführung auch einem Nichtbeamten zu übertragen, solange die Behörde die Aufsicht und Verantwortung dafür trägt. Daher ist eine funktionelle Privatisierung möglich. Bei der Ausführung muß der Kontrolleur nicht selbst Entscheidungen treffen, sondern nur das Mauerwerk oder die Gitter auf Schäden untersuchen und solche der Gefängnisleitung mitteilen. Aus diesen Gründen ist eine funktionelle Privatisierung in Form der Verwaltungshilfe ausreichend.[405] Eine materielle Privatisierung scheidet wegen des gemischt hoheitlich-nichthoheitlichen Charakters aus. Eine formelle Entstaatlichung ist hingegen möglich, wenn die sodann zu gründende Gesellschaft als Verwaltungshelfer eingebunden wird.

---

[402] BGHSt 44, 138 (140); Gornig in v.Mangoldt/Klein/Starck, GG I, Art. 13 RdNr. 20.
[403] BVerfG NJW 1996, 2643 (2643).
[404] Vgl. § 19 StVollzG. OLG Saarbrücken, NStZ 1993, 207; OLG Celle, ZfStrVo 1994, 174.
[405] Vgl. Presseinformation 13/2000 des Hessischen Ministeriums der Justiz vom 2.2.2000, S. 4.

XIII. Fazit zum Bereich der Bewachung und Kontrolle

Die Begutachtung der Tätigkeiten der Bewachung und Kontrolle auf mögliche Privatisierungen hat die Unterschiedlichkeit der verschiedenen Aufgaben bei deren hoheitlicher Ausgestaltung offengelegt. Während Aufgaben wie die körperliche Durchsuchung oder die Briefkontrolle tiefgreifend die Grundrechte des Gefangenen beeinträchtigen und somit jede Form von Privatisierung ausschließen, ist die Durchführung erkennungsdienstlicher Maßnahmen durch einen Beliehenen erlaubt. Weiter ist die funktionelle Privatisierung bei der Berichterstattung bezüglich der Gefangenenzahlen oder der Begleitung der Gefangenen in der Anstalt, vereinzelten Tätigkeiten an der Pforte und manchen Aufgaben der objektbezogenen Überwachung möglich. Diese funktionell zu privatisierenden Aufgaben ließen sich auch formell privatisieren, wenn das gegründete Rechtssubjekt als Verwaltungshelfer oder Beliehener für die Behörde tätig wird. Einigkeit besteht aber darüber, daß die materielle Privatisierung im Bereich der Bewachung und Kontrolle nicht möglich ist.

C. Die Tätigkeitsbereiche des Behandlungsvollzugs

Der letzte zu untersuchende Bereich bei den Aufgaben im Strafvollzug ist die Behandlung der Gefangenen. Hierdurch soll diesen bei der Resozialisation oder Resozialisierung geholfen werden.[406] Die Behandlung bezeichnet das Bundesverfassungsgericht als herausragendes Ziel des Strafvollzugs und begründet das mit folgenden Worten: „Vom Täter aus gesehen erwächst das Interesse an der Resozialisierung aus seinem Grundrecht aus Art. 2 I GG in Verbindung mit Art. 1 GG. Von der Gemeinschaft aus betrachtet verlangt das Sozialstaatsprinzip staatliche Vor- und Fürsorge für Gruppen der Gesellschaft, die auf Grund persönlicher Schwäche oder Schuld, Unfähigkeit oder gesellschaftlicher Benachteiligung in ihrer persönlichen und sozialen Entfaltung behindert sind; dazu gehören die Gefangenen und Entlassenen.“[407] In der Literatur wird vereinzelt die Behandlung als eine menschenunwürdige Maßnahme bezeichnet.[408] Die Kritiker der Behandlung sehen darin „aufgedrängte Fürsorge“[409], „Ausübung von

---

[406] Anzumerken ist, daß viele die Begriffe Resozialisation und Resozialisierung synonym verwenden, Feest/Lesting in AK StVollzG, Vor § 2 RdNr. 5.

[407] BVerfGE 35, 202 (236).

[408] Vgl. Hassemer, Resozialisierung und Rechtsstaat, KrimJ 1982, 161 (161ff.); Haffke, Verfassungsrechtliches Besserungsverbot?, MschrKrim 1975, 246 (246ff.); Rath, S. 95; Hoffmeyer, S. 86.

[409] Hassemer, Resozialisierung und Rechtsstaat, KrimJ 1982, 161 (163).

Zwang“[410] oder „Vergewaltigung der Persönlichkeit des Gefangenen“[411]. Wären diese Überlegungen zutreffend, hätte dies schwerwiegende Folgen für den derzeit praktizierten Strafvollzug und würde auch jeder Privatisierung eine klare Absage erteilen, da Art. 1 I GG nicht eingeschränkt werden darf.

Dem Vorwurf steht entgegen, daß die Verfassung ein generelles Behandlungsverbot nicht kennt, wie sich aus den Art. 6 II und III GG oder Art. 7 GG ergibt.[412] Bereits daher folgt, daß Erziehung oder Behandlung nicht grundsätzlich gegen die Menschenwürde verstoßen kann. Jedoch läßt sich diese Feststellung nicht unbedenklich auf den Strafvollzug übertragen, da der Vollzug auf einer zwangsweisen und zeitigen Unterbringung in einem Gefängnis beruht. Es entstünde ein unlösbarer Konflikt zwischen Art. 1 I GG und dem Behandlungsvollzug, wenn der Gefangene nur auf Grund der zwangsweisen Unterbringung automatisch verpflichtend behandelt würde. Diese Form der Behandlung wäre schon aus psychologischen Gründen ein aussichtsloses Unterfangen, da kein Gefangener gegen seinen Willen resozialisiert werden kann.[413] Es bedarf daher der freiwilligen Kooperation des Gefangenen. Ferner ist die Gefangenenmitwirkung ein Mittel, das den Gefangenen zum Subjekt bei den Vollzugsbemühungen machen soll. Manifeste Zwangsmomente in der Resozialisierung hingegen würden den Gefangenen zum Objekt in diesem System degradieren; sie wären nicht mehr mit der Menschenwürde vereinbar.[414] Behandlung mit dem Ziel der Resozialisierung des Gefangenen ist mit Art. 1 I GG aber vereinbar, wenn dem Gefangenen Angebote zur Resozialisierung unterbreitet werden, die dieser annehmen, aber auch ablehnen kann.[415]

Die Behandlung im Strafvollzug bereitet also unter Berücksichtigung der freiwilligen Mitwirkung keine Probleme mit der grundrechtlichen Menschenwürde. Es ist daher die Möglichkeit gegeben, die einzelnen Aufgaben aus dem Bereich der Behandlung auf ihre Privatisierungsfähigkeit hin zu untersuchen.

Neben den einzelnen Behandlungsmaßnahmen sind zum Aufgabenbereich der Behandlung schon das Aufnahmeverfahren und die Behandlungsuntersuchung

---

[410] Hassemer, Resozialisierung und Rechtsstaat, KrimJ 1982, 161 (163).
[411] Haffke, Verfassungsrechtliches Besserungsverbot?, MschrKrim 1975, 246 (256).
[412] Hoffmeyer, S. 86f.
[413] Müller-Dietz, Menschenwürde, S. 29; Lüderssen, Abschaffen des Strafens?, S. 143.
[414] Lüderssen, Resozialisierung, KJ 1997, 179 (181); wie auch die Gesetzesmaterialien in die gleiche Richtung weisen, Bt-Drucks. 7 / 3998, S. 6.
[415] In diesem Sinne auch Bemmann, S. 331; Altenhain, Das Grundrecht der Menschenwürde, ZfStrVo 1988, 156 (160); Hassemer, Resozialisierung und Rechtsstaat, KrimJ 1982, 161 (165). Lüderssen führt in seinem Aufsatz „Resozialisierung und Menschenwürde“, KJ 1997, S. 179ff. aus, unter welchen Voraussetzungen man jemanden, der nicht resozialisiert werden will, seinen Frieden zu lassen hat; Lüderssen, Abschaffen des Strafens?, S. 32, 89

zu zählen. Erst mit deren Ergebnissen ist die Vollzugsanstalt in der Lage, die notwendigen individuellen vollzugstherapeutischen Konzepte zu erstellen, die im Vollzugsplan festgehalten werden. Die Behandlungsmaßnahmen umfassen sodann die Entscheidungen über Lockerung, Gefangenenbeschwerden und auch Disziplinarmaßnahmen. Weiter zählen dazu auch Maßnahmen allgemeiner Art wie Ausbildung, Unterricht, Beratung bei persönlichen wie wirtschaftlichen Problemen und Beteiligung an gemeinschaftlichen Aufgaben der Anstalt.[416] Die Maßnahmen allgemeiner Art werden nicht weiter untersucht, da sie bereits häufig durch externe Private erfüllt werden. Zu nennen sind hier insbesondere Beratungsstellen[417] oder kirchliche Beistände.

I. Beispiel: Aufnahme von Gefangenen

1.) Tätigkeiten während des Aufnahmeverfahrens

Die Aufnahme des Verurteilten beginnt mit dem Eintritt in die Strafanstalt. Nach der Aufnahmeverhandlung, bei der in einer öffentlichen Urkunde Angaben zu seiner Person und die Aufnahme festgestellt werden, begibt sich der Häftling in das Aufnahmeverfahren. Dieser Prozeß hat unter anderem eine ärztliche Untersuchung, eine Belehrung über die Rechte und Pflichten und die Vorstellung bei der Anstaltsleitung oder ihrer beauftragten Vertretung zum Inhalt.

Die ärztliche Aufnahmeuntersuchung erfüllt die Aufgabe der Feststellung des Gesundheitszustands[418], einschließlich Körpergröße, Gewicht und Zustand der Zähne. Die Ergebnisse dienen der Beurteilung der Vollzugstauglichkeit, der Einzelunterbringung, des Umfangs der Arbeitsfähigkeit, der Tauglichkeit zu Leibesübungen und weiteren allgemeinen Bemerkungen zum Zustand des Gefangenen.[419] Der Grund für diese Maßnahme ist der Schutz der Gesundheit des Häftlings, damit eine seine Gesundheit erhaltende Behandlung sichergestellt werden kann. Der Gefangene hat die ärztliche Untersuchung zu erdulden, so daß

---

[416] Bt-Drucks. 7/918, S. 45. Eine allgemein gültige Definition des Begriffs Behandlung gibt es nicht, vgl. Laubenthal, RdNr. 159 u. Strohmayr, S. 14.

[417] Aids-Beratung oder Schuldnerberatung.

[418] Dazu zählen laut des Vordruckes VG 54 „Gesundheitsblatt“ – zu Nr. 60 VGO (Vollzugsgeschäftsordnung v. 1.1.1977 in der Fassung vom 4.3.2003) die Erfragung und Untersuchung von: Familienanamnese, frühere Erkrankungen, gegenwärtiger Gesundheitszustand (z.B. Hepatits, TB, Geschlechtserkrankungen, Drogenkonsum i.w.S. u. Medikamente), der zuletzt behandelnde Arzt, Haut, Kopf, Hals, Augen, Ohren, Sinnesorgane, Thorax (Herz u. Lunge), Abdomen (Niere u. Geschlechtsorgane), Extremitäten, Zentralnervensystem, seelische u. geistige Artung, Suizidgefahr u. weitere Befunde.

[419] Siehe Vordruck VG 13 „Ergebnis ärztlicher Untersuchung“ – Nr. 28 VGO.

sie auch zwangsweise, jedoch ohne körperlichen Eingriff, durchgeführt werden kann.

Für die Belehrung über die Rechte und Pflichten sind dem Häftling der Text des Strafvollzugsgesetzes und die Hausordnung auszuhändigen oder sichtbar für alle in der Anstalt auszuhängen. Während des Vollzugs hat der Insasse auch die Möglichkeit, sich in dieser Materie fortzubilden.

Zu dem Bereich der Aufnahme zählt weiterhin Entkleiden und körperliche Durchsuchung, Abgabe der mitgebrachten Habe[420] und Aushändigung von Gegenständen, deren Besitz während der Haft zulässig ist, Prozeduren zur Reinigung und notfalls Desinfektion, Neueinkleidung wie auch erkennungsdienstliche Maßnahmen[421] zur Vollzugssicherung.[422]

Das Aufnahmeverfahren endet mit der persönlichen Vorstellung bei der Vollzugsleitung. Der Sinn und Zweck liegt darin, sich gegenseitig kennenzulernen und den Gefangene behutsam auf den nun folgenden Vollzug vorzubereiten.

2.) Grundrechtsrelevanz des Aufnahmeverfahrens

Eine erhebliche Grundrechtsrelevanz könnte durch das Aufnahmeverfahren gegeben sein. Von dieser Frage ist allerdings die ärztliche Untersuchung vorerst ausgenommen.

Das Aufnahmeverfahren betrifft den Schutzbereich des allgemeinen Persönlichkeitsrechts des Art. 2 I GG und insbesondere die Intimsphäre des Gefangenen. Namentlich gilt dies bei der Durchsuchung, Anordnung der Sachenabgabe und der Befragung nach persönlichen Angelegenheiten.[423] Während die Grundrechtsrelevanz bei diesen Tätigkeiten gegeben ist, sind die Ausgabe der uniformen Anstaltskleidung, das Umkleiden selbst und die Belehrung weniger grundrechtsrelevant,[424] doch lassen sich die verschiedenen Aufgaben beim Aufnahmeverfah-

---

[420] Zum Beispiel Eigengeld, Sparbücher oder Wertsachen, vgl. 4. Teil, A, II, 3.).

[421] Siehe 4. Teil, B, VII.

[422] Laubenthal, RdNr. 319.

[423] Bt-Drucks. 7/918, S. 133, die noch das Umkleiden und die ärztliche Untersuchung dazuzählen. Bezüglich des Umkleidens muß allerdings angefügt werden, daß man bei der Beratung des Gesetzes von nicht genügenden Räumen, die die Intimsphäre wahren können, ausging. Allerdings haben Umkleidekabinen dieses Problem gelöst.

[424] So dürfte auch ein anderer Gefangener bei der Umkleidung eingesetzt werden, da der Persönlichkeitsbereich des neu eintretenden Gefangenen nicht verletzt wird; so Mey in Schwind/Böhm, § 5 RdNr. 11. Dies läßt sich auch durch die Materialien zur Gesetzgebung belegen: Bt-Drucks. 7/3998, S. 7 (bzgl. § 5 StVollzG).

ren nicht trennen, weshalb die Tätigkeit als eine Einheit zu begutachten ist.[425] Die Einheitlichkeit der Aufgabe sah schon der Gesetzgeber, als er von einer Soll-Vorschrift beim Aufnahmeverfahren (§ 5 StVollzG) absah, weil der Beamte sonst vor die schwierige Auslegungsfrage gestellt werden könnte, ob eine Maßnahme die Intimsphäre berührt.[426]

Die Grundrechtsrelevanz beim Aufnahmeverfahren ist auch erheblich, denn die Beeinträchtigung der Intimsphäre ist so intensiv, daß nur ein Beamter diese gesamte Prozedur ausüben darf. Dazu ist nochmals auf die Durchsuchung hinzuweisen und auf die gemischt hoheitlich-nichthoheitliche Tätigkeit bei den erkennungsdienstlichen Maßnahmen. Gleichfalls darf während des gesamten Aufnahmeverfahrens der rechtliche, emotionale und tatsächliche Abstand zwischen dem Gefangenen und dem ihn wegschließenden Staat nicht durch vertraglich gebundene Personen vergrößert werden. Das schon genannte Vertrauensverhältnis zwischen dem Gefangenen und der Institution Gefängnis ist nämlich während des Aufnahmeverfahrens am brüchigsten. Einerseits muß es noch hergestellt werden und kann daher auch die psychische Einstellung zum Vollzug prägen, andererseits bedeutet es für den aufzunehmenden Gefangenen einen Statuswandel mit einer Prozedur der Entpersönlichung.[427] Es muß daher ein unmittelbarer staatlicher Bediensteter sein, der die Aufnahme ausführt.

Die Unterrichtung der Gefangenen über ihre Rechte und Pflichten durch Aushängen, Aushändigung oder Vortrag der wichtigsten Gesetzestexte oder Verordnungen kann hingegen nicht als erheblich grundrechtsrelevante Tätigkeit bezeichnet werden. Nur die Unterlassung der Unterrichtung wäre ein Gesetzesverstoß. Das soeben erarbeitete Ergebnis entwertet jedoch nicht die Gesamtbeurteilung des Aufnahmeverfahrens als hoheitliche Aufgabe, die von Beamten ausgeführt werden muß. Die Belehrung ist lediglich eine tatsächliche und rechtliche Randerscheinung bei der Aufnahme.

Anders stellt sich die Situation bei der anstaltsärztlichen Aufnahmeuntersuchung wie auch bei allen weiteren ärztlichen Aufgaben dar. Natürlich berührt eine angeordnete ärztliche Untersuchung die grundrechtlich geschützte Intimsphäre des Gefangenen erheblich, was in der Regel wegen der Grundrechtsrelevanz eine Verbeamtung des Arztes nach sich ziehen würde. Allerdings zeigt schon die bisherige Strafvollzugspraxis, daß private Ärzte vertraglich gebunden werden können.[428] Daher ist diese Situation auf eine mögliche Privatisierung übertragbar. Die Übertragung medizinischer Aufgaben auf private Ärzte ist zulässig, da sie

---

[425] So auch Calliess/Müller-Dietz, § 5 RdNr. 1.
[426] Bt-Drucks. 7/918, S. 133.
[427] Laubenthal, RdNr. 321; Mey in Schwind/Böhm, § 5 RdNr. 1.
[428] § 158 I, 2 StVollzG.

lediglich untergeordnete Teilfunktionen bei der Bewältigung von Vollzugsaufgaben, speziell bei den der Resozialisierung dienenden Behandlungsmaßnahmen, wahrnehmen. Die öffentlich-rechtliche Gesamtverantwortung für den Vollzug verbleibt trotzdem bei der staatlichen Verwaltung.[429] Voraussetzung ist allerdings eine Verpflichtung auf eine ordnungsgemäße Aufgabenerfüllung nach dem Verpflichtungsgesetz, da der vertraglich gebundene Arzt als Verwaltungshelfer handelt. Der Gefangene ist bei einer ärztlichen Untersuchung nicht der Leitungsgewalt eines Privaten unterstellt, weil dem Arzt als Verwaltungshelfer nur eine Entscheidungskompetenz in der ihm übertragenen Aufgabe zusteht. Auch muß es der Verwaltung möglich bleiben, die besondere ärztliche Sachkunde durch privatrechtliche Verträge in die Vollzugsorganisation zu integrieren. Neben dieses Argument tritt ein weiteres. Generell wird dem Beruf des Arztes in hohem Maße Vertrauen entgegengebracht. Ein solches Vertrauensverhältnis kann sich auch im Gefängnis entwickeln, denn in der Regel gilt die Verschwiegenheitspflicht auch für den Arzt in der Anstalt. Daher kann trotz einer erheblichen Grundrechtsrelevanz davon ausgegangen werden, daß die erlangten intimen Kenntnisse über den Gefangenen nicht an die Öffentlichkeit und nur nach reiflicher Abwägung an die Vollzugsleitung gelangen. Aufgrund dieser vertrauensvollen Stellung eines Arztes kann diesem eine Tätigkeit, welche die Persönlichkeitssphäre intensiv berührt, übertragen werden. Der private Arzt kann daher in die hoheitliche Aufgabenerfüllung als Verwaltungshelfer eingebunden werden.

Es ist festzuhalten, daß das Aufnahmeverfahren einheitlich zu beurteilen und wegen seiner überwiegenden erheblichen Grundrechtsrelevanz als hoheitliche Aufgabe gemäß Art. 33 IV GG zu sehen ist. Die Durchführung erfordert staatliche Bedienstete.[430] Lediglich die ärztliche Untersuchung kann funktionell und formell privatisiert und im Rahmen der Verwaltungshilfe ausgeführt werden. Freilich wäre eine Beleihung ebenfalls möglich, aber eine zu aufwendige Umsetzung der Privatisierung.

---

429 Calliess/Müller-Dietz § 155 RdNr. 7.

430 Eine Beleihung ist aus den gleichen Gründen wie bei der entkleideten körperlichen Durchsuchung nicht möglich.

II. Beispiel: Behandlungsuntersuchung

1.) Tätigkeitsbeschreibung der Behandlungsuntersuchung

Die Behandlungsuntersuchung schließt sich an das Aufnahmeverfahren an. Sie dient der Individualisierung des Gefangenen und seiner möglichen Therapie für das Vollzugsziel der Resozialisierung.

Während der Anfangszeit des Gefängnisaufenthalts soll die Behandlungsuntersuchung nur von diagnostisch befähigten Fachkräften durchgeführt werden; hierzu zählen in erster Linie die Psychologen und Sozialarbeiter. Erst mit fortschreitender Vollzugsdauer wird der allgemeine Vollzugs- und Werkdienst wegen des häufigen Gefangenenkontakts in die Behandlungsuntersuchung einbezogen.[431]

Die Gestaltung der Behandlungsuntersuchung kann nach mehreren Mustern verlaufen. Das zweckmäßigste besteht darin, daß die Vorgeschichte eruiert (Anamnese), das Verhalten beobachtet, standardisierte Untersuchungsverfahren durchgeführt und ein oder mehrere Explorationsgespräche geführt werden.[432]

Im Rahmen der Anamnese müssen die Fachkräfte die aktenkundigen Daten[433] mittels Anamnesebögen und eines Gesprächs mit dem Häftling abgleichen und notfalls ergänzen. An der Verhaltensbeobachtung sind dann wieder alle im Vollzug Tätigen beteiligt, da bei diesen Beobachtungen[434] sämtliche Lebenssituationen des Gefängnisaufenthaltes einbezogen werden. Im Rahmen der standardisierten Untersuchungsverfahren sollte der psychologische Dienst in speziellen Gruppen die Intelligenz und die Schulleistung testen, die Arbeit erproben oder auch Persönlichkeitsfragen stellen. In dem sich anschließenden Explorationsgespräch müssen die bisherigen Befunde und Ergebnisse erörtert sowie die Vorstellungen, Planungen und Wünsche des Gefangenen für den Vollzug und die Freiheit erfragt werden. Neben diesen Gesprächen ist der Insasse in ausreichendem Maße über den Stand seiner Behandlungsuntersuchung zu unterrichten.[435] Im Ganzen dürfen allerdings nur solche Erkenntnisse gewonnen werden, die zur planenden Behandlung und zur Wiedereingliederung in die freie Gesellschaft notwendig sind.

---

[431] Mey in Schwind/Böhm, § 6 RdNr. 4

[432] Mey in Schwind/Böhm, § 6 RdNr. 16.

[433] Das Gerichtsurteil oder auch frühere Erhebungen bei Strafmaßnahmen.

[434] So sind laut Vordruck VG 57 „Beurteilungsbogen“ – zu Nr. 61 VGO die äußere Haltung, die Charaktereigenschaften, das Auftreten, die Ordnung, das Verhalten gegenüber Bediensteten und Gefangenen, die Einstellung zur Strafe, der Arbeitswille oder auch die Arbeitsleistung vom Werkdienst und dem allgemeinen Vollzugsdienst zu beurteilen.

[435] Mey in Schwind/Böhm, § 6 RdNr. 22ff.

Nach den Vordrucken zur Vollzugsgeschäftsordnung, besonders zu Nr. 31 und 61 VGO[436], gibt es zur Unterstützung der Erforschung der Persönlichkeit verschiedene standardisierte Bögen für persönlich geschriebene Lebensläufe und Fragen nach familiären Verhältnissen oder Bildung.

2.) Grundrechtsrelevanz der Behandlungsuntersuchung

Die Behandlungsuntersuchung ist eine unverzichtbare Aufgabe für die Behandlungsmaßnahmen, welche dann im Vollzugsplan niedergeschrieben werden. Deswegen, aber besonders wegen des grundgesetzlichen Anspruchs auf Resozialisierung, wäre die Nichtdurchführung der Behandlungsuntersuchung ein erheblicher Grundrechtsverstoß. Für die Privatisierung dieser Tätigkeit bedeutet eine solche Feststellung, daß der Staat erst einmal gehalten ist, die Ausübung der Aufgabe sicherzustellen. Diese Sicherstellung ist bei der Überprüfung der Privatisierungsmöglichkeit zu beachten.

Bei dem Erforschen der Persönlichkeit handelt es sich um eine durch human- und sozialwissenschaftliche Erkenntnisse angeleitete, mit wissenschaftlichen Methoden abgesicherte Untersuchung.[437] Eine Betroffenheit des allgemeinen Persönlichkeitsrechts aus Art. 2 I GG, insbesondere in seiner Ausprägung als Schutz der Intimsphäre, erscheint dabei naheliegend. Schließlich kann der Diagnostiker durch die bereits aktenkundigen Daten, Fragebögen und Gespräche ein detailliertes Persönlichkeitsprofil erstellen.

Eine einzelne Ansicht der Literatur sieht ferner eine mögliche Grundrechtsverletzung des informationellen Selbstbestimmungsrechts, eines Unterfalls des allgemeinen Persönlichkeitsrechts aus Art. 2 I GG.[438] Geschützt wird hierbei die Befugnis des Einzelnen, grundsätzlich selbst zu entscheiden, wann und innerhalb welcher Grenzen persönliche Lebenssachverhalte offenbar werden, auch wenn die Daten nicht die Privat- oder gar Intimsphäre betreffen.[439] Diese Auffassung läßt aber außer acht, daß der Gefangene nicht zur aktiven Teilnahme an der Behandlungsuntersuchung gezwungen wird.[440] Mithin kann er selbst bestimmen, welche Informationen er zusätzlich zu den ohnehin bekannten geben möchte. Durch die Kundgabe von Daten wird lediglich das bereits durch Akten-

---

[436] Beispielsweise Vordruck VG 16 u. 17.
[437] Calliess/Müller-Dietz, § 6 RdNr. 3.
[438] Vgl. Albrecht, Spezialprävention, ZStW 97 (1985), 831 (848).
[439] Jarass in Jarass/Pieroth Art. 2 RdNr. 32.
[440] Der Gefangene muß die Untersuchung lediglich dulden, so Bt-Drucks. 7/918, S. 48f.; Mey in Schwind/Böhm, § 6 RdNr. 12.

analyse mögliche Persönlichkeitsprofil konkreter. Eine Betroffenheit der informationellen Selbstbestimmung kann somit verneint werden, doch ist der Schutzbereich des allgemeinen Persönlichkeitsrechts berührt, wenn man bedenkt, daß der geschulte Diagnostiker aus den aktenkundigen Daten ein Persönlichkeitsprofil erstellen kann.

Die Behandlungsuntersuchung selbst ist nicht als erheblich grundrechtsrelevant einzustufen, denn der Gefangene darf nicht zur aktiven Teilnahme gezwungen werden. Allerdings hat die Begutachtung Auswirkungen auf den Behandlungsablauf. Während des Vollzugs sollen Behandlungsmaßnahmen ergriffen werden, die das Verhalten des Gefangenen ändern und somit seine Kompetenz zur kriminalitätsfreien Lebensbewältigung stärken.[441] Zu den Maßnahmen zählen beispielsweise Klassifizierung[442], Urlaub, Lockerungen, Wohngruppenunterkünfte oder die Erteilung einer Arbeitserlaubnis. Aufgrund der Untersuchung werden Mittel vorgeschlagen, die Langzeitfolgen für den Gefangenen haben können. Die Untersuchung mit ihren Folgen kann daher als eine Tätigkeit mit erheblicher Grundrechtsrelevanz beurteilt werden, was eine materielle Privatisierung verbietet.

Die Frage könnte allerdings erhoben werden, ob nicht die Ausnahmeregel des Art. 33 IV GG eingreifen kann. Diese Möglichkeit ist gegeben, wenn das Schwergewicht hoheitlicher Aufgabenerfüllung im betroffenen Verwaltungsbereich unmittelbar beim Staat bleibt. Konkret heißt dies, daß die Zuständigkeit für staatliche Aufgaben und ihrer Aufgabenverantwortung bei der Strafvollzugsanstalt verbleibt, während die Erledigung der Aufgaben, insbesondere die Leistungserstellung oder Aufgabendurchführung, auf einen Privaten übertragen wird. Die Letztentscheidungsverantwortung der Verwaltung darf hierbei durch die Tätigkeit des Privaten nicht berührt oder gar faktisch ausgehöhlt werden. Diese Voraussetzungen wären bei einem privaten Psychiater oder Psychologen erfüllt. Diese Privaten könnten dann als Verwaltungshelfer tätig werden, da sie nur eine untergeordnete Teilfunktion im Strafvollzug wahrnehmen. So kann das Arbeitsgebiet der gutachterlichen Stellungnahme zu den Zugangsbeurteilungen und Persönlichkeitserforschungen als eine wissenschaftliche Beihilfe zu den personenbezogenen Entscheidungen verstanden werden,[443] während die Vollzugsleitung letztlich die Entscheidung über die vorgeschlagenen Maßnahmen hat. So können sich zwar aus der Behandlungsuntersuchung erhebliche grundrechtsrelevante Vorschläge für Behandlungsmaßnahmen ergeben. Die Entschei-

---

[441] Mey in Schwind/Böhm, § 6 RdNr. 6.

[442] Hierunter versteht man die Einteilung der Gefangenen in Gruppen mit gleichen oder ähnlichen Behandlungsbedürfnissen.

[443] Schwind/Blau, S. 176.

dung und Verantwortung über diese Maßnahmen verbleiben aber bei der Vollzugsleitung und somit beim Staat. Eine Ausnahme zu der Regel des Art. 33 IV GG ist erlaubt; der Staat bedient sich nur der besonderen Sachkunde privater Psychiater und Psychologen. Die Aufgabe des Psychiaters oder Psychologen kann funktionell privatisiert werden, er würde dann als Verwaltungshelfer in den Vollzug integriert.

Eine funktionelle Privatisierung in Gestalt der Beleihung lediglich für den Bereich der Behandlungsuntersuchung ist nicht nötig. Die Entscheidungskompetenz des Privaten besteht nur in einem abgrenzbaren Spezialgebiet, nämlich der Art und Weise der Untersuchungsmethoden und hat keine unmittelbare Grundrechtsbeeinträchtigungen zur Folge.

Festzuhalten ist die Möglichkeit der funktionellen Privatisierung in der Form der Verwaltungshilfe. Hierbei können private Fachleute einfach eingebunden werden. Weiter ist aber auch eine formelle Privatisierung möglich, bei der das formell privatisierte Rechtssubjekt als Verwaltungshelfer tätig wird.

III. Beispiel: Behandlungsmaßnahmen

Die Behandlungsuntersuchung dient als Voraussetzung für den nun zu prüfenden Vollzugsplan und die Behandlungsmaßnahmen. Grundsätzlich sollen die in Betracht kommenden Behandlungsmaßnahmen gleich zu Beginn des Strafvollzuges, für jeden Gefangenen individuell, auf einen für ihn zugeschnittenen Vollzugsplan gebracht werden. Dabei erhebt sich die Frage, ob die Personen, die den Plan erstellen oder zu einem späteren Zeitpunkt eine entsprechende Vollzugsmaßnahme anordnen, beispielsweise eine Vollzugslockerung, Private sein können.[444] Wegen der Ähnlichkeit der Entscheidungsfindung und Anordnung werden die Vollzugsplanerstellung, die Vollzugslockerungen und die Anordnung von Disziplinarmaßnahmen zwar einzeln, aber gemeinsam unter dem Oberbegriff der Behandlungsmaßnahmen begutachtet.[445]

---

[444] Grundsätzlich soll bereits der Vollzugsplan verhältnismäßig sichere Daten enthalten, ab wann dem Gefangenen Lockerungen gewährt werden. Insofern ist aber zu unterscheiden, ob der Vollzugsplan zu einem bestimmten Zeitpunkt lediglich die Prüfung einer Vollzugslockerung vorsieht und damit dem Gefangenen einen Prüfungsanspruch gibt, oder bereits die Lockerung selbst, Lesting in AK StVollzG, § 11 RdNr. 65.

[445] Z.B. ist die Urlaubsgewährung ein ähnlicher Vorgang.

1.) Erstellung des Vollzugsplanes

a) Tätigkeitsbeschreibung der Vollzugsplanerstellung

Auf der Grundlage der Behandlungsuntersuchung wird ein individueller Vollzugsplan erstellt, der zur Erreichung des Vollzugsziels beitragen soll.[446] Minimalvoraussetzung des Vollzugsplans sind folgende Behandlungsmaßnahmen: Art der Unterbringung (geschlossen, offen oder sozialtherapeutisch), Zuweisung zu Wohn- und Behandlungsgruppen, Arbeitseinsatz sowie die Aus- und Weiterbildung, Teilnahme an Veranstaltungen der Weiterbildung, besondere Hilfs- und Behandlungsmaßnahmen, Lockerung und schließlich notwendige Maßnahmen zur Vorbereitung der Entlassung. Jede im Vollzugsplan vorgeschlagene und angeordnete Behandlungsmaßnahme muß im Rahmen einer Konferenz beraten und ausreichend begründet werden.[447] Der Begründungszweck liegt darin, dem Insassen die Argumente verständlich zu machen, damit er sich aktiv an seiner Resozialisierung beteiligt. In die gleiche Zielrichtung geht die Einbeziehung des Gefangenen in die Beratung des Vollzugsplans.

Für die Erstellung und schriftliche Ausfertigung ist die Vollzugsbehörde, also der Anstaltsleiter und die an der Behandlung Beteiligten, zuständig und verantwortlich. Der Plan gilt als Wegweiser für den Ablauf des Vollzugs, der wegen der sich ändernden Verhältnisse fortlaufend zu aktualisieren ist (Vollzugsplanfortschreibung). Dem Gefangenen wird eine Kopie des Vollzugsplans ausgehändigt und er wird über Änderungen unterrichtet.[448]

b) Grundrechtsrelevanz der Vollzugsplanerstellung

Die in einem Gremium erstellten und dann entschiedenen Vollzugsmaßnahmen könnten in ihrer Auswirkung auf den Gefangenen eine Grundrechtsrelevanz bei den Grundrechten aus Art. 2 I GG und Art. 12 I GG haben.

Der Schutzbereich der allgemeinen Handlungsfreiheit des Art. 2 I GG ist berührt. Der Gefangene kann durch Maßnahmen des Vollzugsplans über die Freiheitsstrafe hinaus in seinem Tun und Lassen nach eigenem Willen beschnitten werden. Durch manche Anordnungen des Plans ist die grundsätzliche „Freiheit

---

[446] § 2 StVollzG: der Gefangene soll fähig werden, künftig in sozialer Verantwortung ein Leben ohne Straftaten führen zu können.

[447] Teilnehmen sollen der Vollzugsleiter bzw. ein von ihm delegierter Stellvertreter und die unmittelbar an der Untersuchung und der Behandlung beteiligten Personen.

[448] Im Ganzen auch Calliess/Müller-Dietz, § 7 RdNr. 1f.

von staatlichem Zwang"[449], die es im geringen Maße auch noch im Strafvollzug gibt, betroffen. Beispielsweise ist es für einen Gefangenen von Bedeutung, ob er auf Grund des Vollzugsplans für den offenen oder geschlossenen Vollzug vorgesehen ist. Es ist offensichtlich, daß er durch den offenen Vollzug weniger eingeschränkt wird als in geschlossenen Anstalten. Auch Vollzugslockerungen oder besondere Behandlungsmaßnahmen wirken sich auf den Schutzbereich des Art. 2 I GG aus.

Bei deutschen Vollzugsinsassen kann ferner eine Betroffenheit des Schutzbereichs aus Art. 12 I GG vorliegen.[450] Durch die Maßnahmen des Vollzugsplans kann der Gefangene zu einer Umschulung zu einer anderen beruflichen Tätigkeit, einer Ausbildung oder Arbeitsstelle zugewiesen werden.[451] Hierbei soll die JVA nicht nur die Fähigkeiten, Fertigkeiten und Neigungen des Gefangenen beachten, sondern auch die Lage und Entwicklung des Arbeitsmarkts. Eine Zuweisung könnte ihn dann in seiner Freiheit der berufsbezogenen Ausbildung betreffen, da der weitere Bildungs- und (spätere) Lebensweg des Gefangenen beeinflußt werden.[452]

Daher könnte die Erstellung des Vollzugsplans zumindest die Grundrechte aus Art. 2 I GG und Art. 12 I GG beeinträchtigen.

Wegen der Folgen für den weiteren Vollzug und auch wegen der Langzeitfolgen für das Vollzugsziel des straffreien Lebens weist der Vollzugsplan sogar eine erhebliche Grundrechtsrelevanz auf. Ein erster Grund ist das umfangreiche Auswahlermessen aus verschiedenen Maßnahmen. Von einem fehlerfreien Gebrauch dieses Ermessens muß der Gefangene ausgehen dürfen, da eine Maßnahme wie die Zuteilung in den offenen Vollzug eine individuelle Langzeitwirkung für ihn hat. Auch Maßnahmen im geschlossenen Vollzug können schädliche Folgen, welche sich auf die Psyche und/oder Gesundheit des Gefangenen auswirken können, nach sich ziehen. Eine negative individuelle Langzeitwirkung kann auch die Entscheidung über die Aus- und Weiterbildung haben, da eine solche Maßnahme den Bildungs- und Lebensweg des Gefangenen und damit seine soziale Rolle nach dem Gefängnisaufenthalt entscheidend prägen kann.

---

449 Di Fabio in Maunz/Dürig GG, Art. 2 RdNr. 12.

450 Ein Ausländer kann sich dann allerdings auf das Auffanggrundrecht Art. 2 I GG berufen.

451 Vgl. § 37 II StVollzG und § 41 I StVollzG. Danach ist der Gefangene verpflichtet, eine ihm zugewiesene Arbeit auszuüben. Weigert sich der Gefangene, eine ihm zugewiesene Arbeit auszuführen, so riskiert er disziplinarische Sanktionen gem. §§ 102, 103 StVollzG; Däubler/Pécic in AK StVollzG, § 41 RdNr. 6.

452 BVerfGE 58, 257 (273); Jarass in Jarass/Pieroth, Art. 12 RdNr. 74.

Die erhebliche Grundrechtsrelevanz der Vollzugsplanerstellung wird auch durch die Vorgaben des Strafvollzugsgesetzes bekräftigt. Schließlich entscheidet eine Konferenz über die Erstellung des Vollzugsplans.[453] Ein Gremium muß nach ausgiebiger Beratung zu einem gemeinsam zu vertretenden Vollzugsplan kommen. Es wird also davon abgesehen, einer einzelnen Person die Entscheidung zuzumuten. Der Gesetzgeber sieht mithin die Wichtigkeit einer weitestgehend fehlerfreien Vollzugsplanerstellung.

Ein weiterer Grund für die Erheblichkeit ergibt sich aus dem Blickwinkel der Sicherheit und Ordnung. Durch eine falsche Entscheidung kann die Sicherheit anderer Gefangener oder in Freiheit lebender Personen in Gefahr geraten. Beispielsweise könnte ein auf Rache sinnender Mitgefangener hierfür die gemeinsame Freistunde mißbrauchen oder den der Resozialisierung dienenden Freigang für neue Straftaten nutzen.

Die erhebliche Grundrechtsrelevanz der Vollzugsplanerstellung verbietet eine materielle Privatisierung. Aus dem gleichen Grund darf die Aufgabe auch nicht durch Verwaltungshelfer ausgeführt werden. Lediglich die Mitarbeit privater Therapeuten oder Psychologen in den Gremien ist möglich. Allerdings nur solange, wie sie nicht die Mehrheit in der Konferenz der Vollzugsplanerstellung haben. Andernfalls hätten sie als Verwaltungshelfer einen zu starken Einfluß während des Willensbildungsprozesses einer letztlich hoheitlichen Entscheidung.

Eine funktionelle Privatisierung in Form einer Beleihung auf Grund der Ausnahmeregelung des Art. 33 IV GG ist ebenfalls nicht möglich. Die Prognoseentscheidung wie auch das Auswahlermessen greifen in solch erheblichem Umfang in die Grundrechte eines Gefangenen ein, daß ein mögliches Fehlurteil nur durch den Staat selbst, also den staatlichen Bediensten, vertretbar erscheint.

Es ist somit festzuhalten, daß die Vollzugsplanerstellung eine erhebliche Grundrechtsrelevanz aufweist und daß – selbst wenn an der Konferenz private Therapeuten oder Psychologen teilnehmen dürfen – letztlich die Entscheidung über die Maßnahmen durch Beamte nach außen sichtbar manifestiert werden muß.

2.) Entscheidung über Vollzugslockerungen

Eine Lockerung des Vollzugs kann ganz unterschiedlich ausgestaltet sein, beispielsweise als Außenbeschäftigung, Freigang, Ausführung oder Ausgang. Jedes

---

[453] Vgl. § 159 StVollzG.

dieser Mittel bedeutet ein unterschiedliches Maß der Überwachung. Zugleich stellen Lockerungen des Vollzugs aber notwendige Behandlungsmaßnahmen zur Erreichung des Vollzugsziels dar. Der Gefangene soll den Kontakt zum Leben außerhalb der Anstalt nicht gänzlich verlieren. Die Vielfalt der Lockerungsmöglichkeiten soll zudem eine behutsame Wiedereingliederung in das Leben der freien Gesellschaft ermöglichen.[454]

Die genannten Maßnahmen werden grundsätzlich von der Vollzugsbehörde, und zwar dem Vollzugsleiter oder unter Beteiligung der Vollzugskonferenz, angeordnet. Bei der Anordnung der Vollzugslockerungen werden dem Entscheidungsträger ein Beurteilungsspielraum wie auch ein Ermessen zugestanden. Die Ermessensentscheidung hat sich hierbei an dem Ziel der Wiedereingliederung zu orientieren,[455] wobei eine Lockerung nicht möglich ist, wenn der Insasse dieser Maßnahme nicht zustimmt.

Eine Privatisierung dieser Aufgabe ist nicht möglich, da eine erhebliche Grundrechtsrelevanz vorliegt. Eine Ausnahme von der Regel des Art. 33 IV GG ist nicht statthaft. Zur Begründung dieser Feststellung ist grundsätzlich auf die Darlegungen zur Vollzugsplanerstellung zu verweisen.[456] Wie dort steht auch hier dem Entscheidungsträger ein Ermessen und eine Prognoseentscheidung zu. Diese Entscheidungen können zusätzlich in die Grundrechte aus Art. 2 GG oder Art. 12 I GG eingreifen, wenn eine Lockerung für einen Aus- oder Freigang verwehrt wird. Allerdings ist die vor der Ermessensausübung anstehende Prognose, also die Vorhersage künftigen Verhaltens auf Grund gegenwärtig verfügbarer Fakten, für die Frage der Privatisierung als noch erheblicher zu beurteilen. Denn eine Prognose sozialen Verhaltens weist schon auf Grund der Situationsgebundenheit und Unterschiedlichkeit menschlicher Reaktionen notwendigerweise bestimmte Fehlerraten auf. Bei der negativen Bescheidung eines Antrags auf Lockerung können eine Fehlbeurteilung nicht nur eine weitere Beschneidung der obigen Grundrechte bedeuten, sondern auch dazu führen, daß sich die möglichen schädlichen Einflüsse des Strafvollzugs verfestigen. Hingegen kann eine fehlerhafte positive Entscheidung schädliche Konsequenzen für die Allgemeinheit haben. Aus diesen Gründen scheidet eine Privatisierung der Entscheidung über Vollzugslockerungen generell aus.[457]

---

[454] Calliess/Müller-Dietz, § 11 RdNr. 1ff.; Kühling/Ullenbruch in Schind/Böhm, § 11 RdNr. 1 ff.

[455] Lesting in AK StVollzG, § 11 RdNr. 54.

[456] Siehe 4. Teil, C., III, 1.).

[457] Ausführlich zu Prognose und Fehlurteil bei Lesting in AK StVollzG, § 11 RdNr. 35f.

3.) Das Anordnen von Disziplinarmaßnahmen

Disziplinarmaßnahmen[458], wie Beschränkung von Hausgeld, Lesestoff oder Freizeit, aber auch die Arrestverhängung, sind Ahndungen bei Pflichtverstößen. Ein Pflichtverstoß liegt vor, wenn der Gefangene gegen die Vorschriften des StVollzG oder der sich aufgrund dieses Gesetzes ergebenden Verordnungen verstößt.[459] Auch wenn Disziplinarmaßnahmen keine Strafen darstellen, haben sie einen strafähnlichen Charakter; die Schuldangemessenheit und Verhältnismäßigkeit sind daher zu beachten. Für die Verhängung der Sanktion ist der Vollzugsleiter zuständig, soweit er nicht persönlich in den Pflichtverstoß involviert ist oder mit Zustimmung der Aufsichtsbehörde seine Entscheidungskompetenz an einen Abteilungsleiter delegiert hat. Der Entscheidungsträger hat den Sachverhalt aufzuklären und den Betroffenen zu hören.

Die Anordnung von Disziplinarmaßnahmen ist bei der Begutachtung in die Kategorie der Behandlungsmaßnahmen einzuordnen. Eine Disziplinarmaßnahme dient nicht so sehr dem Zweck der Repression als der Unterstützung der Behandlung und ist in ihrem Zusammenhang zu sehen. Diese Maßnahmen gewährleisten die Spielregeln eines geordneten Zusammenlebens und die Sicherheit in der Anstalt. Die Disziplinarmaßnahmen sichern damit die Mindestvoraussetzungen, auf denen ein erfolgreicher Behandlungsvollzug erst aufbauen kann. Allerdings sind die Disziplinarmaßnahmen subsidiär gegenüber anderen Behandlungsmaßnahmen; sie sind ein untergeordneter Teil bei der Resozialisierung.[460]

Die Anordnung von Disziplinarmaßnahmen ist wie die Vollzugsplanerstellung und die Entscheidung über Vollzugslockerungen zu beurteilen. Dies bedeutet, daß eine Privatisierung nicht möglich ist. Im Rahmen der Anordnung der Disziplinarmaßnahmen wird dem Entscheidungsträger ein Ermessen bei den Mitteln zugestanden. Hierdurch kann er zusätzlich in die Grundrechte aus Art. 2 GG oder Art. 5 I GG eingreifen, wenn beispielsweise die Freizeit oder der Lesestoff beschränkt wird.[461] Besonders deutlich tritt die erhebliche Grundrechtsrelevanz bei der umstrittenen[462] Arrestverhängung hervor. Außerdem hat der Entscheidende auf Grund des Opportunitätsprinzips ein Ermessen, ob und wie er im Interesse des Anstaltsalltags einen Pflichtverstoß verfolgen will. Eine zu kleinliche oder auch zu großzügige Handhabung kann sich dann kontraproduktiv auf das

---

[458] Früher Hausstrafe genannt, heute in § 102ff. StVollzG geregelt.
[459] Böhm in Schwind/Böhm, § 102 RdNr. 3.
[460] Calliess/Müller-Dietz, § 102 RdNr. 1; Bt-Drucks. 7/3998, S. 38; Bt-Drucks. 7/918, S. 81f.
[461] Hoffmeyer, S. 234f. u. 240f.
[462] Manche Stimmen in der Literatur wollen diese Maßnahme in die Kompetenz der Gerichte legen.

Vollzugsziel auswirken. Der Entscheidungsträger muß folglich viele grundrechtsrelevante Gesichtspunkte gegeneinander abwägen, was gegen jede Privatisierung spricht.

Ein letztes der Privatisierung widersprechendes Argument läßt sich mit einem Blick nach England gewinnen. In England, wo seit Anfang der 1990er Jahre private Vollzugsanstalten existieren, sah der Staat es für notwendig an, einen „staatlichen Controller" in den Gefängnissen einzusetzen. Dieser vom Innenministerium (Home Office) eingesetzte Ministerialinspektor hat die Aufgabe, die Einhaltung der vom Innenministerium vertraglich vereinbarten Kriterien sicherzustellen und vor allem die Disziplinarverfahren gegen Strafgefangene durchzuführen.[463] Also selbst in England, wo es keine geschriebene Verfassung gibt, hält man es für notwendig, die weitergehende Sanktionierung eines Gefangenen in unmittelbarer staatlicher Verantwortung zu belassen. Bezüglich der Disziplinarmaßnahmen wird gleiches aus den Vereinigten Staaten berichtet.[464]

IV. Beispiel: Führen der Gefangenenpersonalakten

1.) Tätigkeitsbeschreibung des Führens der Gefangenenpersonalakte

Gefangenenpersonalakten[465] umfassen die wesentlichen Schriftstücke und andere Niederschriften über den Gefangenen[466]wie auch die für den Vollzug erforderlichen personenbezogenen Daten. Insbesondere enthalten die Akten die Aufzeichnungen der Aufnahmeverhandlung, Personenbeschreibungen, das Ergebnis der ärztlichen Untersuchung, den Vollzugsplan, einen Lebenslauf, einen Fragebogen zum persönlichen Umfeld und Werdegang, Übersichten über Vollzugsmaßnahmen[467], auch Kontenübersichten, Pfändungsbescheide, das Strafurteil mit Begründung und ein Photo des Inhaftierten. Die personenbezogenen Daten sind bei dem Betroffenen zu erheben.

Der die Gefangenenpersonalakten Verwaltende ist für den Verbleib und entsprechende Versendungsnotizen zuständig und verantwortlich. Die Verwaltung umfaßt auch die Sicherung vor unbefugtem Zugriff; auch ein im Vollzug Tätiger darf nur ausnahmsweise Akteneinsicht nehmen. Zwei Jahre nach der Entlassung

---

[463] Smartt, Privatisierung im englischen Strafvollzug, ZfStrVo995, 290 (291); Salewski in: Privatisierung im Strafvollzug, S. 82.
[464] Kulas, S. 121.
[465] Ist nicht identisch mit den Gesundheitsakten, die vom Anstaltsarzt getrennt zu führen sind.
[466] Nr. 58 II VGO.
[467] Hierzu zählen Urlaub, Disziplinarmaßnahmen, Verwarnungen oder besondere Sicherungsmaßnahmen.

sind personenbezogene Dateien, aber nicht die Akte, zu löschen. Der Inhaftierte hat Anspruch auf Auskunft über seine gespeicherten Daten sowie Herkunft der Daten und Zweck der Speicherung.

2.) Die Grundrechtsrelevanz des Führens der Gefangenenpersonalakte

Eine Grundrechtsrelevanz beim Führen der Gefangenenpersonalakten ist auf Grund des informationellen Selbstbestimmungsrechts aus Art. 2 I GG i.V.m. Art. 1 I GG als einem Aspekt des allgemeinen Persönlichkeitsrechts gegeben. Wie in der Tätigkeitsbeschreibung dargestellt, werden alle vollzugsrelevanten Informationen über die Gefangenen in den Personalakten geführt. Diese Informationsansammlung beeinträchtigt den Schutzbereich dieses Grundrechts, das dem Einzelnen das Recht gibt, selbst über die Preisgabe und Verwendung persönlicher Daten zu bestimmen.[468] Diese Selbstbestimmung ist im Strafvollzug allerdings nicht mehr uneingeschränkt gegeben. Ferner sind möglicherweise auch noch Grundrechte aus Art. 5 I GG, Art. 6 I GG oder Art. 10 GG betroffen, da sich in den Akten zum Beispiel Gesprächsvermerke oder Stellungnahmen befinden können.[469] Diese Kumulation von Informationen ist auf Grund des Vollzugsgesetzes statthaft, sofern diese Mitteilungen im Vollzugsinteresse der Sicherheit und Ordnung liegen.

Fraglich ist jedoch, ob die Tätigkeit des Führens der Gefangenenpersonalakte eine solch erhebliche Grundrechtsrelevanz aufweist, daß nur staatliche Bedienstete diese Aufgabe ausüben dürfen.

Das Führen, also Herausgeben, Pflegen oder auch Aufbewahren einer Personalakte beeinträchtigt zwar nicht die körperliche Integrität oder die Freiheit des Gefangenen, kann aber ähnlich schwer, und damit erheblich, die Grundrechte des Gefangenen verletzen. Die Tätigkeit gibt beinahe das gesamte Wissen über eine Persönlichkeit in die Hände des Ausführenden. Die niedergelegten Informationen weisen dabei nicht nur in ihrer Gesamtheit, sondern auch in einzelnen Schriftstücken und Gutachten, eine erhebliche Grundrechtsrelevanz auf und stellen auch wegen der vorrangig negativen Daten des Gefangenen ein zwangsläufig unvollständiges und damit verzerrtes Bild dar.[470] Wegen der Möglichkeit, intimstes Wissen unkompliziert erlangen zu können, ist der Staat dann verpflichtet, den Kreis derjenigen nicht nur klein zu halten, sondern auch so eng wie möglich an sich zu binden. Eine solch enge Bindung wäre durch eine ver-

---

[468] BVerfGE 65, 1 (43); 78, 77 (84); 84, 192 (194).
[469] Weichert in AK StVollzG, Vor. § 179 RdNr. 2.
[470] Weichert in AK StVollzG, Vor. § 179 RdNr. 3.

tragliche Verpflichtung privater Aktenbearbeiter nicht mehr sichergestellt, da ein Vertrag immer das Risiko unterschiedlicher Auslegung oder vorzeitiger Beendigung mit sich bringt. Dies läßt, wie auch bei der Begutachtung der Durchsuchung des Haftraums festgestellt, eine Einbeziehung von Privaten ausscheiden. Auch wäre es widersprüchlich, die Privatisierung bei der Durchsuchung wegen der Verletzung der Intimsphäre einerseits abzulehnen und andererseits eine Tätigkeit, die nunmehr alle Gefangenendaten, einschließlich der intimen Erkenntnisse aus einer Durchsuchung, offenlegt, einem Privaten anzuvertrauen.

Weiter steht der Person, welche die Gefangenenpersonalakten führt, ein Ermessen zu. Der Aktenverwalter entscheidet, an wen und welche Informationen über den Gefangenen herausgeben werden dürfen. So könnte ein Fehlurteil bei dieser Entscheidung das Recht auf informationelle Selbstbestimmung verletzen und somit eventuell eine nur schwer wiedergutzumachende Langzeitwirkung bei dem Gefangenen entfalten. Ein Spätschaden könnte sich in der Form darstellen, daß dem Gefangenen wegen einer an die Öffentlichkeit fälschlich herausgegebenen Information die Eingliederung in die Gesellschaft unzumutbar erschwert wird. Ein solcher Vorgang würde neben dem Selbstbestimmungsrecht auch das Recht auf Resozialisierung aus Art. 2 I GG i.V.m. Art. 1 GG verletzen.

Der Kreis der Zugangsberechtigten zu den Gefangenenpersonalakten muß auch deshalb klein gehalten und unmittelbar staatlich gebunden bleiben, da zum Beispiel die Urteilsbegründungen Daten der Opfer enthalten können, wie dies oft bei Sexualdelikten der Fall ist.[471] Ein sorgloser Umgang mit solchen Informationen würde dann auch in die Grundrechte Dritter eingreifen.

Der Staat hat bei solch erheblich grundrechtsrelevanten Informationen die Verpflichtung, alle Vorkehrungen zu treffen, um der Gefahr einer Verletzung des informationellen Selbstbestimmungsrechts und der anderen genannten Grundrechte entgegenzuwirken. Wollte man eine Privatisierung für möglich halten, so müßte der Staat eine lückenlose Aufsicht sicherstellen, damit die Informationen nicht unsachgemäß verwaltet werden.[472] Eine solche umfangreiche Kontrolle würde den Personenkreis bei der Aufgabe des Führens der Gefangenenpersonalakten vergrößern. Dadurch würde zum einen die Wahrnehmung des informationellen Selbstbestimmungsrechts weiter erschwert, da der Gefangene die Übersicht über den verwaltenden Personenkreis verlöre.[473] Zum anderen würde ein bei der Überwachung eingesetzter großer Personenkreis der Idee der Privatisie-

---

[471] Weichert in AK StVollzG, § 183 RdNr. 5.
[472] Weichert in AK StVollzG, Vor. § 179 RdNr. 1.
[473] Weichert in AK StVollzG, Vor. § 179 RdNr. 4.

rung widersprechen, weil durch den vermehrten Einsatz ausführender und überwachender Personen eine Kostenreduzierung nicht erreicht werden könnte.

Zusammenfassend liegt demnach beim Führen der Gefangenenpersonalakten eine erhebliche Grundrechtsrelevanz im Hinblick auf das Grundrecht auf informationelle Selbstbestimmung vor, so daß eine Privatisierung dieser Aufgabe nicht möglich ist.

V. Beispiel: Bearbeitung der Gefangenenbeschwerden

1.) Tätigkeitsbeschreibung der Bearbeitung der Gefangenenbeschwerden

Dem Gefangenen steht während seines Vollzugs der Rechtsbehelf der Beschwerde zur Verfügung. Der Häftling erhält gemäß § 108 I StVollzG Gelegenheit, sich mit Wünschen, Anregungen und Beschwerden, die ihn selbst betreffen, an den Anstaltsleiter oder einen Vertreter zu wenden. Der Begriff Beschwerderecht ist jedoch irreführend, da hierunter allgemein ein förmliches Rechtsmittel verstanden wird. Das Beschwerderecht gemäß 108 StVollzG ist aber kein förmliches Rechtsmittel oder Rechtsbehelf. Die Gefangenenbeschwerde ist vielmehr ein rechtlich garantiertes Mittel der außergerichtlichen Konfliktlösung.[474] Scheitert eine Konfliktlösung, stehen dem Gefangenen die §§ 109ff. StVollzG für eine gerichtliche Klärung des Konflikts zur Verfügung.[475] Über die Antragsmöglichkeiten nach § 109ff. StVollzG ist der Gefangene im Falle des Scheiterns auch zu belehren.[476] Ebensowenig beeinträchtigt die Gefangenenbeschwerde die Möglichkeit der Dienstaufsichtsbeschwerde (§ 108 III StVollzG).

Durch die Gefangenenbeschwerde werden die Rechtsschutz- und Rechtsweggarantie des Art. 19 IV GG innerhalb der Strafvollzugsanstalt konkretisiert.[477] Die Beschwerde ist im Rechtsschutzsystem die erste und schnellste Möglichkeit, verwaltungsintern das Verhalten der Vollzugsbehörden kontrollieren zu lassen. Im Hinblick auf das Vollzugsziel ist dieses Mittel der Konfliktlösung vorrangig gegenüber der gerichtlichen Auseinandersetzung.[478]

---

[474] Volckart in AK StVollzG, Vor. § 108 RdNr. 6; Calliess/Müller-Dietz, § 108 RdNr. 3.
[475] Von einer Begutachtung der Privatisierung des gerichtlichen Verfahrens wird abgesehen, da es sich nicht mehr um Tätigkeiten im Strafvollzug handelt.
[476] Volckart in AK StVollzG, § 108 RdNr. 4.
[477] Dünkel, GA 1996, 518 (521).
[478] Laubenthal, Strafvollzug, RdNr. 750 u. 753.

Die Beschwerde gibt die Möglichkeit, vor der Anstrengung eines Gerichtsverfahrens auf einfache Art und Weise zu einer Problemlösung zu gelangen. Zusätzlich ist die Beschwerde von großer Bedeutung für die Inhaftierten aufgrund der psychisch-sozial belasteten Vollzugssituation.[479] Die Beschwerdemöglichkeit stellt ein wesentliches Mittel des Behandlungskonzepts dar, da es geeignet ist, eine einvernehmliche Konfliktlösung herbeizuführen.[480] Gleichfalls ist die Beschwerde eine Ausprägung der allgemeinen Fürsorgepflicht.[481]

Grundsätzlich kann die Beschwerde durch formlose, also schriftlich oder, etwa bei regelmäßig stattfindenden Sprechstunden, mündlich erhoben werden. Die Beschwerden sind dann aber mit schriftlicher Begründung zu bescheiden.

2.) Grundrechtsrelevanz bei der Bearbeitung der Gefangenenbeschwerden in einer weitgehend privatisierten Strafvollzugsanstalt

In einer Strafvollzugsanstalt, in der der überwiegende Teil der Vollzugsaufgaben durch Private erfüllt wird, könnte die Bearbeitung der Gefangenenbeschwerde durch Private auf erhebliche grundrechtsrelevante Probleme stoßen. Eine private Bearbeitung könnte in Konflikt mit dem Anspruch auf Resozialisierung, Vertrauensschutz und effektiven Rechtsschutz geraten.

Die Bearbeitung der Gefangenenbeschwerden weist wegen des Gebots der Resozialisierung eine Grundrechtsrelevanz auf, die sich aus den Grundrechten von Art. 1 GG i.V.m. Art. 2 I GG ableitet. Der Gefangene hat einen Anspruch auf eine Behandlung während des Gefängnisaufenthalts, die ihn in die Lage versetzt, nach Beendigung der Haftstrafe ein straffreies Leben in der Gesellschaft zu führen. Ein solches Leben ist jedoch nur möglich, wenn der Häftling auf Recht, Gerechtigkeit, Fairneß oder Schutz vor Repressalien vertrauen kann; mit anderen Worten heißt das, Willkür im Strafvollzug muß ausgeschlossen sein.[482] Sollte er durch den Vollzug kein Vertrauen in rechtsstaatliches Handeln erwerben, so entstehen Probleme bei der Resozialisierung. Bei der Behandlung und den mit ihr im Zusammenhang stehenden Beschwerden muß beachtet werden, daß das Rechtsempfinden eines Gefangenen gegenüber ungerechtfertigten Vollzugsmaßnahmen besonders geschärft ist, zum einen durch die Haftsituation selbst und zum anderen durch vorausgegangene, als enttäuschend verarbeitete Erfah-

---

479 Calliess/Müller-Dietz, § 108 RdNr. 2.
480 Calliess/Müller-Dietz, § 108 RdNr. 3.
481 Volckart in AK StVollzG, § 108 RdNr. 1.
482 Vgl. Wagner, Joachim, Rechtsschutz des Strafgefangenen, MschrKrim 1976, 241 (241, 243).

rungen mit staatlicher und nichtstaatlicher Autorität. Wird ein Häftling dann durch eine Beschwerdeentscheidung überfahren, hat er Anlaß zu glauben, sein Anliegen sei nachlässig bearbeitet worden. Dies kann zu einer (weiteren) resignativen Erlebnisverarbeitung führen, die geeignet ist, das Vollzugsziel unmittelbar zu gefährden.[483] Gewinnt also ein Gefangener bei solchen Beschwerden nicht das Vertrauen in rechtmäßige Entscheidungen,[484] wird er in Freiheit dieses Vertrauen auch nicht haben oder erlangen und den Weg in Abkehr von der gesellschaftlichen und staatlichen Ordnung gehen.[485] Daher müssen die Behandlungsmaßnahmen, also auch die Beschwerdebearbeitung, die Empfindlichkeiten des Gefangenen stets beachten. Das Vertrauen in gerechte Entscheidungen wäre zudem noch geringer, wenn nunmehr die Urteilenden ebenso Private sind wie jene, die möglicherweise Verfehlungen begangen haben und gegen deren Verfehlung die Beschwerde sich richtet. Dieses Vertrauen ist aber vom Staat zu gewährleisten, da der Vertrauensschutz eine Komponente der Rechtsstaatlichkeit darstellt.[486]

Die private Bearbeitung der Gefangenenbeschwerden in einem weitgehend privatisierten Vollzug beeinträchtigt also den grundrechtlichen Anspruch auf Resozialisierung und den Vertrauensschutz in rechtsstaatliches Handeln.

Weiter könnte eine Privatisierung der Bearbeitung der Gefangenenbeschwerden den effektiven Rechtsschutz in Form der Beschwerdemöglichkeit gefährden. Rechtsschutz ist zumeist nur wirksam, wenn die Prozeßgegner nahezu gleich stark sind oder so viel Distanz zueinander haben, daß zwischen ihnen über die Tatsache des Rechtsstreits hinaus keine Konsequenzen möglich sind, die der Schwächere zu befürchten hätte.[487] Die Anstaltssituation und die Möglichkeiten der Beschwerde stellen eine andere Situation dar als ein Rechtsstreit in Freiheit. Eine Vollzugsanstalt ist eine eigene, von der Außenwelt abgeschlossene Einheit, in der Gefangene und Wärter auf engem Raum zusammen sind. Zusätzlich besteht eine Unterteilung in anordnungsberechtigte Wärter und anordnungsempfangende Häftlinge. Ein Gefangener ist also in vielen Dingen des Vollzugsalltags von den Wärtern abhängig.[488] Sollte sich nunmehr der Insasse über eine Anordnung seines Wärters beschweren, so besteht anschließend die Gefahr, subtile Repressalien durch den betroffenen Wärter zu erfahren. Mit anderen Worten heißt das, in einer Vollzugsanstalt sind beschwerender Gefangener und betroffener Wärter nicht gleich stark und ihre Distanz über die Tatsache der Be-

---

[483] Volckart in AK StVollzG, Vor. § 108 RdNr. 49.
[484] Feest, Totale Institution, S. 19f.
[485] Wagner, Joachim, Rechtsschutz des Strafgefangenen, MschrKrim 1976, 241 (243).
[486] BVerfGE 50, 244 (250).
[487] Volckart in AK StVollzG, Vor. § 108 RdNr. 52.
[488] Volckart in AK StVollzG, Vor. § 108 RdNr. 52.

schwerde hinaus nicht besonders gering. Fürchtet dann ein Gefangener nach der Beschwerde subtile Repressalien, könnte er zukünftig auf Beschwerden verzichten.[489] Sollte dies eintreten, wäre aber der Sinn und Zweck der vollzugsinternen Beschwerde gefährdet. Dieser Gefahr hat schon der rein staatliche Vollzug energisch entgegenzutreten.[490] Sollte nunmehr aber ein privater Beschwerdebearbeiter über Verfehlungen seiner Kollegen, den privaten Wärtern, urteilen, so verstärkt sich die Befürchtung vor Repressalien und unsachgemäßer Bearbeitung. Die Objektivität und Neutralität des Privaten gegenüber anderen Privaten würde vom Gefangenen angezweifelt. In einem weitgehend privatisierten Vollzug würde dem Gefangenen eine unabhängige, neutrale und objektiv urteilende Instanz fehlen, die den Beschwerdeführer vor fehlerhaften Vollzugsmaßnahmen der Privaten schützt.[491] Würde also ein Gefangener aus Angst oder Verdruß das Mittel der Beschwerde nicht nutzen, so wäre die Effizienz des vollzugsinternen Rechtsschutzes beeinträchtigt.

Resümierend ist das private Bearbeiten von Gefangenenbeschwerden eine Tätigkeit, die Grundrechte und Verfassungsprinzipien tangiert, wenn der überwiegende Teil der Vollzugsaufgaben durch Private erledigt wird.

Die Bearbeitung der Gefangenenbeschwerden ist in diesem Fall auch erheblich, so daß eine Privatisierung nicht möglich ist.

Im Verlauf der Arbeit hat sich gezeigt, daß im Falle einer Entstaatlichung meistens nur funktionelle Privatisierungen möglich sind, also die vertragliche Einbindung des Privaten in die Verwaltung. Es wäre somit ein erheblicher Verstoß gegen das Rechtsstaatsprinzip in Gestalt des Vertrauensschutzes wie auch des Sozialstaatsprinzips in Form der Fürsorgepflicht, wenn der Staat die Beschwerdemöglichkeit über die funktionell privatisierten Tätigkeiten gleichfalls an einen funktionell Privatisierten übertragen könnte. Dem Staat obliegt bei der Privatisierung von Teilaufgaben eine Auffangverantwortung in dem Sinne, daß er ein staatliches Sicherheitsnetz bereithält, was ihm korrigierende oder kompensierende Maßnahmen erlaubt, falls Verfehlungen durch die Privaten eintreten.[492] Diesen Aufgaben könnte der Staat bei einer Privatisierung der Bearbeitung der Gefangenenbeschwerde in einem weitgehend privatisierten Vollzug nicht mehr gerecht werden.

---

489 Vgl. Wagner, Joachim, Rechtsschutz des Strafgefangenen, MschrKrim 1976, 241(249).

490 Volckart in AK StVollzG, § 108 RdNr. 4.

491 V.Unruh, „Schlanker Staat", BayVBl 2002, 43 (44) zieht den Schluß aus Montesquieus Betrachtungen „Über den Geist der Gesetze" von 1744, daß ein Staat so verfaßt sein müsse, „damit kein Bürger einen anderen zu fürchten brauche".

492 Hoffmann-Riem, Justizdienstleistungen, JZ 1999, 421 (421).

Zusammenfassend hat die Tätigkeit der Bearbeitung der Gefangenenbeschwerden eine erhebliche Grundrechtsrelevanz, wenn andere grundrechtsrelevante Vollzugsaufgaben bereits durch Private ausgeführt werden. In einem solchen Fall darf nicht auch noch die Beschwerdemöglichkeit durch Private erledigt werden. Vielmehr muß der Staat in einem solchen Vollzug das Instrument der Beschwerdebearbeitung nutzen, um die private Aufgabenerfüllung zu kontrollieren. Die Bearbeitung der Gefangenenbeschwerden wäre dann eine hoheitliche Aufgabe im Sinne des Art. 33 IV GG, die keine Ausnahme zu ließe.

3.) Privatisierung der Bearbeitung der Gefangenenbeschwerden in einem weitgehend staatlich betriebenen Strafvollzug

Die soeben getätigten Überlegungen beziehen sich allerdings auf die Bearbeitung der Gefangenenbeschwerden durch Private in einem Strafvollzug, bei dem die überwiegenden Tätigkeiten von Privaten ausgeführt werden. Ohne dem Ergebnis der gesamten Untersuchung vorweggreifen zu wollen, zeigt sich aber eine Tendenz in die Richtung, daß nur wenige Tätigkeiten im geschlossenen Vollzug tatsächlich einer Privatisierung zugeführt werden können; vor allem betrifft diese vorläufige Erkenntnis die Bereiche der Bewachung und Kontrolle wie auch der Behandlung.

Folgerichtig ist die Konstellation umzudrehen und zu fragen, ob die Bearbeitung der Beschwerden durch Private ausgeübt werden kann, wenn alle anderen Vollzugsaufgaben in unmittelbarer staatlicher Hand verbleiben. Die Überlegung, nur die Beschwerden im staatlichen Vollzug von Privaten bearbeiten zu lassen, ist reizvoll. Die Vollzugspraxis zeigt schließlich, daß staatliche Bedienstete verschiedene Strategien der Beschwerdeverhinderung und -beschneidung entwikkelt haben.[493] Eine Ausgliederung allein der Beschwerdebearbeitung könnte diese Komplikationen entschärfen und somit der Resozialisierung dienen.

Freilich darf ein privater Beschwerdebearbeiter nicht erheblich die Grundrechte des Gefangenen beeinträchtigen. Es muß daher gewährleistet bleiben, daß der betroffene Gefangene weiterhin sein grundrechtsgleiches Recht auf rechtliches Gehör gemäß Art. 103 I GG wahrnehmen kann und eine gescheiterte Vermittlung nicht das Ende seiner Rechtsweggarantie aus Art. 19 IV GG bedeutet.[494] Sollten diese Aspekte beachtet werden, wäre selbst eine materielle Privatisie-

---

[493] Eingehend zu dieser Problematik Feest, Totale Institution und Rechtsschutz, insbesondere S. 63ff.

[494] Jeder, also auch der Gefangene, hat einen grundrechtlichen Anspruch auf effektiven Rechtsschutz in angemessener Zeit, BVerfGE 40, 272 (275).

rung möglich. Ein Gefangener könnte nach einem Scheitern der Vermittlung immer noch einen Antrag auf gerichtliche Entscheidung stellen.

Die Implementation eines privaten Schlichters würde überdies dem grundgesetzlichen Auftrag der Resozialisierung zugute kommen. Einem Gefangenen würde auf diese Weise die Vertrauensgewinnung in Entscheidungen und Verfahren erleichtert werden, wenn ein privater Schlichter als ein von den Vollzugs- oder Vollstreckungsbehörden unabhängiges Organ anerkannt wird.[495]

Wegen dieser Vorgaben ist somit eine materielle, funktionelle oder auch formelle Privatisierung der Tätigkeit der Bearbeitung von Gefangenenbeschwerden möglich.

Allerdings würde eine materielle Privatisierung Schwierigkeiten bei der Finanzierung ihrer Leistung haben. Es bestünde somit ein Risiko für die Sicherstellung der Beschwerdebearbeitung. Sicherlich ließe sich einwenden, der Staat müsse dann im Rahmen seiner Auffangverantwortung die Beschwerdemöglichkeit durch eigenes Personal sicherstellen, nur würde das der Idee des unabhängigen Schlichters widersprechen.

Anders sieht das Problem bei der funktionellen Privatisierung aus. In diesem Falle ist die Unabhängigkeit des Privaten von den Behörden nicht ausreichend. Ein funktionell privatisierter Schlichter ist unmittelbar vertraglich an die Verwaltung gebunden. Diese vertragliche Bindung könnte den Gefangenen an dem Verfahren zweifeln lassen und somit den beabsichtigten Behandlungserfolg der Vertrauensgewinnung in Frage stellen.

Eine formelle Privatisierung in Form einer Stiftung wäre daher der aussichtsreichste Weg, einen privaten Schlichter in einen ansonsten weitgehend staatlichen Vollzug einzusetzen. Hier bietet sich der Weg der niederländischen psychiatrischen Anstalten an. Eine Vertrauensperson führt aus der Perspektive des Gefangenen informelle Verhandlungen mit dem Anstaltspersonal, wenn an diese Vertrauensperson Beschwerden herangetragen werden. Diese berät die Gefangenen und versucht, an strukturellen Reformen der Anstalt mitzuwirken. Ihre Unabhängigkeit ist durch ihre Anbindung an eine Stiftung gesichert.[496] Ein möglicher Stifter könnte zum Beispiel ein den Gefangenen nahestehender Interessenverbund sein. Die Akzeptanz der Vertrauenspersonen dürfte bei den Gefangenen vorhanden sein, da die Stiftung eine rechtsfähige juristische Person des Privatrechts ist, um einen bestimmten Zweck – hier die Konfliktlösung – nach dem Willen des Stifters zu erreichen.

---

[495] Feest, Totale Institution, S. 201ff.
[496] Feest, Totale Institution, S. 203f.

VI. Beispiel: Entlassung von Gefangenen

1.) Tätigkeitsbeschreibung der Aufgabe bei der Entlassung von Gefangenen

Grundsätzlich ist die im Urteil ausgesprochene Strafdauer in einer Vollzugsanstalt vollständig zu verbüßen. Im Jahre 2000 betrug die Zahl der sogenannten Vollverbüßer 71,79 Prozent aller Abgänge von Strafgefangenen aus den Justizvollzugsanstalten.[497] Allerdings sind Entlassungen vor Ablauf der angeordneten Strafe durch das Institut der Aussetzung des Strafrests zur Bewährung möglich. Die §§ 57, 57a StGB, § 35 BtMG wie auch die Begnadigung ermöglichen eine derartige vorzeitige Entlassung. Die Möglichkeit der vorzeitigen Entlassung erfüllt mehrere Zwecke. Einerseits vermindern sich die mit zunehmender Haftlänge auftretenden Schwierigkeiten der Wiedereingliederung, andererseits ist die vorzeitige Entlassung auch Anreiz zur eigenen Mitgestaltung an den Behandlungsmaßnahmen.[498]

Die Entscheidung über die Aussetzung zur Bewährung steht sowohl bei zeitlichen als auch lebenslangen Freiheitsstrafen den Strafvollstreckungskammern beim Landgericht zu.[499] Aus diesem Grund zählt die Frage der Privatisierungsmöglichkeit des Entscheidungsträgers über die Entlassung nicht mehr zu dem in dieser Arbeit verfolgten Interesse der Privatisierungsmöglichkeiten im Strafvollzug.[500]

Bei der Urteilsfindung über die Aussetzung der Strafe zur Bewährung berücksichtigt das Gericht im Rahmen der Persönlichkeitsbeurteilung auch das Vollzugsverhalten. Dies macht ein Mitwirken der Vollzugsanstalt in Form einer Stellungnahme notwendig.[501] In der Regel basiert diese schriftlich abgefaßte Erklärung auf den Beobachtungen und Feststellungen aller am Strafvollzug mitwirkenden Personen und muß klar zur Frage einer Aussetzung zur Bewährung Stellung nehmen.[502]

Neben der Stellungnahme kommt der Vollzugsanstalt zur Vorbereitung der Entlassung die Aufgabe der prognostischen Strafzeitberechnung zu. Dies wird unmittelbar nach der Aufnahme des Gefangenen notwendig, sofern die JVA we-

---

[497] Statistisches Bundesamt, Strafvollzug 2000 Reihe 4.2, S. 9.
[498] Laubenthal, RdNr. 654.
[499] §§ 454, 462a I StPO; Laubenthal, RdNr. 658; Nibbeling, S. 266.
[500] Siehe aber hierzu Nibbeling, S. 266f.
[501] Laubenthal, RdNr. 658.
[502] Meyer-Goßner, StPO, § 454 RdNr. 10. Davon kann abgesehen werden, wenn die Ablehnung der Aussetzung sich aus Umständen in der Tat und in der Persönlichkeit des Verurteilten aus dem Urteil ergibt oder die besondere Schwere der Schuld festgestellt worden ist.

der von den Strafvollstreckungskammern noch den Vollstreckungsbehörden eine Mitteilung über einen möglichen Entlassungszeitpunkt erhalten hat. In diese Kalkulation gehört auch die Errechnung des Zeitpunktes, zu dem die Vollstrekkung des Strafrests zur Bewährung ausgesetzt werden könnte. Verantwortlich für die richtige Berechnung bleibt allerdings die Vollstreckungsbehörde.[503]

Die frühzeitige Strafzeitberechnung ist einerseits im Interesse des Gefangenen und daher diesem mitzuteilen. Andererseits ist sie im Interesse der Anstalt, um rechtzeitig die besonderen Behandlungsmaßnahmen auf den voraussichtlichen Entlassungszeitpunkt abzustellen.[504] Es ist Aufgabe der Anstalt, Entlassungsvorbereitungen wie Lockerung, offenen Vollzug oder Sonderurlaub in den Vollzugsplan aufzunehmen und zu gewähren.

Steht schließlich die Entlassung unmittelbar bevor, ist der dann einzuleitende Entlassungsvorgang im wesentlichen eine Umkehrung des Aufnahmevorgangs: Entlassungsverhandlung, ärztliche Untersuchung, Aushändigung der privaten Kleidung und sonstiger Habe, Entlassungsschein und Überbrückungsgeld.[505] Wegen dieser Ähnlichkeit kann diesbezüglich auf die Ausführungen zu den Erörterungen des Aufnahmeverfahrens verwiesen werden.

2.) Grundrechtsrelevanz bei den Tätigkeiten der Entlassung

Bei der Begutachtung der unterschiedlichen Entlassungstätigkeiten kann auf einige der bereits erörterten Aufgaben verwiesen werden. Bei anderen ist dagegen die Problematik der Grundrechtsrelevanz und besonders deren Erheblichkeit in Bezug zu Art. 33 IV GG zu analysieren.

Das gilt zumindest für die schriftliche Stellungnahme, sofern eine vorzeitige Aussetzung der Strafe zur Bewährung vom Gericht geprüft wird. Die Stellungnahme der JVA kann dabei das Grundrecht der Freiheit der Person aus Art. 2 II, 2 GG i.V.m. Art. 104 I u. II GG beeinträchtigen. De lege lata hat das Gericht die Entscheidung über die Aussetzung zu treffen und kann somit unmittelbar das Grundrecht beeinträchtigen. Die Vollstreckungskammer hat aber ihre Aussetzungsentscheidung durch bestmögliche Sachaufklärung, also durch Gutachten oder die genannte Anstaltsstellungnahme, zu begründen.[506] Die JVA ist durch ihre Stellungnahme in die Vorbereitungsphase bei der gerichtlichen

---

[503] §§ 35 I Nr. 4; 36 I, 2 StVollstrO; Nr. 22 VGO. §§ 37 – 41 StVollstrO umfassen die allgemeinen Regeln zur Strafzeitberechnung.
[504] Laubenthal, RdNr. 667.
[505] Laubenhal, RdNr. 674; Nr. 50ff. VGO.
[506] BVerfGE NJW 2000, 502 (503).

Prognoseentscheidung maßgeblich eingebunden. Durch die Stellungnahme der Anstalt wird das Urteil beeinflußt. Für die gerichtliche Entscheidung werden bei der Beurteilung der Persönlichkeitsentwicklung, etwa die geänderte Einstellung zur Straftat, und die Führung während der Haft von wesentlicher Bedeutung für die Annahme sein, der Gefangene könne sich in Freiheit bewähren.[507] Hierbei ist ein Gutachten durch Personen, die in der JVA bei der Resozialisierung des Gefangenen mitgewirkt haben, eine wertvolle Hilfe für die richterliche Prognose.[508] Die Aussagekraft der Stellungnahme ist jedoch erst einmal zurückhaltend zu beurteilen, denn eine reibungslose Einordnung in den Anstaltsalltag läßt nicht zwangsläufig auf straffreies Leben in Freiheit schließen; beispielsweise gilt dies für leicht beeinflußbare Gefangene. Dennoch kann das Verhalten im Vollzug, namentlich bei der Arbeit, beim Unterricht, beim Sport, gegenüber Mitgefangenen und vor allem im Rahmen der Vollzugslockerungen, Anhaltspunkte der zu prognostizierenden Lebensführung in Freiheit liefern.[509] Die Aussagekraft der Stellungnahme der Anstalt und deren Gewichtung bei der richterlichen Prognose steigt sodann mit zunehmender Strafdauer. Das Vollzugsverhalten, die augenblicklichen Lebensverhältnisse und sonstigen Erkenntnisse über das Erreichen des Vollzugsziels gewinnen mit zunehmender Vollzugslänge an Bedeutung gegenüber den anderen Umständen, wie zum Beispiel der Tat.[510] Die Grundrechtsrelevanz der Anstaltsstellungnahme liegt somit in ihrer möglicherweise prägenden Einflußnahme auf die gerichtliche Entscheidung. Das Anstaltsgutachten ist von erheblicher Grundrechtsrelevanz, da eine mangelhafte oder falsche Einschätzung, überzeugend vorgetragen, zu einer Entscheidung führen kann, die das Grundrecht der persönlichen Freiheit aus Art. 2 II GG i.V.m. Art. 104 GG nachhaltig beeinträchtigt. Das dem Beurteilenden zukommende Ermessen kann somit eine für den Gefangenen sehr nachteilige Langzeitwirkung entfalten. Die Aufgabe muß daher von einer Person ausgeführt werden, die ein staatlicher Bediensteter ist, wie de lege lata vom Anstaltsleiter. Eine Privatisierung der Tätigkeit des Abfassens einer Stellungnahme über das Verhalten eines Gefangenen während des Vollzugs ist daher nicht möglich.

Anders gestaltet sich die Begutachtung bei der Berechnung der Strafzeiten durch die JVA. Freilich weist diese Tätigkeit eine Grundrechtsrelevanz dahingehend auf, daß bei einer Fehlberechnung die besonderen Entlassungsvorbereitungen verspätet eingeleitet werden. Der Gefangene würde somit in seinem Recht auf

---

[507] Schönke/Schröder, § 57 RdNr. 16.

[508] Schönke/Schröder, § 57 RdNr. 14. Siehe wegen der Prognoseentscheidung § 57 StGB.

[509] Schönke/Schröder, § 57 RdNr. 16.

[510] BVerfGE NJW 2000, 502 (504). Die richterliche Abwägung und die Aussagekraft einer Stellungnahme der JVA lassen sich sehr gut bei einem Beschluß des OLG Düsseldorf nachlesen, NStZ 1988, 272f.

Resozialisierung wie auch in seiner persönlichen Freiheit beeinträchtigt, wenn beispielsweise seine Anträge auf Lockerung erfolglos blieben. Eine funktionelle Privatisierung in Gestalt der Verwaltungshilfe ist jedoch möglich, da die Tätigkeit keine erhebliche Grundrechtsrelevanz entfaltet. Ein Verwaltungshelfer würde hier unter der Letztverantwortlichkeit der Vollstreckungskammern den Entlassungszeitpunkt nach Maßgabe der §§ 37ff. StVollstrO errechnen. Dem Gefangenen ist bei Übermittlung des Zeitpunktes außerdem zusätzlich zu eröffnen, daß dies eine einstweilige Berechnung ist und er daher kein endgültiges Vertrauen in diesen Termin setzen darf. Sofern er aber diese Berechnung anzweifelt, könnte der Gefangene diese letztlich auch noch gerichtlich nachprüfen lassen. Die Strafzeitberechnung hat vor allem die Aufgabe, dem Vollzugsplan ein zeitliches Korsett zu geben, welches aber immer wieder durch das Verhalten des Gefangenen angepaßt werden muß.

Bei den besonderen Vorbereitungshandlungen zur Entlassung ist auf die Begutachtung der Entscheidungen über die Lockerung zu verweisen.[511] Wie dort bleibt dem Entscheidenden ein Ermessensspielraum. Ein Fehlgebrauch würde zu einer über das sonstige Maß hinausgehenden Grundrechtsbeschneidung führen. Eine Privatisierung dieser Aufgabe ist somit abzulehnen.

VII. Fazit zum Bereich des Behandlungsvollzugs

Bei den untersuchten Tätigkeiten im Bereich der Behandlung hat sich gezeigt, daß die Privatisierungsmöglichkeiten sehr beschränkt sind. Lediglich die ärztliche Untersuchung wie auch die Behandlungsuntersuchung sind funktionell zu privatisieren. Ob man dann unmittelbar einen Privaten oder ein formell privatisiertes Rechtssubjekt vertraglich bindet, ist letztlich eine Entscheidung der Kostenrechnung. Ferner ist die Tätigkeit der vorläufigen Berechnung der Haftzeit privatisierbar. Fraglich ist aber, ob diese Aufgabe eine vollwertige Beschäftigung darstellt, eine Entstaatlichung also eine wirkliche finanzielle und personelle Entlastung bringt. Bei der Bearbeitung der Gefangenenbeschwerden muß differenziert werden in einen überwiegend privatisierten und einen hauptsächlich staatlichen Vollzug. Bei einem Strafvollzug mit vielen privatisierten Tätigkeiten scheidet eine Entstaatlichung der Bearbeitung der Gefangenenbeschwerden aus. Sollten allerdings keine bis wenige Tätigkeiten im Vollzug privatisiert werden,[512] so könnte man die Bearbeitung der Gefangenenbeschwerden durch Private erledigen lassen. Diese Entstaatlichung wäre sogar eine äußerst interessante Perspektive für den Staat und vor allem für den Gefangenen. Es könnte

---

[511] Vgl. 4. Teil, C, III, 2.).
[512] Beispielsweise die Tätigkeiten im Bereich der Versorgung.

staatliches Personal eingespart beziehungsweise entlastet werden, und der Gefangene würde durch diese Art der Streitschlichtung in seiner Resozialisierung gefördert. Alle weiteren Tätigkeiten im Bereich der Behandlung – Aufnahmeverfahren, Vollzugsplanerstellung, Entscheidungen über Lockerungen oder Disziplinarmaßnahmen, Führung der Gefangenenpersonalakte wie auch die schriftlichen Stellungnahmen zur Entlassung – sind allerdings nicht zu privatisieren. Zumeist scheitern die Privatisierungen an den Entscheidungen, denen ein Ermessen oder eine Beurteilung eines unbestimmten Rechtsbegriffes zu Grunde liegt. Es bedarf gerade in solchen Fällen einer unmittelbaren Bindung des Entscheidungsträgers an den Staat, insbesondere wenn weitere Grundrechte beeinträchtigt werden könnten. An diesem Ergebnis dürfte sich auch nichts ändern, wenn die Bestimmung der hoheitlichen Befugnisse des Art. 33 IV GG anders ausgefallen wäre. Schließlich nehmen alle anderen Ansichten zu dieser Verfassungsnorm einen noch engeren Spielraum für Ausgliederungen in einem solch grundrechtsrelevanten Bereich an.

5. Teil Thesen, Auswertung und Ausblick

Die Arbeit war auf die Aufgabe ausgerichtet, ausgesuchte Tätigkeiten im geschlossenen Erwachsenenvollzug auf ihre Privatisierbarkeit zu untersuchen. Es sollten die verfassungsrechtlichen Hürden und mögliche Wege für eine Privatisierung aufgezeigt werden. Eine Privatisierung des Strafvollzugs insgesamt stand nicht zur Diskussion, sondern es galt zu überprüfen, welche und wie viele privatisierbare Aufgaben es gibt. Freilich bestand der Wunsch, reichlich Vorschläge für Entstaatlichungen in dem Bereich des geschlossenen Vollzugs anbieten zu können. Zum Ende muß aber konstatiert werden, daß das Ergebnis besonders auf den Gebieten der Bewachung und Kontrolle wie der Behandlung ernüchternd ist. Daher ist auch zweifelhaft, ob eine komplette geschlossene Strafvollzugsanstalt durch Beleihung zu privatisieren ist. Wie weit das für eine offene Vollzugsanstalt gilt, soll im Rahmen des letzten Kapitels angesprochen werden. Es folgt nun eine Zusammenfassung der einzelnen Begutachtungen, die Folgerungen daraus und schließlich der Ausblick auf den offenen Vollzug.

A. Zusammenfassung der erzielten Ergebnisse (zusammenfassende Thesen)

1.) Die Bestimmung der Privatisierungserscheinungen und die Darstellung ihrer rechtlichen Institute diente vornehmlich der begrifflichen Klarstellung derselben. Jedoch konnten bereits an dieser Stelle gewisse Umsetzungsformen ausgeschlossen werden, weil diese bestimmte Form der Privatisierung einerseits für den konkreten Untersuchungsgegenstand der Arbeit ohne Bedeutung war, andererseits weil die Art der Umsetzung für den Strafvollzug unbrauchbar ist. Zu den unbrauchbaren Umsetzungen zählen vor allem das Konzessionsmodell und die gesetzliche Inpflichtnahme. Das Konzessionsmodell widerspricht neben den hoheitlichen Anforderungen den Fürsorgepflichten des Staates für seine Gefangenen. Bei diesem Modell zahlt der Nutzer dem Konzessionär ein Entgelt für die dargebotene Dienstleistung. Sollte also ein Gefangener einer Zahlungspflicht unterliegen, so würde dies eine unzumutbare Strafverschärfung bedeuten, denn in der Regel haben Gefangene kein Vermögen oder ausreichendes Einkommen. Bei der gesetzlichen Inpflichtnahme besteht ebenfalls das Problem der fehlenden hoheitlichen Befugnisse bei dem Inpflichtgenommenen. Daneben stellt sich die Frage, welche Personen gesetzlich in Pflicht genommen würden, um den Strafvollzug zu organisieren. Bedeutungslos für die Ausgangsfrage dieser Arbeit war die finanzwirtschaftliche Privatisierung, bei der es sich vor allem um die externe Finanzierung von Verwaltungsaufgaben handelt.

2.) Die Ergebnisse der Begutachtung der ausgesuchten Tätigkeiten im geschlossenen Vollzug unterteilen sich in privatisierbare und nicht zu privatisierende Aufgaben und werden wegen des leichteren Überblicks innerhalb dieser beiden Gruppen zusammengefaßt. Dabei ist anzumerken, daß die vorgeschlagenen Lösungen sich auf die konkrete Tätigkeit beziehen und nicht auf ein Gesamtkonzept.

3.) Aus dem Bereich der Versorgung waren alle dargestellten Tätigkeiten funktionell und formell privatisierbar. Es handelt sich hierbei um die Essensversorgung, Kleiderausgabe, Reinigung der Wäsche und die Verwahrung der privaten Gegenstände des Gefangenen. Die Verpflegung ist sicherzustellen, allerdings ergibt sich aus den Grundrechten nicht, auf welche Art und Weise die Sicherstellung zu erfolgen hat. Daher besteht die Möglichkeit, die Tätigkeit formell zu privatisieren. Bei der Überführung dieser Dienstleistung in eine privatrechtliche Gesellschaft stellt ferner Art. 110 I GG kein Hindernis dar. Eine Alternative wäre die funktionelle Privatisierung in Form der Verwaltungshilfe. Bei dieser Form müssen jedoch die Vorgaben des Vergaberechts beachtet werden. Eine derartige Essensversorgung durch Externe stellt die vorzugswürdige Lösung dar. Die insoweit erarbeiteten Ergebnisse lassen sich auch auf die Kleiderausgabe, -reinigung und Verwahrung der Gefangenenhabe übertragen; bei letzterer stehen für eine sichere Verwahrung die §§ 688ff. BGB analog zu Verfügung.

4.) Aus dem Bereich der Bewachung und Kontrolle sind privatisierbar die Tätigkeiten des Schließens, Berichterstattung der Gefangenenzahlen, Beaufsichtigung, Gefangenen- und Besucherbegleitung, Erstellen der erkennungsdienstlichen Maßnahmen, Pfortendienst, Überwachung der technischen und mechanischen Sicherheitsanlagen, die Raumkontrolle und in einem engen Rahmen auch die Kontrolle der Außen- und Innenbereiche.

5.) Die Tätigkeit des Schließens ist eine gemischt hoheitlich-nichthoheitliche Aufgabe, da sie nur bei Ausnahmesituationen den Einsatz unmittelbaren Zwangs verlangt. Infolgedessen läßt sich das Schließen funktionell privatisieren. Solange die Umsetzung durch Verwaltungshilfe erfolgt, ist jedoch eine unmittelbare Aufsicht nötig, die für die besagte Ausnahme mit hoheitlichen Befugnissen ausgestattet ist. Die Beleihung ist gleichfalls ein möglicher Weg, allerdings müssen hier für den Einsatz unmittelbaren Zwangs Beamte schnell zur Stelle sein. Schließlich ist hier auch die formelle Privatisierung erlaubt, da die privatrechtlichen Institute bei der Erfüllung der Aufgabe ebenfalls als Verwaltungshelfer oder Beliehene tätig werden würden. Die geeignetste Lösung wäre eine Einbeziehung beliehener Dritter, da diesen im Gegensatz zu Verwaltungshelfern ein gewisser Rahmen an hoheitlichen Entscheidungsbefugnissen zusteht.

6.) Die Berichterstattung der Gefangenenzahl weist keine Grundrechtsrelevanz auf und ist daher formell und funktionell zu privatisieren. Der einfachste Weg verläuft hierbei über die Verwaltungshilfe.

7.) Die Beaufsichtigung der Gefangenen während der Freizeit in den Gemeinschaftsräumen oder bei sportlichen Aktivitäten stellt gleichfalls eine gemischt hoheitlich-nichthoheitliche Aufgabe dar. Wie schon bei der Schließtätigkeit bedarf es auch hier nur in Ausnahmesituationen hoheitlicher Befugnisse. Daher ist eine formelle wie auch funktionelle Privatisierung möglich. Die Verwaltungshilfe ist als unterstützende Tätigkeit erlaubt, solange ein Beamter zusätzlich Aufsicht führt, damit er notfalls eingreifen oder den Verwaltungshelfer instruieren kann. Der Einsatz eines Beliehenen ist mithin die bessere Lösung, da er bis an die Grenze des unmittelbaren Zwangs hoheitlich eingreifen kann. Allerdings darf bei einer derartigen Organisation der Beaufsichtigung nicht übersehen werden, daß staatliche Bedienstete bei gewalttätigen Eskalationen in ausreichender Nähe sein müssen, damit sie schnell eingreifen können. Letztlich steht nur ihnen das volle Spektrum hoheitlicher Befugnisse zu.

8.) Die Begleitung der Gefangenen innerhalb der Anstalt ist die Schnittmenge aus Schließen und Beaufsichtigen. Bei friedlichem Ablauf hat die Aufgabe keine Grundrechtsrelevanz und besitzt nur geringes Gewaltpotential. Die Tätigkeit kann daher formell und funktionell privatisiert werden. Die Verwaltungshilfe ist zur ebenfalls möglichen Beleihung völlig ausreichend. Sofern ein Verwaltungshelfer vom Gefangenen angegriffen würde, stünden diesem die normalen Notwehrrechte zur Selbstverteidigung zur Verfügung. Im Falle anderer Probleme könnte der Verwaltungshelfer jederzeit einen hoheitlichen Bediensteten benachrichtigen. Das gleiche gilt für die Besuchsbegleitung, da bei dieser Tätigkeit das

Gewaltpotential nahezu bei Null ist und diese somit erst recht von einem Verwaltungshelfer ausgeführt werden kann.

9.) Bei den erkennungsdienstlichen Maßnahmen liegt in manchen Aspekten der Ausführung eine Grundrechtsrelevanz vor, bei anderen, wie der Erstellung der Gesichtsfotografie, aber nicht. Die Tätigkeit ist infolgedessen eine gemischt hoheitlich-nichthoheitliche Aufgabe. Allerdings sind gewisse Ausführungen, etwa die detaillierte Körperbeschreibung, derart grundrechtsrelevant, daß nur die funktionelle Privatisierung in Form der Beleihung möglich ist oder eine formelle Privatisierung mit anschließender Beleihung des Rechtsträgers. Auch hier wäre die Einbeziehung beliehener Externer die praktischste Lösung.

10.) Der Pfortendienst besteht aus verschiedenen Elementen, die eine pauschale Beurteilung schwer machen. Die Beobachtung des Pfortenbereichs oder die Besuchsbuchführung sind ohne Grundrechtsrelevanz. Anders ist die Entscheidung über den Besuchereinlaß, das Einführen von Gegenständen oder die Durchsuchung zu sehen. Jedoch ist die Grundrechtsrelevanz nicht so erheblich, daß eine funktionelle Privatisierung in Gestalt der Beleihung möglich wäre. Aus den gleichen Gründen ist eine formelle Privatisierung mit einer anschließenden Beleihung gestattet.

11.) Die Kontrolle der technischen und mechanischen Sicherheitseinrichtungen hat dienstleistenden Charakter und weist keine Grundrechtsrelevanz auf. Die funktionelle Privatisierung im Rahmen der Verwaltungshilfe ist wegen ihrer einfacheren Umsetzung daher geeigneter als die ebenfalls mögliche formelle Privatisierung.

12.) Die Tätigkeiten der Raumkontrolle und des Sachenappells haben gemischt hoheitlich-nichthoheitlichen Charakter, da der Ausführende Kenntnis von privaten Gegenständen des Gefangenen erlangen kann. Jedoch ist diese Möglichkeit nicht besonders erheblich und gestattet somit die funktionelle Privatisierung in Form der Verwaltungshilfe sowie die formelle Privatisierung. Auch hier wäre wiederum die Verwaltungshilfe die praktikablere Lösung.

13.) Im Bereich der Behandlung der Gefangenen lassen sich die Untersuchungen der Gesundheit und Persönlichkeit der Insassen privatisieren, ferner die Berechnung der Strafzeit und, soweit der überwiegende Teil der Vollzugsaufgaben von staatlichen Bediensteten durchgeführt wird, auch die Bearbeitung der Gefangenenbeschwerden.

14.) Die ärztliche Untersuchung hat zwar grundrechtsrelevanten Charakter, trotzdem besteht die Möglichkeit einer funktionellen Privatisierung in Gestalt der Verwaltungshilfe. Begründen läßt sich dies mit der bereits gängigen Vollzugspraxis und der geringen Entscheidungsrelevanz innerhalb der Gesamtverantwortung für den Behandlungsvollzug.

15.) Ähnlich ist die Situation bei der Behandlungsuntersuchung. Auch hier hat die Begutachtung erhebliche Grundrechtsrelevanz, allerdings erfüllt die Tätigkeit nur eine untergeordnete Teilfunktion im Gesamtkonzept der Behandlungsmaßnahmen. Eine funktionelle Privatisierung in Form der Verwaltungshilfe ist daher möglich. Freilich ließen sich diese Aufgaben auch durch Beliehene erfüllen oder formell privatisieren, wobei diese Wege allerdings vergleichsweise umständlich wären.

16.) Die Strafzeit wird von der Vollzugsbehörde nur vorläufig berechnet und begründet daher keinen Rechtsanspruch. Lediglich für Vollzugsmaßnahmen wie Urlaub oder Lockerungen hat die Berechnung Relevanz. Die Aufgabe kann daher durch einen Verwaltungshelfer erfüllt werden. Neben der funktionellen wäre wiederum die formelle Privatisierung möglich.

17.) Bei den Gefangenenbeschwerden ist eine Unterscheidung erforderlich. Die Bearbeitung der Beschwerden innerhalb einer Vollzugsanstalt, bei der einige Aufgaben der Bewachung und Kontrolle durch Beliehene oder Verwaltungshelfer ausgeführt werden, ist nicht privatisierbar. Sollten allerdings alle Tätigkeiten im Vollzug weiterhin von staatlichen Bediensteten erfüllt werden, so wäre die Privatisierung der Bearbeitung der Gefangenenbeschwerden gestattet. Eine formelle Privatisierung und Überführung der Aufgabe in eine Stiftung scheint die beste Lösung. Ein externer Bearbeiter könnte hierbei für größere Unabhängigkeit bei der Bearbeitung sorgen.

18.) Die Überwachung der Außen- und Innenbereiche kann hoheitliche Befugnisse erforderlich machen, etwa wenn der Ausführende einen flüchtigen Gefangenen aufgreift. Die Tätigkeit ist daher als gemischt hoheitlich-nichthoheitliche Aufgabe zu beurteilen. Eine funktionelle Privatisierung in Form der Beleihung könnte derartige Konfliktsituationen am besten lösen, solange der Beliehene nicht in die körperliche Integrität eingreift. Sie bleibt als eine Lösung aber umstritten. Im Interesse einer möglichst effektiven Erfüllung sollte diese Tätigkeit weiterhin von staatlichen Bediensteten – zumindestens in Zusammenarbeit mit Beliehenen – erledigt werden.

19.) Diesem Katalog der privatisierungsfähigen Aufgaben im Strafvollzug steht eine lange Reihe von nicht zu privatisierenden Tätigkeiten gegenüber: Haftraumdurchsuchung, körperliche Durchsuchung der Gefangenen, Turm- und Sicherheitsdienst mit Waffe, Überwachung der Außenkontakte (z.B. Brief- und Besuchskontrolle), Anordnung besonderer Sicherungsmaßnahmen und unmittelbarer Zwang sind ebensowenig privatisierbar wie Aufnahmeverfahren, Behandlungsmaßnahmen und insbesondere der damit verbundenen Tätigkeiten der

Vollzugsplanerstellung, Lockerung und Disziplinarmaßnahmen, sowie die Führung der Gefangenenpersonalakten, die Stellungnahme bei einer möglichen Strafaussetzung zur Bewährung und die Entscheidung über besondere Vorbereitungsmaßnahmen für die Entlassung.

B. Auswertung der Ergebnisse

Im Verlauf der Begutachtung hat sich gezeigt, daß eine Vielzahl der ausgesuchten Tätigkeiten im Strafvollzug nicht zu privatisieren ist. Zumeist liegt das Problem darin, daß den Ausübenden immer wieder ein umfangreiches Auswahl- oder Entschließungsermessen zusteht. Hierdurch kann unter anderem in bereits betroffene Grundrechte noch nachhaltiger eingegriffen werden. Andere Entscheidungen entfalten eine Langzeitwirkung wie zum Beispiel im Fall der Strafaussetzung.

Freilich ist wegen einiger Auswahlentscheidungen sogar ein Eingriff in die körperliche Integrität unausweichlich, wenn unmittelbarer Zwang oder gar der Einsatz von Schußwaffen Anwendung findet.

Das Entschließungsermessen ist beispielsweise bei der Kontrolle des Briefverkehrs von Bedeutung, da die hierbei gewonnenen Erkenntnisse Disziplinarmaßnahmen nach sich ziehen können und sich somit nachhaltig auf den Behandlungsvollzug auswirken. Aber auch bei friedlichen Situationen muß der Wärter gelegentlich schnell entscheiden, ob eine Situation die Sicherheit und Ordnung des Anstaltsleben beeinträchtigt. Er muß dann neben der Betätigung seines Entschließungsermessens den unbestimmten Rechtsbegriff der Sicherheit und Ordnung auslegen und eine Konsequenz daraus ziehen.

In den Bereichen der Bewachung und Kontrolle wie den Behandlungsaufgaben lassen nur wenige Tätigkeiten eine Privatisierung zu. Zum einen steht bei diesen Aufgaben dem Ausführenden nur ein eng begrenztes Ermessen zu, so daß das bereits tangierte Grundrecht nicht weiter beeinträchtigt werden kann. Zum anderem unterstehen einige Tätigkeiten einer Letztverantwortung anderer Personen oder Gremien, wie dies bei der Persönlichkeitsuntersuchung der Fall ist.

Es ist somit festzuhalten, daß der moderne Behandlungsvollzug bestimmt wird durch Ermessensentscheidungen und die Anwendung unbestimmter Begriffe (Behandlung, Sicherheit und Ordnung oder Flucht- und Mißbrauchsgefahr). Deutlich wird dies durch die Mehrzahl der gesetzlichen Regelungen, die das Verhältnis zwischen dem Vollzug und dem Gefangenen bestimmen, was allerdings für die Umsetzung des modernen Behandlungsvollzugs als notwendig erachtet wird. Wie sollte sonst das Ziel der Wiedereingliederung erreicht werden, wenn bei Lockerungsmaßnahmen wie dem Urlaub nicht eine Abwägung zwischen den verschiedenen Interessen stattfinden würde? In derartigen Ermessens- und Beurteilungsspielräumen liegt aber das Problem für Privatisierungen, da die Ermessens- und Beurteilungsspielräume dem entsprechend Zuständigen die Kompetenz darüber geben, was rechtens sein soll. Dieses Ergebnis macht die Problematik für Privatisierungen im Strafvollzug deutlich. Verwaltungshelfer können nur in einem begrenzten Rahmen Ermessensentscheidungen fällen. Der Beliehene hingegen hat einen vergleichsweise größeren Entscheidungsspielraum, der allerdings im Strafvollzug ein Ausmaß erreichen kann, das eine Beleihung letztlich ausschließt.

C. Ausblick auf privatisierbare Vollzugsformen

Der Vorschlag für eine weitestgehend privatisierte JVA wäre eine offene Vollzugsanstalt, die ausschließlich für Freigänger konzipiert ist. Diese Anstalt müßte klein sein und dezentral angesiedelt werden. Der Zugang zu dem durch einen Zaun eingefriedeten Gelände fände nur über eine Pforte statt. Der Pfortendienst würde die Anwesenheitsbücher führen, das Gelände und den Zaun über Bildschirme kontrollieren, um unverzüglich eine Entweichung polizeilich melden zu können, und würde im Zweifel Alkohol- und Drogentests durchführen wie auch bekleidete Durchsuchungen. Diese Aufgaben könnten zum Großteil durch Verwaltungshelfer, aber in allen Fällen durch Beliehene ausgeführt werden. Ein Vorteil für den Beliehenen wäre, daß ihm ein Ermessens- und Beurteilungsspielraum zugestanden werden kann, der ihm auch gestatten würde, Anweisungen zu geben. Eine erhebliche Verletzung von Grundrechten wäre bei diesen Tätigkeiten ausgeschlossen, da im offenen Vollzug keine Waffen zur Fluchtverhinderung eingesetzt werden und grundrechtsbeeinträchtigende Kontrollen und Durchsuchungen wegen des besonderen Vertrauensvorschusses gegenüber den Insassen unterbleiben.

Die Unterkünfte der Gefangen befänden sich in ein, zwei oder drei Häusern, die in der Regel nicht verschlossen würden. Lediglich nachts bestünde grundsätzlich ein Ausgangsverbot. In diesen Gebäuden müßte zudem die Verwaltung untergebracht sein, da diese auch im offenen Vollzug für Freigänger unabdingbar ist. Die Verwaltung würde die Aufgaben der Aufnahme, der Bearbeitung der Beschwerden ausführen, den Vollzugsplan kontrollieren und die Gefangenenpersonalakten verwalten. Vor allem wäre sie aber für Disziplinarmaßnahmen zuständig. Auch in einer offenen Anstalt besteht Gelegenheit, gegen die Anstaltsordnung oder gegen Auflagen während des Freigangs zu verstoßen. Die genannten Tätigkeiten, insbesondere aber die Anordnung der Disziplinarmaßnahmen, wie zum Beispiel die Verlegung in eine geschlossene Anstalt, bedürften weiterhin der Erfüllung durch einen Beamten. Wegen der kleinen Gefängniseinheiten und des vertrauensvollen Umgangs zwischen Gefangenen und Personal wäre dann die Möglichkeit gegeben, die Verwaltung einer Person anzuvertrauen. Dieser Beamte könnte die Rechtmäßigkeit des staatlichen Vollzugs garantieren, da er die erheblichen grundrechtsrelevanten Tätigkeiten selbst ausübt und die Letztverantwortung für die Anstalt und die Insassen hätte.

Wegen des langen Ausgangs der Freigänger entfielen grundrechtsrelevante Behandlungsmaßnahmen fast vollständig. Für sozialtherapeutische Beratung, Sport oder sonstige Freizeitgestaltung innerhalb der Anstalt dürften in der Regel Verwaltungshelfer, aber in jedem Fall Beliehene ausreichen. Ferner stellten die Verpflegung und die Reinigung, die sogar aus Sicht der Resozialisierung eigenverantwortlich durch den Gefangenen erfolgen sollten, keine Probleme dar. Die Verwaltung des Geldes und eines möglicherweise abzuführenden Haftkostenzuschusses könnten, um jeden Zweifel auszuschließen, durch die Vollzugsverwaltung geschehen. Die Ausführung durch einen Verwaltungshelfer wäre aber völlig ausreichend.

Das Konzept für eine offene Vollzugsanstalt für Freigänger könnte daher vollständig mit Beliehenen und einem verantwortlichen Beamten auskommen, sofern eine gesetzliche Grundlage für eine Beleihung gegeben ist. Eine Alternative wäre schließlich noch die formelle Privatisierung der offenen Anstalt. Jedoch ist darauf zu achten, daß einige oder alle der dort beschäftigten Personen mit hoheitsrechtlichen Befugnissen beliehen werden müßten und zusätzlich ein Beamter für die notwendigen, aber nicht privatisierbaren Tätigkeiten einzusetzen wäre. Vorteil bei dieser Privatisierung wäre die effektivere Einflußnahme der Vollzugsbehörde bei dem Privatrechtssubjekt, solange der Staat Hauptanteilseigner ist.

Literaturverzeichnis

Albrecht, Peter-Alexis	Spezialprävention angesichts neuer Tätergruppen, in: Zeitschrift für die gesamte Strafrechtswissenschaft, Band 97 (1985), S. 831ff. (Zitiert: Albrecht, Spezialprävention, ZStW).
Altenhain, Gustav Adolf	Das Grundrecht der Menschenwürde und sein Schutz im Strafvollzug, in: Zeitschrift für Strafvollzug und Straffälligenhilfe, 1988, S. 156ff. (Zitiert: Altenhain, Das Grundrecht der Menschenwürde, ZfStrVo).
Arloth, Frank	Neue Entwicklungen im Strafvollzug im internationalen Vergleich – Privatisierungstendenzen und Alternativen, in: Zeitschrift für Strafvollzug und Straffälligenhilfe 2002, S. 3ff. (Zitiert: Arloth, Neue Entwicklungen im Strafvollzug, ZfStrVo).
Arnim, Hans Herbert von	Rechtsfragen der Privatisierung – Grenzen staatlicher Wirtschaftstätigkeit und Privatisierungsgebote, Wiesbaden 1995. (Zitiert: v.Arnim, Rechtsfragen der Privatisierung).
Augustin, Angela	Gefängnisse als Privatbetrieb und Staatsverständnis, in: Der Staat als Zukunft; Calliess, Gralf-Peter; Mahlmann, Matthias (Hrsg.), Stuttgart 2002. (Zitiert: Augustin in: Der Staat als Zukunft).
Bauer, Hartmut	Privatisierung von Verwaltungsaufgaben, in: Veröffentlichungen der Vereinigung der Deutschen Staatsrechtslehrer, Band 54 (1995), S. 243ff. (Zitiert: Bauer, VVDStRL).
Bemmann, Günter	Beiträge zur Strafrechtswissenschaft, Aufsatzsammlung, 2. Aufl., Baden-Baden 1996. (Zitiert: Bemmann).

Benda, Ernst; Maihofer, Werner; Vogel, Hans-Jochen (Hrsg.)	Handbuch des Verfassungsrechts der Bundesrepublik Deutschland, 2. Aufl., Berlin 1994. (Zitiert: Bearb. in HdbVerfR).
Bernsmann, Hayo	Elektronisch überwachter Hausarrest unter besonderer Berücksichtigung von Privatisierungstendenzen, Göttingen 2000. (Zitiert: Bernsmann).
Böhm, Alexander	Strafvollzug, 3. Aufl., Neuwied, Kriftel 2003. (Zitiert: Böhm, Strafvollzug).
Bonk, Heinz Joachim	Rechtliche Rahmenbedingungen einer Privatisierung im Strafvollzug, in: Juristen Zeitung 2000, S. 435 ff. (Zitiert: Bonk, JZ).
Boock, Peter-Jürgen	Schwarzes Loch, Reinbeck bei Hamburg 1991. (Zitiert: Boock).
Braum, Stefan; Varwig, Marianne; Bader, Christine	Die „Privatisierung des Strafvollzugs“ zwischen fiskalischen Interessen und verfassungsrechtlichen Prinzipien, in: Zeitschrift für Strafvollzug und Straffälligenhilfe 1999, S. 67ff. (Zitiert: Braum/Varwig/Bader, ZfStrVo).
Burgi, Martin	Funktionale Privatisierung und Verwaltungshilfe: Staataufgabendogmatik – Phänomenologie – Verfassungsrecht, Tübingen 1999. (Zitiert: Burgi).
Burgi, Martin	Statement „Beleihung im Strafvollzug“, S. 43 ff., in: Stober, Rolf (Hrsg.); Privatisierung im Strafvollzug?, Köln, Bonn, München 2001. (Zitiert: Burgi in: Privatisierung im Strafvollzug?).

Burgi, Martin	Vergaberechtliche Fragen bei Privatisierungsvorgängen: Das Beispiel Zusammenarbeit mit dem Sicherheitsgewerbe, in: Gewerbe Archiv 2001, S. 217ff. (Zitiert: Burgi, Vergaberechtliche Fragen, GewArch).
Calliess, Rolf-Peter	Strafvollzugsrecht, 3. Aufl., München 1992. (Zitiert: Calliess, Strafvollzugsrecht).
Calliess, Rolf-Peter; Müller-Dietz, Heinz	Kommentar zum Strafvollzugsgesetz, 9. Aufl., München 2002. (Zitiert Calliess/Müller-Dietz).
Denninger, Erhard; Frankenberg, Günter	Grundsätze zur Reform des öffentlichen Dienstrechts, Baden-Baden 1997. (Zitiert: Denninger/Frankenberg, Grundsätze).
Di Fabio, Udo	Privatisierung und Staatsvorbehalt, in: Juristen Zeitung 1999, S. 585ff. (Zitiert: Di Fabio, Privatisierung und Staatsvorbehalt, JZ).
Dreier, Horst (Hrsg.)	Grundgesetz-Kommentar Band. I Art. 1-19, 2. Aufl., Tübingen 2004. (Zitiert: Bearb. in Dreier-GG I).
Dreier, Horst (Hrsg.)	Grundgesetz-Kommentar Band II Art. 20-82, 1. Aufl., Tübingen 1998. (Zitiert: Bearb. in Dreier-GG II).
Dudda, Karin	Die Entstehung und Entwicklung des Gefängniswesens, in: Grundrisse, Arbeiten zur Stadtbaugeschichte Heft 2, Weimar/Rostock 1996. (Zitiert: Dudda).

Dünkel, Frieder — Die Rechtsstellung von Strafgefangenen und Möglichkeiten der rechtlichen Kontrolle von Vollzugsentscheidungen in Deutschland, S. 518ff., in: Goltdammer`s Archiv für Strafrecht 1996. Pötz, Paul-Günter (Hrsg.).
(Zitiert: Dünkel, GA).

Erbguth, Wilfried — Die Zulässigkeit der funktionalen Privatisierung im Genehmigungsrecht, in: Umwelt und Planungsrecht 1995, S. 369ff.
(Zitiert: Erbguth, UPR 1995).

Erichsen, Hans-Uwe; Ehlers, Dirk (Hrsg.) — Allgemeines Verwaltungsrecht, 12. Aufl., Berlin 2002. (Zitiert: Bearb. in Erichsen/Ehlers).

Fabricius, Dirk — Gesetzeswidrige Verhältnisse im Strafvollzug: Infrastrukturverwaltung im rechtsfreien Raum, in: Strafverteidiger 1998, S. 447ff.
(Zitiert: Fabricius, Gesetzeswidrige Verhältnisse im Strafvollzug, StV).

Feest, Johannes (Hrsg.) — Kommentar zum Strafvollzugsgesetz (AK-StVollzG), 4. Aufl., Neuwied, Kriftel 2000.
(Zitiert: Bearb. in AK StVollzG).

Feest, Johannes — Totale Institution und Rechtsschutz: eine Untersuchung zum Rechtsschutz im Strafvollzug, Opladen 1997.
(Zitiert: Feest, Totale Institution).

Foucault, Michel — Überwachen und Strafen – die Geburt des Gefängnisses, Frankfurt a.M 1994.
(Zitiert: Foucault).

Giefers-Wieland, Natalie — Private Strafvollzugsanstalten in den USA – eine Perspektive für Deutschland?, Herbolzheim 2002.
(Zitiert: Giefers-Wieland).

Gramm, Christof — Privatisierung und notwendige Staatsaufgaben, Berlin 2001. (Zitiert: Gramm, Privatisierung und notwendige Staatsaufgaben).

Gramm, Christof	Schranken der Personalprivatisierung bei der inneren Sicherheit, in: Verwaltungs-Archiv 1999, Band 90, S. 329ff. (Zitiert: Gramm, Schranken der Personalprivatisierung, VerwArch).
Grupp, Klaus	Rechtsprobleme der Privatfinanzierung von Verkehrsprojekten, in: Deutsches Verwaltungsblatt 1994, S. 140ff. (Zitiert: Grupp, DVBl).
Gusy, Christoph	Privatisierung als Herausforderung an Rechtspolitik und Rechtsdogmatik, in: Gusy, Christoph (Hrsg.), Privatisierung von Staatsaufgaben: Kriterien – Grenzen – Folgen, Baden-Baden 1998. (Zitiert: Gusy, Privatisierung als Herausforderung).
Gusy, Christoph	Privatisierung und parlamentarische Kontrolle, S. 61 ff., in: Der Präsident des Landtages Rheinland-Pfalz (Hrsg.), Privatisierung und parlamentarische Rechte, Heft 2 der Schriftenreihe des Landtags Rheinland-Pfalz, Mainz 1998. (Zitiert: Gusy, Privatisierung und parlamentarische Kontrolle).
Gusy, Christoph	Verfassungsrechtliche Probleme der §§ 28 ff. StVollzG, in: Schulz, Joachim, Vormbaum, Thomas (Hrsg.), Festschrift für Günter Bemmann: zum 70. Geburtstag am 15. Dez. 1997, Baden-Baden 1997. (Zitiert: Gusy, Verfassungsrechtliche Probleme der §§ 28 ff. StVollzG).
Gusy, Christoph	Zulässigkeit und Grenzen des Einsatzes privater Sicherheitsdienste im Strafvollzug, S. 5ff., in: Stober, Rolf (Hrsg.); Privatisierung im Strafvollzug?, Köln, Bonn, München 2001. (Zitiert: Gusy in: Privatisierung im Strafvollzug?).

Haffke, Bernhard — Gibt es ein verfassungsrechtliches Besserungsverbot? Zur schöpferischen Funktion von Angst, in: Monatsschrift für Kriminologie und Strafrechtsreform 1975, S. 246ff.
(Zitiert: Haffke, Verfassungsrechtliches Besserungsverbot?, MschrKrim).

Hammer, Felix — Private Sicherheitsdienste, staatliches Gewaltmonopol, Rechtsstaatsprinzip und „schlanker Staat“, in: Die öffentliche Verwaltung 2000, S. 613ff.
(Zitiert: Hammer, Private Sicherheitsdienste, DÖV).

Hassemer, Winfried — Resozialisierung und Rechtsstaat, in: Kriminologisches Journal 1982, S. 161ff.
(Zitiert: Hassemer, Resozialisierung und Rechtsstaat, KrimJ 1982).

Hessisches Ministerium der Justiz — Bericht der Arbeitsgruppe „Modellprojekte zur Privatisierung im Strafvollzug“, Wiesbaden 1999 (unveröffentlicht)

Heuer, Ernst — Privatwirtschaftliche Wege und Modelle zu einem modernen (anderen?) Staat, in: Die öffentliche Verwaltung 1995, S. 85ff.
(Zitiert: Heuer, DÖV).

Hoffmann-Riem, Wolfgang — Justizdienstleistungen im kooperativen Staat, in: Juristen Zeitung 1999, S. 421ff.
(Zitiert: Hoffmann-Riem, Justizdienstleistungen, JZ).

Hoffmann-Riem, Wolfgang; Schneider Jens-Peter (Hrsg.) — Verfahrensprivatisierung im Umweltrecht, Baden-Baden 1996.
(Zitiert: Bearb. in Hoffmann-Riem/Schneider).

Hoffmeyer, Carsten — Grundrechte im Strafvollzug – Verfassungsrecht als kriminalpolitischer Beitrag zur Reform des Strafvollzugs, Heidelberg, Karlsruhe 1979.
(Zitiert: Hoffmeyer).

Huber, Peter Michael — Das Berufsbeamtentum im Umbruch, in: Die Verwaltung Band 29 (1996), 436ff.
(Zitiert: Huber, Das Berufsbeamtentum, DV).

Isensee, Josef; Kirchhof, Paul (Hrsg.) — Handbuch des Staatsrechts in der Bundesrepublik Deutschland, Band I – Grundlagen von Staat und Verfassung, Heidelberg 1987.
(Zitiert: Bearb. in HdbStR Bd. I).

Isensee, Josef; Kirchhof, Paul (Hrsg.) — Handbuch des Staatsrechts in der Bundesrepublik Deutschland, Band III – das Handeln des Staates, Heidelberg 1988.
(Zitiert: Bearb. in HdbStR Bd. III).

Isensee, Josef; Kirchhof, Paul (Hrsg.) — Handbuch des Staatsrechts in der Bundesrepublik Deutschland, Band IV – Finanzverfassung – Bundesstaatliche Ordnung, Heidelberg 1990.
(Zitiert: Bearb. in HdbStR Bd. IV).

Jarass, Hans; Pieroth, Bodo — Grundgesetzkommentar, 6. Aufl., München 2002.
(Zitiert: Bearb. in Jarass/Pieroth).

Jehle, Nicole — Sicherheit und Ordnung im Strafvollzug – Von der Idee des Gesetzes zur Wirklichkeit der Praxis; Frankfurt/M., Berlin 2002.
(Zitiert: Jehle).

Jung, Heike — Paradigmawechsel im Strafvollzug?, in: Kaiser/Kury, Kriminologische Forschung der 80er Jahre, Freiburg 1988.
(Zitiert: Jung, Paradigmawechsel).

Kaiser, Günter; Schöch, Heinz — Strafvollzug, 5. Aufl., Heidelberg 2002.
(Zitiert: Kaiser/Schöch).

Kämmerer, Jörn Axel — Privatisierung: Typologie, Determinanten, Rechtspraxis, Folgen, Tübingen 2001.
(Zitiert: Kämmerer, Privatisierung).

Kämmmerer, Jörn Axel — Verfassungsstaat auf Diät, in: Juristen Zeitung 1996, S. 1042ff.
(Zitiert: Kämmerer, JZ 1996).

Kirchhof, Paul — Der Begriff der hoheitsrechtlichen Befugnisse in Artikel 33 IV des Grundgesetzes, München 1968.
(Zitiert: Kirchhof).

Krause, Thomas — Geschichte des Strafvollzugs: von den Kerkern des Altertums bis zur Gegenwart, Darmstadt 1999.
(Zitiert: Krause).

Krölls, Albert — Privatisierung der inneren Sicherheit, in: Gewerbe Archiv 1997, S. 445 ff.
(Zitiert: Krölls, GewArch).

Kruis, Konrad — Haftvollzug als Staatsaufgabe, in: Zeitschrift für Rechtspolitik, 2000, S. 1 ff.
(Zitiert: Kruis, ZRP).

Kulas, Axel — Privatisierung hoheitlicher Verwaltung; Zur Zulässigkeit privater Strafvollzugsanstalten, 1. Aufl., Darmstadt 1996. (Zitiert: Kulas).

Kunert, Oliver — Vergaberecht und öffentliches Recht, Köln, Berlin, München 2003.
(Zitiert: Kunert).

Lange, Meik — Privatsisierungspotentiale im Strafvollzug, in: Die öffentliche Verwaltung 2001, S. 898ff.
(Zitiert: Lange, DÖV).

Langen, Eugen; Bunte, Hermann-Josef — Kommentar zum deutschen und europäischen Kartellrecht, 9. Aufl., Neuwied, Kriftel 2001.
(Zitiert: Langen/Bearb., KartR).

Laubenthal, Klaus — Strafvollzug, 3. Aufl., Berlin, Heidelberg 2003.
(Zitiert: Laubenthal).

Lecheler, Helmut	Die Verfassungspflicht der Dienstherren zum Einsatz von Beamten bei der Erfüllung staatlicher Daueraufgaben, in: Verantwortung und Leistung, Heft 20, 1989 (Hrsg. Arbeitsgemeinschaft höherer Dienst). (Zitiert: Lecheler, Verantwortung).
Lecheler, Helmut	Der Verpflichtungsgehalt des Art. 87 I 1 GG – Fessel oder Richtschnur für die bundesunmittelbare Verwaltung?, in: Neue Zeitschrift für Verwaltungsrecht 1989, S. 834ff. (Zitiert: Lecheler, Der Verpflichtungsgehalt, NVwZ).
Lee, Won-Woo	Privatisierung als Rechtsproblem, Köln, Berlin, Bonn, München 1997. (Zitiert: Lee).
Leineweber, Heinz	Die erkennungsdienstliche Behandlung – ein juristischer Leitfaden für die kriminalistische Praxis, Heidelberg 1979. (Zitiert: Leineweber).
Ludwig, Frank	Privatisierung staatlicher Aufgaben im Umweltschutz, in: Schriften zum Umweltrecht, Bd. 82, Berlin 1998. (Zitiert: Ludwig).
Lüderssen, Klaus	Abschaffen des Strafens?, Frankfurt a.M 1995. (Zitiert: Lüderssen, Abschaffen des Strafens?).
Lüderssen, Klaus	Resozialisierung und Menschenwürde, in: Kritische Justiz 1997, S. 179ff. (Zitiert: Lüderssen, Resozialisierung, KJ).
Manssen, Gerrit	Der Funktionsvorbehalt des Art. 33 IV GG – Anmerkungen zu einem verfassungsrechtlichen Dauerproblem, in: Zeitschrift für Beamtenrecht 1999, 253 ff. (Zitiert: Manssen, ZBR).

Matz, Werner	Artikel 33 Abs. IV u. V GG, Entstehungsgeschichte der Artikel des Grundgesetzes, bearb. von Klaus Berto von Doemming, Rudolf Werner Füßlein, Werner Matz, in: Jahrbuch des öffentlichen Rechts, neue Folge 1 (1951), S. 314ff. (Zitiert: JöR N.F. 1 (1951)).
Maunz, Theodor; Dürig, Günter; u.a. (Hrsg.)	Kommentar zum Grundgesetz, Loseblattsammlung, München (Stand Februar 2004). (Zitiert: Bearb. in Maunz/Dürig GG).
Maurer, Hartmut	Allgemeines Verwaltungsrecht, 14. Aufl. München 2002. (Zitiert: Maurer, allg. Verwaltungsrecht).
Meyer-Goßner, Lutz	Strafprozeßordnung, (Kommentar), 46. Aufl., München 2003. (Zitiert: Meyer-Goßner, StPO).
Müller-Dietz, Heinz	Menschenwürde und Strafvollzug, Berlin 1994. (Zitiert: Müller-Dietz, Menschenwürde).
Münch, Ingo von; Kunig, Philip	Grundgesetz-Kommentar, Band 1, 5. Aufl., München 1999. (Zitiert: Bearb. in v.Münch I).
Münch, Ingo von; Kunig, Philip	Grundgesetz-Kommentar, Band 2, 5. Aufl., München 2001. (Zitiert: Bearb. in v.Münch II).
Münch, Ingo von; Kunig, Philip	Grundgesetz-Kommentar, Band 3, 5. Aufl., München 1996. (Zitiert: Bearb. in v.Münch III).
Nibbeling, Joachim	Die Privatisierung des Haftvollzugs – die neue Gefängnisfrage am Beispiel der USA; Frankfurt, Berlin 2000. (Zitiert: Nibbeling).
Nitz, Gerhard	Neuere Rechtsprechung zur Privatisierung der Verkehrsüberwachung, in: Neue Zeitschrift für Verkehrsrecht, 1998, S. 11. (Zitiert: Nitz, Neuere Rechtsprechung zur Privatisierung, NZV).

Noch, Rainer	Vergaberecht kompakt – Verfahrensablauf und Entscheidungspraxis, 2. Aufl., Düsseldorf 2002. (Zitiert: Noch).
Ossenbühl, Fritz	Die Erfüllung von Verwaltungsaufgaben durch Private, in: Veröffentlichung der Vereinigung der Deutschen Staatsrechtslehrer Band 29 (1971), S. 137ff. (Zitiert: Ossenbühl, VVDStrL).
Ostendorf, Heribert	Alternativen zum herkömmlichen Strafvollzug, in: Zeitschrift für Strafvollzug und Straffälligenhilfe 1991, S. 83ff. (Zitiert: Ostendorf, ZfStrVo).
Osterloh, Lerke	Privatisierung von Verwaltungsaufgaben, in: Veröffentlichungen der Vereinigung der Deutschen Staatsrechtslehrer Band 54 (1995), S. 204ff. (Zitiert: Osterloh, VVDStrL).
Palandt, Otto	BGB Kommentar, 60. Aufl., München 2001. (Zitiert: Bearb. in Palandt, BGB-Kommentar).
Peine, Franz-Joseph	Der Funktionsvorbehalt des Berufsbeamtentums, in: Die Verwaltung Bd. 17 (1984), S. 415ff. (Zitiert: Peine, Der Funktionsvorbehalt, DV).
Peine, Franz-Joseph	Grenzen der Privatisierung – verwaltungsrechtliche Aspekte, in: Die öffentliche Verwaltung 1997, 353ff. (Zitiert, Peine, DÖV 1997).
Pieroth, Bodo; Schlink, Bernhard	Grundrechte Staatsrecht II, 20. Aufl., Heidelberg 2004. (Zitiert Pieroth/Schlink).
Puhl, Thomas	Budgetflucht und Haushaltsverfassung, Tübingen 1996. (Zitiert: Puhl).
Rath, Charlotte Maria	Die Kritik am Behandlungsvollzug, Wolfenbüttel 1987. (Zitiert: Rath).

Rieckhoff, Thomas — Die Entwicklung des Berufsbeamtentums in Europa, Baden-Baden 1993. (Zitiert: Rieckhoff, Die Entwicklung).

Ronellenfitsch, Michael — Allgemeine Betrachtungen zur Verkehrsüberwachung durch Private, Deutsches Autorecht (Hrsg. ADAC), S. 147 ff. (Zitiert: Ronellenfitsch, DAR).

Roxin, Claus — Strafrecht Allgemeiner Teil, 3. Aufl., München 1997. (Zitiert: Roxin AT).

Rudolf, Walter; Wagener, Frido — Der öffentliche Dienst im Staat der Gegenwart, in: Veröffentlichungen der Vereinigung der Deutschen Staatsrechslehrer, Band 37 (1979), S. 175ff. (Zitiert: Rudolf, Der öffentliche Dienst im Staat der Gegenwart, VVDStRL).

Ruland, Franz — Verfassungsrecht und Beamtenrecht, in: Zeitschrift für Rechtspolitik 1983, 278ff. (Zitiert: Ruland, Verfassungsrecht und Beamtenrecht, ZRP).

Sachs, Michael — Grundgesetzkommentar, 1. Aufl., München 1996. (Zitiert: Bearb. in Sachs).

Salewski, Barbara — Erfahrungen im Ausland, S. 81ff., in: Stober, Rolf (Hrsg.), Privatisierung im Strafvollzug?, Köln, Bonn, München 2001. (Zitiert: Salewski in: Privatisierung im Strafvollzug?).

Schaller, Hans — Verdingungsordnung für Leistungen (VOL), Teile A und B, 2. Aufl., München 2002. (Zitiert: Schaller, VOL).

Schmidt, Eberhard — Einführung in die Geschichte der deutschen Strafrechtspflege, 3. Aufl., Göttingen 1983. (Zitiert: Schmidt, Strafrechtspflege).

Schmidt, Rainer	Die Privatisierung öffentlicher Aufgaben als Problem des Staats- und Verwaltungsrechts, in: Biernat, Stanislaw; Hendler, Reinhard; Schoch, Friedrich; Wasilewski, Andrzej (Hrsg.); Grundfragen des Verwaltungsrechts und der Privatisierung: Referate und Diskussionsbeiträge des 8. Deutsch – Polnischen Verwaltungskolloquiums vom 7. Sept. – 11. Sept. 1992 in Krakau; Stuttgart 1994. (Zitiert: Schmidt, Rainer, Die Privatisierung öffentlicher Aufgaben).
Schmidt-Aßmann, Eberhard; Fromm, Günter	Aufgaben und Organisation der Deutschen Bundesbahn, Berlin 1986. (Zitiert: Schmidt-Aßmann/Fromm).
Schmidt-Bleibtreu, Bruno; Klein, Franz	Kommentar zum Grundgesetz unter Mitarbeit von Hans Bernhard Brockenmeyer, Christoph Kannengießer, u.a., 10. Aufl., Neuwied, München 2004. (Zitiert: Bearb. in Schmidt-Bleibtreu/Klein).
Schoch, Friedrich	Privatisierung von Verwaltungsaufgaben, in: Deutsches Verwaltungsblatt 1994, S. 962ff. (Zitiert: Schoch, DVBl.).
Schönke, Adolf; Schröder, Horst	Strafgesetzbuch Kommentar, 26. Aufl., München 2001. (Zitiert: Schönke/Schröder).
Scholz, Rupert	Verkehrsüberwachung durch Private?, in: Neue Juristische Wochenschrift 1997, S. 14ff. (Zitiert: Scholz, Verkehrsüberwachung, NJW 1997).
Schulte, Martin	Gefahrenabwehr durch private Sicherheitskräfte im Lichte des staatlichen Gewaltmonopols, in: Deutsches Verwaltungsblatt 1995, S. 130ff. (Zitiert: Schulte, DVBl.).
Schulze-Fielitz, Helmuth	Theorie und Praxis parlamentarischer Gesetzgebung – besonders des 9. Dt. Bundestages (1980 – 1983), Berlin 1988. (Zitiert: Schulze-Fielitz, Theorie und Praxis).

Schuppert, Gunnar Folke	Rückzug des Staates?, in: Die öffentliche Verwaltung 1995, S. 761ff (Zitiert: Schuppert, Rückzug des Staates?, DÖV 1995).
Schwind, Hans-Dieter; Blau, Günter (Hrsg.)	Strafvollzug in der Praxis – eine Einführung in die Probleme und Realitäten des Strafvollzuges und Entlassungshilfe, 2. Aufl., Berlin 1988. (Zitiert: Schwind/Blau).
Schwind, Hans-Dieter; Böhm, Alexander (Hrsg.)	Kommentar zum StVollzG, 3. Aufl., Berlin 1999. (Zitiert: Bearb. in Schwind/Böhm).
Smartt, Ursula	Privatisierung im englischen Strafvollzug: Erfahrungen mit englischen Privatgefängnissen, in: Zeitschrift für Strafvollzug und Straffälligenhilfe 1995, S. 290ff. (Zitiert: Smartt, Privatisierung im englischen Strafvollzug, ZfStrVo).
Starck, Christian (Hrsg.)	Mangoldt, von / Klein / Starck; Grundgesetzkommentar Band. 1, 5. Aufl., München 2005. (Zitiert: Bearb. in v.Mangoldt/Klein/Starck, GG I).
Starck, Christian (Hrsg.)	Mangoldt, von / Klein / Starck; Grundgesetzkommentar Band 2, 4. Aufl., München 2000. (Zitiert: Bearb. in v.Mangoldt/Klein/Starck GG II).
Starck, Christian (Hrsg.)	Mangoldt, von / Klein / Starck; Grundgesetzkommentar Band. 3, 4. Aufl., München 2001. (Zitiert: Bearb. in v.Mangoldt/Klein/Starck GG III).
Stelkens, Paul; Bonk, Joachim; Sachs, Michael	Verwaltungsverfahrensgesetz, 5. Aufl., München 1998. (Zitiert: Bearb. in Stelkens/Bonk/Sachs).
Stern, Klaus	Das Staatsrecht der Bundesrepublik Deutschland, Band I, Grundbegriffe und Grundlagen des Staatsrechts, Strukturprinzipien der Verfassung, 2. Aufl., München 1984. (Zitiert: Stern, Staatsrecht I).

Strauß, Thomas	Funktionsvorbehalt und Berufsbeamtentum – zur Bedeutung des Art. 33 IV GG, Berlin 2000. (Zitiert: Strauß).
Strohmayr, Sabine	Menschenwürde und Strafvollzug, Cottbus 1998. (Zitiert: Strohmayr).
Tilch, Horst; Arloth, Frank (Hrsg.)	Deutsches Rechts-Lexikon, Band 3 (Q-Z), 3. Aufl., München 2001. (Zitiert: Bearb. in Deutsches Rechts-Lexkion, Bd. 3).
Tröndle, Herbert; Fischer, Thomas (Hrsg.)	Strafgesetzbuch Kommentar, 50. Aufl., München 2001. (Zitiert: Tröndle/Fischer, StGB-Kommentar).
Von Unruh, Georg-Christoph	„Schlanker Staat" – Schlagwort oder realisierbarer Leitbegriff?, in: Bayerisches Verwaltungsblatt 2002, S. 43ff. (Zitiert: v.Unruh, „Schlanker Staat", BayVBl).
Wagner, Christean	Privatisierung im Justizvollzug – Ein Konzept für die Zukunft, in Zeitschrift für Rechtspolitik 2000, S. 169ff. (Zitiert: Wagner, Privatisierung im Justizvollzug, ZRP).
Wagner, Joachim	Der Rechtsschutz des Strafgefangenen – eine empirische Studie, in: Monatsschrift für Kriminologie und Strafrechtsreform 1976, S. 241 ff. (Zitiert: Wagner, Joachim, Rechtsschutz des Strafgefangenen, MschrKrim).
Walter, Michael	Strafvollzug, 2. Aufl., Stuttgart, München 1999. (Zitiert: Walter, Strafvollzug).
Walter, Michael	Über Privatisierungen der Verbrechenskontrolle aus kriminologischer Sicht, in: Zeitschrift für Strafvollzug und Straffälligenhilfe 1998, S. 3ff. (Zitiert: Walter, ZfStrVo).

Weiner, Bernhard	Privatisierung von staatlichen Sicherheitsaufgaben: eine Untersuchung mit verfassungsrechtlichem Schwerpunkt, Frankfurt/M., Berlin 2001. (Zitiert: Weiner).
Weiß, Wolfgang	Privatisierung und Staatsaufgaben: Privatisierungsentscheidungen im Lichte einer grundrechtlichen Staatsaufgabenlehre unter dem Grundgesetz, Tübingen 2002. (Zitiert: Weiß).
Wohlgemuth, Rüdiger	Vom Segen der Konkurrenz, S. 87ff., in: Stober, Rolf (Hrsg.); Privatisierung im Strafvollzug?, Köln, Bonn, München 2001. (Zitiert: Wohlgemuth in: Privatisierung im Strafvollzug?).
Wolff, Hans J.; Bachof, Otto; Stober, Rolf	Verwaltungsrecht Band 1, 11. Aufl., München 1999. (Zitiert: Wolff/Bachof/Stober I).
Wolff, Hans J.; Bachof, Otto; Stober, Rolf	Verwaltungsrecht Band 2, 5. Aufl., München 1987. (Zitiert: Wolff/Bachof/Stober II).